全国普法学习读本
★ ★ ★ ★ ★

治安管理法律法规学习读本
社会风气管理法律法规

■ 魏光朴　主编

加大全民普法力度，建设社会主义法治文化，树立宪法法律至上、法律面前人人平等的法治理念。
——中国共产党第十九次全国代表大会《决胜全面建成小康社会　夺取新时代中国特色社会主义伟大胜利》

汕头大学出版社

图书在版编目（CIP）数据

社会风气管理法律法规 / 魏光朴主编. -- 汕头：汕头大学出版社（2021.7重印）

（治安管理法律法规学习读本）

ISBN 978-7-5658-3336-6

Ⅰ.①社… Ⅱ.①魏… Ⅲ.①治安管理-行政处罚法-中国-学习参考资料 Ⅳ.①D922.144

中国版本图书馆 CIP 数据核字（2018）第 000753 号

社会风气管理法律法规　SHEHUI FENGQI GUANLI FALÜ FAGUI

主　　编：魏光朴
责任编辑：邹　峰
责任技编：黄东生
封面设计：大华文苑
出版发行：汕头大学出版社
　　　　　广东省汕头市大学路 243 号汕头大学校园内　邮政编码：515063
电　　话：0754-82904613
印　　刷：三河市南阳印刷有限公司
开　　本：690mm×960mm 1/16
印　　张：18
字　　数：226 千字
版　　次：2018 年 1 月第 1 版
印　　次：2021 年 7 月第 2 次印刷
定　　价：59.60 元（全 2 册）

ISBN 978-7-5658-3336-6

版权所有，翻版必究
如发现印装质量问题，请与承印厂联系退换

前　言

习近平总书记指出："推进全民守法，必须着力增强全民法治观念。要坚持把全民普法和守法作为依法治国的长期基础性工作，采取有力措施加强法制宣传教育。要坚持法治教育从娃娃抓起，把法治教育纳入国民教育体系和精神文明创建内容，由易到难、循序渐进不断增强青少年的规则意识。要健全公民和组织守法信用记录，完善守法诚信褒奖机制和违法失信行为惩戒机制，形成守法光荣、违法可耻的社会氛围，使遵法守法成为全体人民共同追求和自觉行动。"

中共中央、国务院曾经转发了中央宣传部、司法部关于在公民中开展法治宣传教育的规划，并发出通知，要求各地区各部门结合实际认真贯彻执行。通知指出，全民普法和守法是依法治国的长期基础性工作。深入开展法治宣传教育，是全面建成小康社会和新农村的重要保障。

普法规划指出：各地区各部门要根据实际需要，从不同群体的特点出发，因地制宜开展有特色的法治宣传教育坚持集中法治宣传教育与经常性法治宣传教育相结合，深化法律进机关、进乡村、进社区、进学校、进企业、进单位的"法律六进"主题活动，完善工作标准，建立长效机制。

特别是农业、农村和农民问题，始终是关系党和人民事业发展的全局性和根本性问题。党中央、国务院发布的《关于推进社会主义新农村建设的若干意见》中明确提出要"加强农村法制建设，深入开展农村普法教育，增强农民的法制观念，提高农民依法行使权利和履行义务的自觉性。"多年普法实践证明，普及法律知识，提高法制观念，增强全社会依法办事意识具有重要作用。特别是在广大农村进行普法教育，是提高全民法律素质的需要。

多年来，我国在农村实行的改革开放取得了极大成功，农村发生了翻天覆地的变化，广大农民生活水平大大得到了提高。但是，由于历史和社会等原因，现阶段我国一些地区农民文化素质还不高，不学法、不懂法、不守法现象虽然较原来有所改变，但仍有相当一部分群众的法制观念仍很淡化，不懂、不愿借助法律来保护自身权益，这就极易受到不法的侵害，或极易进行违法犯罪活动，严重阻碍了全面建成小康社会和新农村步伐。

为此，根据党和政府的指示精神以及普法规划，特别是根据广大农村农民的现状，在有关部门和专家的指导下，特别编辑了这套《全国普法学习读本》。主要包括了广大人民群众应知应懂、实际实用的法律法规。为了辅导学习，附录还收入了相应法律法规的条例准则、实施细则、解读解答、案例分析等；同时为了突出法律法规的实际实用特点，兼顾地方性和特殊性，附录还收入了部分某些地方性法律法规以及非法律法规的政策文件、管理制度、应用表格等内容，拓展了本书的知识范围，使法律法规更"接地气"，便于读者学习掌握和实际应用。

在众多法律法规中，我们通过甄别，淘汰了废止的，精选了最新的、权威的和全面的。但有部分法律法规有些条款不适应当下情况了，却没有颁布新的，我们又不能擅自改动，只得保留原有条款，但附录却有相应的补充修改意见或通知等。众多法律法规根据不同内容和受众特点，经过归类组合，优化配套。整套普法读本非常全面系统，具有很强的学习性、实用性和指导性，非常适合用于广大农村和城乡普法学习教育与实践指导。总之，是全国全民普法的良好读本。

目 录

互联网站管理工作细则

第一章　总　则 …………………………………………（2）
第二章　相关主体职责与义务 …………………………（3）
第三章　相关处理流程 …………………………………（7）
第四章　附　则 …………………………………………（12）
附　录
　　互联网信息服务管理办法 …………………………（13）
　　互联网文化管理暂行规定 …………………………（20）
　　互联网上网服务营业场所管理条例 ………………（30）
　　广电总局关于重申禁止制作和播映色情电影的通知 ……（41）
　　工业和信息化部关于进一步深入整治手机淫秽色情专项
　　　行动工作方案 ……………………………………（44）
　　教育部关于在教育系统深入开展打击淫秽色情网站专项
　　　行动的通知 ………………………………………（56）

娱乐场所管理条例

第一章　总　则 …………………………………………（59）
第二章　设　立 …………………………………………（60）
第三章　经　营 …………………………………………（62）
第四章　监督管理 ………………………………………（66）

第五章 法律责任……………………………………（67）
第六章 附 则………………………………………（72）
附 录
　　娱乐场所管理办法…………………………………（73）
　　娱乐场所治安管理办法……………………………（80）
　　营业性演出管理条例………………………………（89）
　　营业性歌舞娱乐场所管理办法……………………（107）
　　文化部办公厅关于进一步加强歌舞娱乐场所内容管理、
　　有效维护内容安全的通知…………………………（114）

关于禁黄禁赌的管理规定

全国人民代表大会常务委员会关于严禁卖淫嫖娼的决定……（117）
对举报"制黄"、"贩黄"、侵权盗版和其他非法出版活动
　　有功人员奖励办法…………………………………（121）
卖淫嫖娼人员收容教育办法……………………………（124）
最高人民法院、最高人民检察院关于办理利用互联网、
　　移动通讯终端、声讯台制作、复制、出版、贩卖、
　　传播淫秽电子信息刑事案件具体应用法律
　　若干问题的解释……………………………………（129）
全国人民代表大会常务委员会关于维护
　　互联网安全的决定…………………………………（133）
关于严厉打击和禁止赌博违法犯罪活动的通告…………（137）

互联网站管理工作细则

信息产业部关于发布《互联网站
管理工作细则》的通告
信部电〔2005〕501号

各省、自治区、直辖市通信管理局，各互联网接入服务提供者、各互联网信息服务提供者、各IP地址备案单位、各域名注册服务机构：

  为切实加强互联网站管理工作，规范、细化互联网行业管理流程，促进我国互联网全面、协调、可持续发展，根据国家有关法规，我部制定了《互联网站管理工作细则》，现予发布，请遵照执行。在执行中遇到问题，请及时反馈我部电信管理局。

中华人民共和国信息产业部
二〇〇五年十月二十五日

第一章 总 则

第一条 为切实加强互联网站管理工作，建立互联网站管理工作长效机制，规范、细化互联网行业内部管理流程，不断提高互联网信息服务提供者（ICP）、互联网IP地址、互联网络域名等网站管理基础信息数据库的完整性、准确性，根据《互联网信息服务管理办法》、《中国互联网络域名管理办法》、《非经营性互联网信息服务管理办法》、《互联网IP地址备案管理办法》等有关规定，制定本细则。

第二条 互联网站管理工作坚持属地管理原则。按照"谁运营谁负责"、"谁接入谁负责"的要求，辅以相应的技术手段，做到政府管理、行业自律和社会监督相结合。

第三条 互联网站管理有关数据使用和发布应严格遵守国家和信息产业部有关保密规定。

第四条 本细则涉及的主体有：信息产业部、省（自治区、直辖市）通信管理局（以下简称"省通信管理局"）、互联网接入服务提供者（以下简称"接入提供者"）、互联网信息服务提供者（以下简称"网站主办者"）、IP地址备案单位、域名注册管理机构、域名注册服务机构等。

接入服务提供者是因特网接入服务业务经营者、因特网数据中心业务经营者以及以其他方式为网站提供接入服务的电信业务经营者的统称。

IP地址备案单位是指直接从亚太互联网络信息中心等具有IP地址管理权的国际机构获得IP地址的单位和具有分配IP地址供其它单位或个人使用行为的单位。

第二章 相关主体职责与义务

第五条 信息产业部对全国 ICP、IP 地址及域名信息备案管理工作及相关工作进行监督、指导及协调。

（一）根据互联网站管理工作的需要制定相关管理规定。

（二）指导、检查、督促省通信管理局开展互联网站管理工作。

（三）了解掌握备案管理工作中存在的问题和情况，组织研究解决。

（四）组织开展"信息产业部 ICP、IP 地址、域名信息备案管理系统"（以下简称"备案管理系统"）的优化、完善等工作。

（五）负责对跨地区经营性互联网信息服务提供者 ICP 备案信息进行录入、审核。

（六）对域名注册服务机构和相关 IP 地址备案单位的备案工作进行业务指导和监督检查。

（七）定期通报备案工作进展情况和及时通报未备案网站、备案信息真实性等备案信息的相关情况。

（八）协调部级前置审批部门、专项内容主管部门、公益性互联网站主管部门等相关部门开展互联网站管理工作。

第六条 省通信管理局具体负责本行政区 ICP、IP 地址信息备案管理，查处违法违规网站，监管互联网接入服务市场、对网站进行年度审核等工作。

（一）依法对 ICP 备案信息进行日常审核工作。

（二）指导监督本行政区接入提供者、网站主办者、IP 地址备案单位的 ICP 和 IP 地址信息备案工作；加强对其制度建立、机构设置、数据库系统建设等日常工作的监督检查。

（三）依法采用多种手段切实加强对互联网接入服务市场的监管，将接入提供者对互联网站的管理情况纳入其经营许可证年检、行风评议等考核工作中。

（四）依法做好接入提供者、IP 地址备案单位、网站主办者等违法违规行为的查处工作。

（五）负责本行政区互联网站年度审核工作。

（六）负责对本行政区经营性互联网信息服务提供者 ICP 备案信息进行录入、审核。

（七）协同本行政区前置审批部门、专项内容主管部门等相关部门开展互联网站管理工作。

（八）积极支持引导互联网协会、通信企业协会等社团组织配合做好网站管理工作。

（九）建立健全社会监督渠道，公布举报电话（传真）、电子信箱等举报方式，广泛听取并认真查处社会各界对网站未经备案擅自提供互联网信息服务、备案信息不真实、接入提供者违规提供接入服务等违法违规行为的举报。

第七条 接入提供者是为网站主办者提供互联网接入服务的主体。接入提供者应当按照"谁运营谁负责"、"谁接入谁负责"的要求，切实加强内部管理和对所接入互联网站的管理。

（一）设立专岗专职，负责网站备案、规范网站行为及相关管理工作，专岗专职名单报省通信管理局备案。人员发生变动时要做好工作交接，变化后人员名单及时报省通信管理局备案。

（二）按照"先备案后接入"的要求制定完善接入服务流程，建立健全为用户代为备案信息的事前核验制度、对用户行为的事中监督制度、配合对违法违规网站的事后查处制度、网络与信息安全责任制等工作制度。

（三）应记录网站主办者的备案信息，对所接入网站主办者的备案信息进行动态核实，保证备案信息的真实、准确。

（四）接入提供者要杜绝为未备案的网站主办者提供接入服务，实时搜索已接入的未备案网站信息，及时停止并督促网站主办者履行备案手续。

（五）受网站主办者的委托应依法为网站主办单位履行备案、备案变更、备案注销等手续。代为备案时，用户名、密码和系统提示信息要及时移交网站主办者，并指导、督促网站主办者下载安装电子证书。不得在已知或应知互联网站主办者备案信息不真实或不准确的情况下，为其代为履行备案、备案变更、备案注销手续。

（六）对直接接入及间接接入的网站客户负有管理责任。

（七）应建设必要的业务管理系统，满足行业主管部门对网站管理的要求。

（八）做好用户记录留存、有害信息报告等网络信息安全管理工作。

（九）配合省通信管理局开展互联网站年度审核工作。

（十）配合省通信管理局对违法违规网站依法进行查处。

（十一）自觉接受省通信管理局的监督和管理。

第八条 网站主办者应依法开展互联网信息服务业务。

（一）应当自行或委托接入提供者履行备案、备案变更、备案注销手续。

（二）应当保证备案信息内容的真实准确。

（三）在通过备案审核后，应当在网站开通时在主页底部中央位置标明备案编号；在备案编号下方链接信息产业部"备案管理系统"网址，按要求将电子验证标识放置在其网站指定目录下。

（四）备案信息发生变化时应及时进行变更，同时再次安装电子证书。

（五）涉及前置审批及电子公告服务的，应在取得前置审批部门和专项审批部门批准并办理相关备案手续后方可提供相关内容信息。

（六）网站主办者应妥善保管用户名和密码，用户明和密码丢失的，应提交书面申请，省通信管理局经确认后予以补发。

（七）按照省通信管理局和相关内容主管部门的要求做好年度审核工作。

（八）应当自觉接受互联网行业主管部门的监督和管理。

第九条 IP地址备案单位具体承担IP地址信息报备工作。

（一）IP地址备案单位应当按要求通过"备案管理系统"报备IP地址信息。其中，基础电信运营公司IP地址信息的报备由总部和省级公司共同完成，基础电信运营公司总部应对其省级公司的IP地址信息报备工作进行指导和监督。公益性互联网络的管理单位负责统一完成其网络上使用的所有IP地址信息的报备。跨省经营因特网接入服务业务提供者IP地址信息的报备由其开展业务所在地的所有分支机构共同完成。

（二）IP地址备案单位应当确保其所报备的IP地址信息完

整、准确。

（三）IP 地址备案信息发生变化时，IP 地址备案单位应按规定要求自变化之日起五个工作日内向"备案管理系统"提交变更后的 IP 地址信息。

（四）IP 地址备案单位应当建立健全本单位的 IP 地址管理制度。

（五）应当自觉接受互联网行业主管部门的监督和管理。

第十条 中国互联网络信息中心和相关域名注册服务机构具体承担域名信息的报备工作。

（一）中国互联网络信息中心和相关域名注册服务机构应当按要求通过"备案管理系统"报备域名信息。其中，中国互联网络信息中心负责报备所有 CN 和中文域名注册信息；相关域名注册服务机构负责报备所有境外域名注册信息。

（二）中国互联网络信息中心和相关域名注册服务机构应当确保所报备的域名注册信息完整、准确。

（三）域名注册信息、域名备案联系人等信息发生变化时，中国互联网络信息中心和相关域名注册服务机构应当自变化之日起五个工作日内向"备案管理系统"提交变更后的域名报备信息。

第三章 相关处理流程

第十一条 接入提供者为互联网站提供接入互联网络服务流程：

（一）网站主办者向接入提供者提出接入申请。

（二）接入提供者向网站主办者预分配 IP 地址。

（三）网站主办者获得接入提供者预分配的 IP 地址后履行备案手续（网站主办者可自行备案也可由接入提供者代为备案）。

1. 网站主办者自行备案的，网站主办者在收到"备案管理系统"反馈的备案编号后告知接入提供者备案成功，并将备案编号和备案信息一并提供给接入提供者，接入提供者登录"备案管理系统"核实该备案信息，在确认备案信息真实、准确的前提下为网站开通接入服务。如果发现备案信息不真实、不准确，不得开通接入服务，应当督促网站主办者核实相关信息，经备案后方可为其提供接入服务。

2. 接入提供者代为履行备案的，接入提供者收到"备案管理系统"反馈的备案编号后即可为网站提供接入服务。

第十二条 网站主办者委托接入提供者代为履行 ICP 备案、备案变更的处理流程（见图一）：

（一）网站主办者将相关 ICP 备案信息提交给其接入提供者。

（二）接入提供者对网站主办者提交的信息进行核实，在确认信息真实、准确的前提下将 ICP 备案信息导入"备案管理系统"；如存在不真实、不准确的信息，接入提供者要求网站主办者重新填报或补充相关信息。

（三）"备案管理系统"对接入提供者导入的信息进行自动核查，经识别没有发现问题的转相关省通信管理局；存在问题的，将相关意见反馈接入提供者。

（四）相关省通信管理局对备案信息进行审核，符合备案条件的予以备案；不符合备案条件的不予备案，并说明理由。

（五）"备案管理系统"对予以备案的，核配备案编号，生成备案电子验证标识（简称电子证书），同时将审核意见反馈接入提供者；对不予以备案的，"备案管理系统"将不予备案理由反馈相关接入提供者。并通知相关接入提供者对相关信息进行修改，重新填报。

（六）对予以备案的，接入提供者将审核意见、用户名和密码及时反馈给网站主办者，并指导网站主办者下载、安装电子证书。网站主办者在接入提供者的指导下及时完成电子证书下载、安装等后续工作，并保管好用户名和密码。

（七）对不予备案的，接入提供者及时通知网站主办者对相关信息进行修改，重新填报或补报信息。

第十三条 网站主办者自行履行ICP备案、备案变更处理流程（见图二）：

（一）网站主办者向"备案管理系统"输入相关备案信息。

（二）"备案管理系统"收到网站主办者提交的信息后，对信息进行自动核查，没有发现问题的转相关省通信管理局；存在问题的，将相关意见反馈网站主办者。

（三）相关省通信管理局对备案信息进行审核，符合备案条件的予以备案；不符合备案条件的不予备案，并说明理由。

（四）"备案管理系统"对予以备案的，核配备案编号，生成电子证书，同时将审核意见反馈网站主办者；对不予以备案的，"备案管理系统"将不予备案理由反馈相关网站主办者，并通知网站主办者对相关信息进行修改，重新填报或补报信息。

（五）网站主办者收到备案编号和电子证书后，及时完成证书下载、安装等工作。

第十四条 涉及前置审批的 ICP 备案流程：

（一）拟从事新闻、出版、教育、医疗保健、药品和医疗器械、视听节目、网络文化等互联网信息服务的，在履行 ICP 备案手续前应获得相关前置审批部门的批准。

（二）网站主办者获得前置审批部门批准后，按本细则第十二条或者第十三条相关流程履行备案手续，同时需向住所（身份证住所/注册住所）所在地省通信管理局书面提交相关前置审批部门的审批文件。

（三）网站主办者提交备案信息后五个工作日内尚未提交审批文件的，不予备案。

（四）备案完成后，省通信管理局向相关省级前置审批部门通报网站备案信息。

第十五条 ICP 备案注销处理流程：

（一）网站主办者停止互联网信息服务时应注销其备案信息。网站主办者可以直接履行备案注销手续，也可以由接入提供者代为履行备案注销手续。

（二）网站主办者直接履行备案注销手续的，由网站主办者直接将备案注销申请提交"备案管理系统"；接入提供者代为履行备案注销手续的，接入提供者向"备案管理系统"提交网站注销申请，同时提交该网站主办者相应的书面委托书。

（三）"备案管理系统"收到网站备案注销申请信息后，将注销申请转相关省通信管理局。

（四）相关省通信管理局进行审核，符合注销条件的予以注销，并将相关意见反馈注销申请者。

（五）对注销的网站，接入提供者应及时停止接入服务。

第十六条　查处违法违规网站流程（见图三）：

（一）省通信管理局根据涉嫌违法违规网站线索（包括举报材料、省通信管理局例行检查、信息产业部的通报、相关部门要求协助查处意见等），对确属违法违规网站进行依法处理。

（二）涉嫌违法违规网站主办者住所所在地不在本行政区的，省通信管理局应及时将违法违规网站基本资料转送至网站主办者住所所在地省通信管理局，由该省通信管理局依法处理。

（三）网站主办者住所所在地在本行政区的，省通信管理局应依法处理。

（四）对依法应当关闭网站的，省通信管理局应向书面通知相关接入提供者停止接入，相关接入提供者应及时将执行情况上报省通信管理局。

（五）网站接入地不在本行政区的，省通信管理局可以直接发函要求接入地省通信管理局配合关闭网站，接入地省通信管理局应积极予以配合，及时书面通知相关接入提供者停止接入，并将执行情况反馈网站主办者住所所在地省通信管理局。

第十七条　查处接入提供者违规行为的流程：

省通信管理局应加强对接入提供者的管理，监督检查接入提供者对用户代为备案信息的事前核验、用户行为的事中监督、违法违规网站的事后查处配合等责任的落实情况。

对违法违规的接入提供者，违法违规行为发生地通信管理局要立案调查，接入提供者主体所在地不在本行政区的，可以请相关省通信管理局配合。

第十八条　互联网站年度审核工作流程：

（一）每年第一季度开始对互联网站进行年度审核工作。

（二）对"备案管理系统"搜索出 IP 地址、域名等信息与 ICP 备案信息不一致的，要求相关网站主办者及时更新备案信息。

（三）对于相关内容主管部门年度审核意见是"取消业务资格"、"关闭网站"的，属于年度审核不合格意见，根据相关内容主管部门提供的书面年度审核意见，实行一票否决制。

第十九条 IP 地址备案工作流程：

（一）IP 地址备案单位向"备案管理系统"导入 IP 地址备案信息。

（二）"备案管理系统"对导入的 IP 地址信息进行自动核查，输出核查报告，并分送给信息产业部或相关通信管理局。

（三）信息产业部或相关通信管理局对核查报告进行分析处理。

第二十条 域名备案工作流程：

（一）中国互联网络信息中心和相关域名注册服务机构（以下简称域名备案单位）向"备案管理系统"导入域名备案信息。

（二）"备案管理系统"自动进行数据处理定期输出统计报告。

（三）信息产业部对统计报告进行分析，发现未备案的，依法处理。

第四章 附 则

第二十一条 本细则由信息产业部电信管理局解释。

第二十二条 本细则自 2005 年 12 月 1 日起施行。

附 录

互联网信息服务管理办法

中华人民共和国国务院令

第 292 号

《互联网信息服务管理办法》已经 2000 年 9 月 20 日国务院第 31 次常务会议通过，现予公布施行。

总理 朱镕基

二〇〇〇年九月二十五日

(2000 年 9 月 25 日中华人民共和国国务院令第 292 号公布；根据 2011 年 1 月 8 日《国务院关于废止和修改部分行政法规的决定》修订)

第一条 为了规范互联网信息服务活动，促进互联网信息服务健康有序发展，制定本办法。

第二条 在中华人民共和国境内从事互联网信息服务活动，必须遵守本办法。

本办法所称互联网信息服务，是指通过互联网向上网用户提供信息的服务活动。

第三条　互联网信息服务分为经营性和非经营性两类。

经营性互联网信息服务，是指通过互联网向上网用户有偿提供信息或者网页制作等服务活动。

非经营性互联网信息服务，是指通过互联网向上网用户无偿提供具有公开性、共享性信息的服务活动。

第四条　国家对经营性互联网信息服务实行许可制度；对非经营性互联网信息服务实行备案制度。

未取得许可或者未履行备案手续的，不得从事互联网信息服务。

第五条　从事新闻、出版、教育、医疗保健、药品和医疗器械等互联网信息服务，依照法律、行政法规以及国家有关规定须经有关主管部门审核同意的，在申请经营许可或者履行备案手续前，应当依法经有关主管部门审核同意。

第六条　从事经营性互联网信息服务，除应当符合《中华人民共和国电信条例》规定的要求外，还应当具备下列条件：

（一）有业务发展计划及相关技术方案；

（二）有健全的网络与信息安全保障措施，包括网站安全保障措施、信息安全保密管理制度、用户信息安全管理制度；

（三）服务项目属于本办法第五条规定范围的，已取得有关主管部门同意的文件。

第七条　从事经营性互联网信息服务，应当向省、自治区、直辖市电信管理机构或者国务院信息产业主管部门申请办理互联网信息服务增值电信业务经营许可证（以下简称经营许可证）。

省、自治区、直辖市电信管理机构或者国务院信息产业主管部门应当自收到申请之日起60日内审查完毕，作出批准或者不予批准的决定。予以批准的，颁发经营许可证；不予批准的，应当书面通知申请人并说明理由。

申请人取得经营许可证后，应当持经营许可证向企业登记机关办理登记手续。

第八条　从事非经营性互联网信息服务，应当向省、自治区、直辖市电信管理机构或者国务院信息产业主管部门办理备案手续。办理备案时，应当提交下列材料：

（一）主办单位和网站负责人的基本情况；

（二）网站网址和服务项目；

（三）服务项目属于本办法第五条规定范围的，已取得有关主管部门的同意文件。

省、自治区、直辖市电信管理机构对备案材料齐全的，应当予以备案并编号。

第九条　从事互联网信息服务，拟开办电子公告服务的，应当在申请经营性互联网信息服务许可或者办理非经营性互联网信息服务备案时，按照国家有关规定提出专项申请或者专项备案。

第十条　省、自治区、直辖市电信管理机构和国务院信息产业主管部门应当公布取得经营许可证或者已履行备案手续的互联网信息服务提供者名单。

第十一条　互联网信息服务提供者应当按照经许可或者备案的项目提供服务，不得超出经许可或者备案的项目提供服务。

非经营性互联网信息服务提供者不得从事有偿服务。

互联网信息服务提供者变更服务项目、网站网址等事项的，应当提前30日向原审核、发证或者备案机关办理变更手续。

第十二条 互联网信息服务提供者应当在其网站主页的显著位置标明其经营许可证编号或者备案编号。

第十三条 互联网信息服务提供者应当向上网用户提供良好的服务，并保证所提供的信息内容合法。

第十四条 从事新闻、出版以及电子公告等服务项目的互联网信息服务提供者，应当记录提供的信息内容及其发布时间、互联网地址或者域名；互联网接入服务提供者应当记录上网用户的上网时间、用户账号、互联网地址或者域名、主叫电话号码等信息。

互联网信息服务提供者和互联网接入服务提供者的记录备份应当保存60日，并在国家有关机关依法查询时，予以提供。

第十五条 互联网信息服务提供者不得制作、复制、发布、传播含有下列内容的信息：

（一）反对宪法所确定的基本原则的；

（二）危害国家安全，泄露国家秘密，颠覆国家政权，破坏国家统一的；

（三）损害国家荣誉和利益的；

（四）煽动民族仇恨、民族歧视，破坏民族团结的；

（五）破坏国家宗教政策，宣扬邪教和封建迷信的；

（六）散布谣言，扰乱社会秩序，破坏社会稳定的；

（七）散布淫秽、色情、赌博、暴力、凶杀、恐怖或者教唆犯罪的；

（八）侮辱或者诽谤他人，侵害他人合法权益的；

（九）含有法律、行政法规禁止的其他内容的。

第十六条　互联网信息服务提供者发现其网站传输的信息明显属于本办法第十五条所列内容之一的，应当立即停止传输，保存有关记录，并向国家有关机关报告。

第十七条　经营性互联网信息服务提供者申请在境内境外上市或者同外商合资、合作，应当事先经国务院信息产业主管部门审查同意；其中，外商投资的比例应当符合有关法律、行政法规的规定。

第十八条　国务院信息产业主管部门和省、自治区、直辖市电信管理机构，依法对互联网信息服务实施监督管理。

新闻、出版、教育、卫生、药品监督管理、工商行政管理和公安、国家安全等有关主管部门，在各自职责范围内依法对互联网信息内容实施监督管理。

第十九条　违反本办法的规定，未取得经营许可证，擅自从事经营性互联网信息服务，或者超出许可的项目提供服务的，由省、自治区、直辖市电信管理机构责令限期改正，有违法所得的，没收违法所得，处违法所得3倍以上5倍以下的罚款；没有违法所得或者违法所得不足5万元的，处10万元以上100万元以下的罚款；情节严重的，责令关闭网站。

违反本办法的规定，未履行备案手续，擅自从事非经营性互联网信息服务，或者超出备案的项目提供服务的，由省、自治区、直辖市电信管理机构责令限期改正；拒不改正的，责令关闭网站。

第二十条 制作、复制、发布、传播本办法第十五条所列内容之一的信息,构成犯罪的,依法追究刑事责任;尚不构成犯罪的,由公安机关、国家安全机关依照《中华人民共和国治安管理处罚法》、《计算机信息网络国际联网安全保护管理办法》等有关法律、行政法规的规定予以处罚;对经营性互联网信息服务提供者,并由发证机关责令停业整顿直至吊销经营许可证,通知企业登记机关;对非经营性互联网信息服务提供者,并由备案机关责令暂时关闭网站直至关闭网站。

第二十一条 未履行本办法第十四条规定的义务的,由省、自治区、直辖市电信管理机构责令改正;情节严重的,责令停业整顿或者暂时关闭网站。

第二十二条 违反本办法的规定,未在其网站主页上标明其经营许可证编号或者备案编号的,由省、自治区、直辖市电信管理机构责令改正,处5000元以上5万元以下的罚款。

第二十三条 违反本办法第十六条规定的义务的,由省、自治区、直辖市电信管理机构责令改正;情节严重的,对经营性互联网信息服务提供者,并由发证机关吊销经营许可证,对非经营性互联网信息服务提供者,并由备案机关责令关闭网站。

第二十四条 互联网信息服务提供者在其业务活动中,违反其他法律、法规的,由新闻、出版、教育、卫生、药品监督管理和工商行政管理等有关主管部门依照有关法律、法规的规定处罚。

第二十五条 电信管理机构和其他有关主管部门及其工作人员,玩忽职守、滥用职权、徇私舞弊,疏于对互联网信息服务的监督管理,造成严重后果,构成犯罪的,依法追究刑事责任；尚不构成犯罪的，对直接负责的主管人员和其他直接责任人员依法给予降级、撤职直至开除的行政处分。

第二十六条 在本办法公布前从事互联网信息服务的，应当自本办法公布之日起 60 日内依照本办法的有关规定补办有关手续。

第二十七条 本办法自公布之日起施行。

互联网文化管理暂行规定

中华人民共和国文化部令

第 51 号

《互联网文化管理暂行规定》已经 2011 年 2 月 11 日文化部部务会议审议通过,现予发布,自 2011 年 4 月 1 日起施行。

部长 蔡武

二〇一一年二月十七日

第一条 为了加强对互联网文化的管理,保障互联网文化单位的合法权益,促进我国互联网文化健康、有序地发展,根据《全国人民代表大会常务委员会关于维护互联网安全的决定》和《互联网信息服务管理办法》以及国家法律法规有关规定,制定本规定。

第二条 本规定所称互联网文化产品是指通过互联网生产、传播和流通的文化产品,主要包括:

(一)专门为互联网而生产的网络音乐娱乐、网络游戏、网络演出剧(节)目、网络表演、网络艺术品、网络动漫等互联网文化产品;

(二)将音乐娱乐、游戏、演出剧(节)目、表演、艺术品、动漫等文化产品以一定的技术手段制作、复制到互联网上传播的互联网文化产品。

第三条　本规定所称互联网文化活动是指提供互联网文化产品及其服务的活动,主要包括:

(一)互联网文化产品的制作、复制、进口、发行、播放等活动;

(二)将文化产品登载在互联网上,或者通过互联网、移动通信网等信息网络发送到计算机、固定电话机、移动电话机、电视机、游戏机等用户端以及网吧等互联网上网服务营业场所,供用户浏览、欣赏、使用或者下载的在线传播行为;

(三)互联网文化产品的展览、比赛等活动。

互联网文化活动分为经营性和非经营性两类。经营性互联网文化活动是指以营利为目的,通过向上网用户收费或者以电子商务、广告、赞助等方式获取利益,提供互联网文化产品及其服务的活动。非经营性互联网文化活动是指不以营利为目的向上网用户提供互联网文化产品及其服务的活动。

第四条　本规定所称互联网文化单位,是指经文化行政部门和电信管理机构批准或者备案,从事互联网文化活动的互联网信息服务提供者。

在中华人民共和国境内从事互联网文化活动,适用本规定。

第五条　从事互联网文化活动应当遵守宪法和有关法律、法规,坚持为人民服务、为社会主义服务的方向,弘扬民族优秀文化,传播有益于提高公众文化素质、推动经济发展、促进社会进步的思想道德、科学技术和文化知识,丰富人民的精神生活。

第六条　文化部负责制定互联网文化发展与管理的方针、政策和规划,监督管理全国互联网文化活动。

省、自治区、直辖市人民政府文化行政部门对申请从事经营性互联网文化活动的单位进行审批，对从事非经营性互联网文化活动的单位进行备案。

县级以上人民政府文化行政部门负责本行政区域内互联网文化活动的监督管理工作。县级以上人民政府文化行政部门或者文化市场综合执法机构对从事互联网文化活动违反国家有关法规的行为实施处罚。

第七条　申请设立经营性互联网文化单位，应当符合《互联网信息服务管理办法》的有关规定，并具备以下条件：

（一）单位的名称、住所、组织机构和章程；

（二）确定的互联网文化活动范围；

（三）适应互联网文化活动需要并取得相应从业资格的8名以上业务管理人员和专业技术人员；

（四）适应互联网文化活动需要的设备、工作场所以及相应的经营管理技术措施；

（五）不低于100万元的注册资金，其中申请从事网络游戏经营活动的应当具备不低于1000万元的注册资金；

（六）符合法律、行政法规和国家有关规定的条件。

审批设立经营性互联网文化单位，除依照前款所列条件外，还应当符合互联网文化单位总量、结构和布局的规划。

第八条　申请设立经营性互联网文化单位，应当向所在地省、自治区、直辖市人民政府文化行政部门提出申请，由省、自治区、直辖市人民政府文化行政部门审核批准。

第九条　申请设立经营性互联网文化单位，应当提交下列文件：

（一）申请书；

（二）企业名称预先核准通知书或者营业执照和章程；

（三）资金来源、数额及其信用证明文件；

（四）法定代表人、主要负责人及主要经营管理人员、专业技术人员的资格证明和身份证明文件；

（五）工作场所使用权证明文件；

（六）业务发展报告；

（七）依法需要提交的其他文件。

对申请设立经营性互联网文化单位的，省、自治区、直辖市人民政府文化行政部门应当自受理申请之日起20日内做出批准或者不批准的决定。批准的，核发《网络文化经营许可证》，并向社会公告；不批准的，应当书面通知申请人并说明理由。

《网络文化经营许可证》有效期为3年。有效期届满，需继续从事经营的，应当于有效期届满30日前申请续办。

第十条 非经营性互联网文化单位，应当自设立之日起60日内向所在地省、自治区、直辖市人民政府文化行政部门备案，并提交下列文件：

（一）备案报告书；

（二）章程；

（三）资金来源、数额及其信用证明文件；

（四）法定代表人或者主要负责人、主要经营管理人员、专业技术人员的资格证明和身份证明文件；

（五）工作场所使用权证明文件；

（六）需要提交的其他文件。

第十一条 申请设立经营性互联网文化单位经批准后，应当持《网络文化经营许可证》，按照《互联网信息服务管理办法》的有关规定，到所在地电信管理机构或者国务院信息产业主管部门办理相关手续。

第十二条 互联网文化单位应当在其网站主页的显著位置标明文化行政部门颁发的《网络文化经营许可证》编号或者备案编号，标明国务院信息产业主管部门或者省、自治区、直辖市电信管理机构颁发的经营许可证编号或者备案编号。

第十三条 经营性互联网文化单位变更单位名称、网站名称、网站域名、法定代表人、注册地址、经营地址、注册资金、股权结构以及许可经营范围的，应当自变更之日起20日内到所在地省、自治区、直辖市人民政府文化行政部门办理变更手续。

非经营性互联网文化单位变更名称、地址、法定代表人或者主要负责人、业务范围的，应当自变更之日起60日内到所在地省、自治区、直辖市人民政府文化行政部门办理备案手续。

第十四条 经营性互联网文化单位终止互联网文化活动的，应当自终止之日起30日内到所在地省、自治区、直辖市人民政府文化行政部门办理注销手续。

经营性互联网文化单位自取得《网络文化经营许可证》并依法办理企业登记之日起满180日未开展互联网文化活动的，由原审核的省、自治区、直辖市人民政府文化行政部门注销《网络文化经营许可证》，同时通知相关省、自治区、直辖市电信管理机构。

非经营性互联网文化单位停止互联网文化活动的，由原备案的省、自治区、直辖市人民政府文化行政部门注销备案，同时通知相关省、自治区、直辖市电信管理机构。

第十五条 经营进口互联网文化产品的活动应当由取得文

化行政部门核发的《网络文化经营许可证》的经营性互联网文化单位实施，进口互联网文化产品应当报文化部进行内容审查。

文化部应当自受理内容审查申请之日起 20 日内（不包括专家评审所需时间）做出批准或者不批准的决定。批准的，发给批准文件；不批准的，应当说明理由。

经批准的进口互联网文化产品应当在其显著位置标明文化部的批准文号，不得擅自变更产品名称或者增删产品内容。自批准之日起一年内未在国内经营的，进口单位应当报文化部备案并说明原因；决定终止进口的，文化部撤销其批准文号。

经营性互联网文化单位经营的国产互联网文化产品应当自正式经营起 30 日内报省级以上文化行政部门备案，并在其显著位置标明文化部备案编号，具体办法另行规定。

第十六条 互联网文化单位不得提供载有以下内容的文化产品：

（一）反对宪法确定的基本原则的；

（二）危害国家统一、主权和领土完整的；

（三）泄露国家秘密、危害国家安全或者损害国家荣誉和利益的；

（四）煽动民族仇恨、民族歧视，破坏民族团结，或者侵害民族风俗、习惯的；

（五）宣扬邪教、迷信的；

（六）散布谣言，扰乱社会秩序，破坏社会稳定的；

（七）宣扬淫秽、赌博、暴力或者教唆犯罪的；

（八）侮辱或者诽谤他人，侵害他人合法权益的；

（九）危害社会公德或者民族优秀文化传统的；

（十）有法律、行政法规和国家规定禁止的其他内容的。

第十七条　互联网文化单位提供的文化产品，使公民、法人或者其他组织的合法利益受到侵害的，互联网文化单位应当依法承担民事责任。

第十八条　互联网文化单位应当建立自审制度，明确专门部门，配备专业人员负责互联网文化产品内容和活动的自查与管理，保障互联网文化产品内容和活动的合法性。

第十九条　互联网文化单位发现所提供的互联网文化产品含有本规定第十六条所列内容之一的，应当立即停止提供，保存有关记录，向所在地省、自治区、直辖市人民政府文化行政部门报告并抄报文化部。

第二十条　互联网文化单位应当记录备份所提供的文化产品内容及其时间、互联网地址或者域名；记录备份应当保存60日，并在国家有关部门依法查询时予以提供。

第二十一条　未经批准，擅自从事经营性互联网文化活动的，由县级以上人民政府文化行政部门或者文化市场综合执法机构依据《无照经营查处取缔办法》的规定予以查处。

第二十二条　非经营性互联网文化单位违反本规定第十条，逾期未办理备案手续的，由县级以上人民政府文化行政部门或者文化市场综合执法机构责令限期改正；拒不改正的，责令停止互联网文化活动，并处1000元以下罚款。

第二十三条　经营性互联网文化单位违反本规定第十二条的，由县级以上人民政府文化行政部门或者文化市场综合执法机构责令限期改正，并可根据情节轻重处10000元以下罚款。

非经营性互联网文化单位违反本规定第十二条的，由县级以上人民政府文化行政部门或者文化市场综合执法机构责令限期改正；拒不改正的，责令停止互联网文化活动，并处 500 元以下罚款。

第二十四条 经营性互联网文化单位违反本规定第十三条的，由县级以上人民政府文化行政部门或者文化市场综合执法机构责令改正，没收违法所得，并处 10000 元以上 30000 元以下罚款；情节严重的，责令停业整顿直至吊销《网络文化经营许可证》；构成犯罪的，依法追究刑事责任。

非经营性互联网文化单位违反本规定第十三条的，由县级以上人民政府文化行政部门或者文化市场综合执法机构责令限期改正；拒不改正的，责令停止互联网文化活动，并处 1000 元以下罚款。

第二十五条 经营性互联网文化单位违反本规定第十五条，经营进口互联网文化产品未在其显著位置标明文化部批准文号、经营国产互联网文化产品未在其显著位置标明文化部备案编号的，由县级以上人民政府文化行政部门或者文化市场综合执法机构责令改正，并可根据情节轻重处 10000 元以下罚款。

第二十六条 经营性互联网文化单位违反本规定第十五条，擅自变更进口互联网文化产品的名称或者增删内容的，由县级以上人民政府文化行政部门或者文化市场综合执法机构责令停止提供，没收违法所得，并处 10000 元以上 30000 元以下罚款；情节严重的，责令停业整顿直至吊销《网络文化经营许可证》；构成犯罪的，依法追究刑事责任。

第二十七条 经营性互联网文化单位违反本规定第十五条，经营国产互联网文化产品逾期未报文化行政部门备案的，由县级以上人民政府文化行政部门或者文化市场综合执法机构责令改正，并可根据情节轻重处20000元以下罚款。

第二十八条　经营性互联网文化单位提供含有本规定第十六条禁止内容的互联网文化产品，或者提供未经文化部批准进口的互联网文化产品的，由县级以上人民政府文化行政部门或者文化市场综合执法机构责令停止提供，没收违法所得，并处10000元以上30000元以下罚款；情节严重的，责令停业整顿直至吊销《网络文化经营许可证》；构成犯罪的，依法追究刑事责任。

非经营性互联网文化单位，提供含有本规定第十六条禁止内容的互联网文化产品，或者提供未经文化部批准进口的互联网文化产品的，由县级以上人民政府文化行政部门或者文化市场综合执法机构责令停止提供，处1000元以下罚款；构成犯罪的，依法追究刑事责任。

第二十九条　经营性互联网文化单位违反本规定第十八条的，由县级以上人民政府文化行政部门或者文化市场综合执法机构责令改正，并可根据情节轻重处20000元以下罚款。

第三十条　经营性互联网文化单位违反本规定第十九条的，由县级以上人民政府文化行政部门或者文化市场综合执法机构予以警告，责令限期改正，并处10000元以下罚款。

第三十一条　违反本规定第二十条的，由省、自治区、直辖市电信管理机构责令改正；情节严重的，由省、自治区、直辖市电信管理机构责令停业整顿或者责令暂时关闭网站。

第三十二条　本规定所称文化市场综合执法机构是指依照国家有关法律、法规和规章的规定，相对集中地行使文化领域行政处罚权以及相关监督检查权、行政强制权的行政执法机构。

第三十三条　文化行政部门或者文化市场综合执法机构查处违法经营活动，依照实施违法经营行为的企业注册地或者企业实际经营地进行管辖；企业注册地和实际经营地无法确定的，由从事违法经营活动网站的信息服务许可地或者备案地进行管辖；没有许可或者备案的，由该网站服务器所在地管辖；网站服务器设置在境外的，由违法行为发生地进行管辖。

第三十四条　本规定自 2011 年 4 月 1 日起施行。2003 年 5 月 10 日发布、2004 年 7 月 1 日修订的《互联网文化管理暂行规定》同时废止。

互联网上网服务营业场所管理条例

中华人民共和国国务院令

第 363 号

《互联网上网服务营业场所管理条例》已经 2002 年 8 月 14 日国务院第 62 次常务会议通过,现予公布,自 2002 年 11 月 15 日起施行。

总理 朱镕基
二○○二年九月二十九日

(2002 年 9 月 29 日中华人民共和国国务院令第 363 号发布;根据 2011 年 1 月 8 日《国务院关于废止和修改部分行政法规的决定》第一次修订;根据 2016 年 2 月 6 日《国务院关于修改部分行政法规的决定》第二次修订)

第一章 总 则

第一条 为了加强对互联网上网服务营业场所的管理,规范经营者的经营行为,维护公众和经营者的合法权益,保障互联网上网服务经营活动健康发展,促进社会主义精神文明建设,制定本条例。

第二条 本条例所称互联网上网服务营业场所,是指通过计算机等装置向公众提供互联网上网服务的网吧、电脑休闲室等营业性场所。

学校、图书馆等单位内部附设的为特定对象获取资料、信息提供上网服务的场所，应当遵守有关法律、法规，不适用本条例。

第三条 互联网上网服务营业场所经营单位应当遵守有关法律、法规的规定，加强行业自律，自觉接受政府有关部门依法实施的监督管理，为上网消费者提供良好的服务。

互联网上网服务营业场所的上网消费者，应当遵守有关法律、法规的规定，遵守社会公德，开展文明、健康的上网活动。

第四条 县级以上人民政府文化行政部门负责互联网上网服务营业场所经营单位的设立审批，并负责对依法设立的互联网上网服务营业场所经营单位经营活动的监督管理；公安机关负责对互联网上网服务营业场所经营单位的信息网络安全、治安及消防安全的监督管理；工商行政管理部门负责对互联网上网服务营业场所经营单位登记注册和营业执照的管理，并依法查处无照经营活动；电信管理等其他有关部门在各自职责范围内，依照本条例和有关法律、行政法规的规定，对互联网上网服务营业场所经营单位分别实施有关监督管理。

第五条 文化行政部门、公安机关、工商行政管理部门和其他有关部门及其工作人员不得从事或者变相从事互联网上网服务经营活动，也不得参与或者变相参与互联网上网服务营业场所经营单位的经营活动。

第六条 国家鼓励公民、法人和其他组织对互联网上网服务营业场所经营单位的经营活动进行监督，并对有突出贡献的给予奖励。

第二章 设 立

第七条 国家对互联网上网服务营业场所经营单位的经营活动实行许可制度。未经许可，任何组织和个人不得从事互联网上网服务经营活动。

第八条 互联网上网服务营业场所经营单位从事互联网上网服务经营活动，应当具备下列条件：

（一）有企业的名称、住所、组织机构和章程；

（二）有与其经营活动相适应的资金；

（三）有与其经营活动相适应并符合国家规定的消防安全条件的营业场所；

（四）有健全、完善的信息网络安全管理制度和安全技术措施；

（五）有固定的网络地址和与其经营活动相适应的计算机等装置及附属设备；

（六）有与其经营活动相适应并取得从业资格的安全管理人员、经营管理人员、专业技术人员；

（七）法律、行政法规和国务院有关部门规定的其他条件。

互联网上网服务营业场所的最低营业面积、计算机等装置及附属设备数量、单机面积的标准，由国务院文化行政部门规定。

审批从事互联网上网服务经营活动，除依照本条第一款、第二款规定的条件外，还应当符合国务院文化行政部门和省、自治区、直辖市人民政府文化行政部门规定的互联网上网服务营业场所经营单位的总量和布局要求。

第九条 中学、小学校园周围200米范围内和居民住宅楼（院）内不得设立互联网上网服务营业场所。

第十条 互联网上网服务营业场所经营单位申请从事互联网上网服务经营活动，应当向县级以上地方人民政府文化行政部门提出申请，并提交下列文件：

（一）企业营业执照和章程；

（二）法定代表人或者主要负责人的身份证明材料；

（三）资金信用证明；

（四）营业场所产权证明或者租赁意向书；

（五）依法需要提交的其他文件。

第十一条 文化行政部门应当自收到申请之日起20个工作日内作出决定；经审查，符合条件的，发给同意筹建的批准文件。

申请人完成筹建后，持同意筹建的批准文件到同级公安机关申请信息网络安全和消防安全审核。公安机关应当自收到申请之日起20个工作日内作出决定；经实地检查并审核合格的，发给批准文件。

申请人持公安机关批准文件向文化行政部门申请最终审核。文化行政部门应当自收到申请之日起15个工作日内依据本条例第八条的规定作出决定；经实地检查并审核合格的，发给《网络文化经营许可证》。

对申请人的申请，文化行政部门经审查不符合条件的，或者公安机关经审核不合格的，应当分别向申请人书面说明理由。

第十二条 互联网上网服务营业场所经营单位不得涂改、出租、出借或者以其他方式转让《网络文化经营许可证》。

第十三条 互联网上网服务营业场所经营单位变更营业场所地址或者对营业场所进行改建、扩建，变更计算机数量或者其他重要事项的，应当经原审核机关同意。

互联网上网服务营业场所经营单位变更名称、住所、法定代表人或者主要负责人、注册资本、网络地址或者终止经营活动的，应当依法到工商行政管理部门办理变更登记或者注销登记，并到文化行政部门、公安机关办理有关手续或者备案。

第三章 经 营

第十四条 互联网上网服务营业场所经营单位和上网消费者不得利用互联网上网服务营业场所制作、下载、复制、查阅、发布、传播或者以其他方式使用含有下列内容的信息：

（一）反对宪法确定的基本原则的；

（二）危害国家统一、主权和领土完整的；

（三）泄露国家秘密，危害国家安全或者损害国家荣誉和利益的；

（四）煽动民族仇恨、民族歧视，破坏民族团结，或者侵害民族风俗、习惯的；

（五）破坏国家宗教政策，宣扬邪教、迷信的；

（六）散布谣言，扰乱社会秩序，破坏社会稳定的；

（七）宣传淫秽、赌博、暴力或者教唆犯罪的；

（八）侮辱或者诽谤他人，侵害他人合法权益的；

（九）危害社会公德或者民族优秀文化传统的；

（十）含有法律、行政法规禁止的其他内容的。

第十五条　互联网上网服务营业场所经营单位和上网消费者不得进行下列危害信息网络安全的活动：

（一）故意制作或者传播计算机病毒以及其他破坏性程序的；

（二）非法侵入计算机信息系统或者破坏计算机信息系统功能、数据和应用程序的；

（三）进行法律、行政法规禁止的其他活动的。

第十六条　互联网上网服务营业场所经营单位应当通过依法取得经营许可证的互联网接入服务提供者接入互联网，不得采取其他方式接入互联网。

互联网上网服务营业场所经营单位提供上网消费者使用的计算机必须通过局域网的方式接入互联网，不得直接接入互联网。

第十七条　互联网上网服务营业场所经营单位不得经营非网络游戏。

第十八条　互联网上网服务营业场所经营单位和上网消费者不得利用网络游戏或者其他方式进行赌博或者变相赌博活动。

第十九条　互联网上网服务营业场所经营单位应当实施经营管理技术措施，建立场内巡查制度，发现上网消费者有本条例第十四条、第十五条、第十八条所列行为或者有其他违法行为的，应当立即予以制止并向文化行政部门、公安机关举报。

第二十条　互联网上网服务营业场所经营单位应当在营业场所的显著位置悬挂《网络文化经营许可证》和营业执照。

第二十一条　互联网上网服务营业场所经营单位不得接纳未成年人进入营业场所。

互联网上网服务营业场所经营单位应当在营业场所入口处的显著位置悬挂未成年人禁入标志。

第二十二条　互联网上网服务营业场所每日营业时间限于8时至24时。

第二十三条　互联网上网服务营业场所经营单位应当对上网消费者的身份证等有效证件进行核对、登记，并记录有关上网信息。登记内容和记录备份保存时间不得少于60日，并在文化行政部门、公安机关依法查询时予以提供。登记内容和记录备份在保存期内不得修改或者删除。

第二十四条　互联网上网服务营业场所经营单位应当依法履行信息网络安全、治安和消防安全职责，并遵守下列规定：

（一）禁止明火照明和吸烟并悬挂禁止吸烟标志；

（二）禁止带入和存放易燃、易爆物品；

（三）不得安装固定的封闭门窗栅栏；

（四）营业期间禁止封堵或者锁闭门窗、安全疏散通道和安全出口；

（五）不得擅自停止实施安全技术措施。

第四章　罚　则

第二十五条　文化行政部门、公安机关、工商行政管理部门或者其他有关部门及其工作人员，利用职务上的便利收受他人财物或者其他好处，违法批准不符合法定设立条件的互联网上网服务营业场所经营单位，或者不依法履行监督职责，或者发现违法行为不予依法查处，触犯刑律的，对直接负责的主管人员和其他直接责任人员依照刑法关于受贿罪、滥用职权罪、玩忽职守罪或者其他罪的规定,依法追究刑事责任;尚不够刑事处罚的,依法给予降级、撤职或者开除的行政处分。

第二十六条 文化行政部门、公安机关、工商行政管理部门或者其他有关部门的工作人员,从事或者变相从事互联网上网服务经营活动的,参与或者变相参与互联网上网服务营业场所经营单位的经营活动的,依法给予降级、撤职或者开除的行政处分。

文化行政部门、公安机关、工商行政管理部门或者其他有关部门有前款所列行为的,对直接负责的主管人员和其他直接责任人员依照前款规定依法给予行政处分。

第二十七条 违反本条例的规定,擅自从事互联网上网服务经营活动的,由文化行政部门或者由文化行政部门会同公安机关依法予以取缔,查封其从事违法经营活动的场所,扣押从事违法经营活动的专用工具、设备;触犯刑律的,依照刑法关于非法经营罪的规定,依法追究刑事责任;尚不够刑事处罚的,由文化行政部门没收违法所得及其从事违法经营活动的专用工具、设备;违法经营额1万元以上的,并处违法经营额5倍以上10倍以下的罚款;违法经营额不足1万元的,并处1万元以上5万元以下的罚款。

第二十八条 文化行政部门应当建立互联网上网服务营业场所经营单位的经营活动信用监管制度,建立健全信用约束机制,并及时公布行政处罚信息。

第二十九条 互联网上网服务营业场所经营单位违反本条例的规定,涂改、出租、出借或者以其他方式转让《网络文化经营许可证》,触犯刑律的,依照刑法关于伪造、变造、买卖国家机关公文、证件、印章罪的规定，依法追究刑事责任；尚不够刑事处罚的，由文化行政部门吊销《网络文化经营许可证》，没收违法所得；违法经营额5000元以上的，并处违法经营额2倍以上5倍以下的罚款；违法经营额不足5000元的，并处5000元以上1万元以下的罚款。

第三十条 互联网上网服务营业场所经营单位违反本条例的规定，利用营业场所制作、下载、复制、查阅、发布、传播或者以其他方式使用含有本条例第十四条规定禁止含有的内容的信息，触犯刑律的，依法追究刑事责任；尚不够刑事处罚的，由公安机关给予警告，没收违法所得；违法经营额1万元以上的，并处违法经营额2倍以上5倍以下的罚款；违法经营额不足1万元的，并处1万元以上2万元以下的罚款；情节严重的，责令停业整顿，直至由文化行政部门吊销《网络文化经营许可证》。

上网消费者有前款违法行为，触犯刑律的，依法追究刑事责任；尚不够刑事处罚的，由公安机关依照治安管理处罚法的规定给予处罚。

第三十一条 互联网上网服务营业场所经营单位违反本条例的规定，有下列行为之一的，由文化行政部门给予警告，可以并处15000元以下的罚款；情节严重的，责令停业整顿，直至吊销《网络文化经营许可证》：

（一）在规定的营业时间以外营业的；

（二）接纳未成年人进入营业场所的；

（三）经营非网络游戏的；

（四）擅自停止实施经营管理技术措施的；

（五）未悬挂《网络文化经营许可证》或者未成年人禁入标志的。

第三十二条 互联网上网服务营业场所经营单位违反本条例的规定，有下列行为之一的，由文化行政部门、公安机关依据各自职权给予警告，可以并处15000元以下的罚款；情节严重的，责令停业整顿，直至由文化行政部门吊销《网络文化经营许可证》：

（一）向上网消费者提供的计算机未通过局域网的方式接入互联网的；

（二）未建立场内巡查制度，或者发现上网消费者的违法行为未予制止并向文化行政部门、公安机关举报的；

（三）未按规定核对、登记上网消费者的有效身份证件或者记录有关上网信息的；

（四）未按规定时间保存登记内容、记录备份，或者在保存期内修改、删除登记内容、记录备份的；

（五）变更名称、住所、法定代表人或者主要负责人、注册资本、网络地址或者终止经营活动，未向文化行政部门、公安机关办理有关手续或者备案的。

第三十三条 互联网上网服务营业场所经营单位违反本条例的规定，有下列行为之一的，由公安机关给予警告，可以并处15000元以下的罚款；情节严重的，责令停业整顿，直至由文化行政部门吊销《网络文化经营许可证》：

（一）利用明火照明或者发现吸烟不予制止，或者未悬挂禁止吸烟标志的；

（二）允许带入或者存放易燃、易爆物品的；

（三）在营业场所安装固定的封闭门窗栅栏的；

（四）营业期间封堵或者锁闭门窗、安全疏散通道或者安全出口的；

（五）擅自停止实施安全技术措施的。

第三十四条 违反国家有关信息网络安全、治安管理、消防管理、工商行政管理、电信管理等规定，触犯刑律的，依法追究刑事责任；尚不够刑事处罚的，由公安机关、工商行政管理部门、电信管理机构依法给予处罚；情节严重的，由原发证机关吊销许可证件。

第三十五条 互联网上网服务营业场所经营单位违反本条例的规定，被吊销《网络文化经营许可证》的，自被吊销《网络文化经营许可证》之日起5年内，其法定代表人或者主要负责人不得担任互联网上网服务营业场所经营单位的法定代表人或者主要负责人。

擅自设立的互联网上网服务营业场所经营单位被依法取缔的，自被取缔之日起5年内，其主要负责人不得担任互联网上网服务营业场所经营单位的法定代表人或者主要负责人。

第三十六条 依照本条例的规定实施罚款的行政处罚，应当依照有关法律、行政法规的规定，实行罚款决定与罚款收缴分离；收缴的罚款和违法所得必须全部上缴国库。

第五章 附　则

第三十七条 本条例自2002年11月15日起施行。2001年4月3日信息产业部、公安部、文化部、国家工商行政管理局发布的《互联网上网服务营业场所管理办法》同时废止。

广电总局关于重申禁止制作和播映色情电影的通知

(2007年12月29日国家广播电影电视总局发布)

2007年12月29日,广电总局向各省、自治区、直辖市广播影视局,各电影制片单位发出《广电总局关于重申禁止制作和播映色情电影的通知》的通知,通知说,近一个时期以来,部分影视制作单位和互联网视听节目服务单位为追逐经济利益,在海内外电影市场和互联网上,违法违规制作和播映一些带有色情内容的电影,对于广大青少年观众产生了极大的危害。为进一步净化银屏视频,加强对制作和播映色情电影的管理,确保为广大人民群众,尤其是青少年观众提供一个健康和谐的文化环境,促进文化大发展大繁荣,依据《电影管理条例》、《电影剧本(梗概)备案、电影片管理规定》(国家广播电影电视总局令第52号)、《互联网视听节目服务管理规定》(国家广播电影电视总局令第56号)、《关于加强互联网传播影视剧管理的通知》等法规,现做出如下通知要求:

一、要大力引导影视制片单位、互联网视听节目服务单位和影视工作者,进一步增强社会责任感,不断增强导向意识、责任意识、法律意识,牢牢把握正确导向,强化内容管理,努力提高影视作品的思想和艺术质量,始终坚持社会效益第一,两个效益相统一的原则,努力为广大人民群众和青少年观众提供健康有益、喜闻乐见、丰富多彩的优秀作品。

二、要进一步完善管理制度，加强内容审查，认真贯彻执行各项管理规定。不得制作和播映夹杂淫秽色情和庸俗低级内容，展现淫乱、强奸、卖淫、嫖娼、性行为、性变态等情节及男女性器官等其他隐私部位，夹杂肮脏低俗的台词、歌曲、背景音乐及声音效果等内容的有害影视作品，不得制作、传播未经广电总局的审查机构审查通过的第二个版本或内容片段，不得将未经审查通过或未按审查意见修改的作品在电影院、电视台播映，也不得在音像市场和互联网上传播，不得将未获得《电影片公映许可证》的作品及其内容片段提交国际电影节展和国际市场参展参赛。

三、要进一步落实管理责任，完善市场准入和退出机制，强化管理措施，创新管理手段，加强自律和自查。进一步明确"谁经营谁负责，谁审批谁负责"的属地管理原则，加强市场管理和网络搜索，一旦发现问题要及时提出纠正意见，并依法处理。对违反本通知第二规定的违法违规单位，依据《电影管理条例》予以处罚，并停止发行、放映违规影片；情节严重或不改正的，吊销《摄制电影许可证》或《摄制电影片许可证（单片）》，并按《电影管理条例》的相关规定变更、注销或吊销营业执照，3年内不能申请从事互联网视听节目服务，其法定代表人或主要负责人5年内不得从事相关电影业务；凡故意参加淫秽、色情电影制作的影片主创人员，一律不得参加各类影视评奖活动；情节严重或不改正的，给予纪律处分；屡教不改，造成恶劣社会影响的，国家影视审查机构对其所参与制作的所有电影电视片一律不予受理审查。

四、要进一步加强行业自律，各影视单位、视听节目服务单位和行业协会要积极引导广大影视工作者，树立正确的人生观、世界观、价值观，树立社会主义荣辱观，坚持八荣八耻，自觉抵制低俗之风，走德艺双馨的成才之路。

各级广电局要认真传达贯彻落实上述要求，高度重视并切实负责加强管理。各电影制片单位、各视听节目服务单位和广大影视工作者要加强学习和自律，努力营造一个健康和谐的影视发展环境，为兴起社会主义文化建设新高潮做出应有的努力。

请各省（区、市）广电局接此通知后，迅速将文件精神传至所辖各类影视制作单位、互联网视听服务单位及各级电视台。

工业和信息化部关于进一步深入整治
手机淫秽色情专项行动工作方案

工业和信息化部印发《工业和信息化部关于进一步深入整治手机淫秽色情专项行动工作方案》的通知

工信部电管〔2009〕672号

各省、自治区、直辖市通信管理局,国家计算机网络应急技术处理协调中心、中国互联网络信息中心、中国互联网协会、中国电信集团公司、中国移动通信集团公司、中国联合网络通信集团有限公司,接入服务商、信息服务业务经营者、域名注册管理和服务机构、手机搜索引擎服务企业:

　　为全面整治手机淫秽色情及低俗信息,扎实有效开展依法打击手机淫秽色情专项行动,工业和信息化部组织全电信行业开展进一步深入整治手机淫秽色情专项行动。现将《工业和信息化部关于进一步深入整治手机淫秽色情专项行动工作方案》印发给你们,请认真贯彻执行。

二〇〇九年十二月十五日

一、工作目标

以强烈的社会责任感,从保护下一代健康成长、净化社会环境、推动手机网络产业健康发展出发，抓住业务推广渠道、手机网站内容接入、服务器层层转租、手机代收费和涉黄网站域名变换等关键环节，通过全面清理、落实整改、健全机制三阶段工作提高责任意识、强化技术手段、提升管理水平、完善手机涉黄网站的发现处置机制，为净化手机网络环境做好基础工作，为社会进步和经济发展做好服务。

二、工作任务

（一）第一阶段：全面清理，重点整治，落实责任（2009年11月12日—2009年12月31日）

本阶段要求相关主体快速反应，排查问题，重拳出击，净化手机网络环境初见成效。

1. 排查手机涉黄重点环节，全面清理

基础电信企业、接入服务商、信息服务业务经营者、域名注册管理和服务机构、手机搜索引擎服务企业（以下简称"各相关企业"）全面开展清理检查，重点清理业务推广渠道中业务合作伙伴、合作方式、业务推广模式和网络连接方式存在的问题；清理手机网站内容接入环节中未备案接入、信息安全管理协议不落实、违法网站不能及时切断和接入网站含有涉黄信息的问题；服务器层层转租的问题；手机上网违规代收费的问题和手机涉黄网站转换域名逃避打击等问题。

2. 重点整治清理中发现的漏洞和问题

在全面排查、梳理前述五个重点环节的同时，本阶段要立即着手抓好以下三方面工作：一是基础电信企业必须立即清理自身和合作经营者的业务推广渠道和代收费环节，有涉黄问题的，立即停止合作。12月31日前将清理情况报工业和信息化部。二是基础电信企业应当在 12 月 15 日之前召开下级接入服务商管理会议，按照《电信业务经营许可管理办法》（工业和信息化部 5 号令）要求，清理"层层转租"问题。三是各基础电信企业和接入服务商应当全面排查所接入的网站，对未获得经营许可或未备案网站，一律停止其接入，并负责做好合法用户的善后处理工作；对发现有明显属于淫秽色情等违法信息的，立即停止接入和传输，保存有关记录，并向公安机关和公司所在地通信管理局报告。12 月 31 日前将清理情况报许可证发放机关。

针对清理发现的问题，各相关企业要提出整改方案，明确整改重点、落实组织机构、提出时间进度、确保责任落实。于 12 月 31 日前将整改方案上报许可证发放机关。

3. 落实相关主体单位和人员责任，落实责任制考核和检查

各相关企业要立即检查各项责任制度和管理规定的制定情况，发现不明确、不完善的，立即着手修订；全面检查各项责任制度和管理规定的落实情况，发现经营违规业务的，一律中止合作并向有关部门报告；对所属相关单位和人员存在违规问题的，追究责任；对明知故犯，参与授意手机淫秽色情传播，涉嫌犯罪的，移送司法机关处理，绝不姑息。工业和信息化部、各地通信管理局对违规企业依照行业管理规定严格执法，对拒不执行管理规定，拒不落实整改要求，屡纠屡犯的，要严肃处罚、严厉惩治。

4. 严格落实基础电信企业信息安全管理责任

围绕宣贯《基础电信企业信息安全责任管理办法》，督促基础电信企业落实在网络建设、业务开办、配合监管和突发信息

安全事件处置等各环节的信息安全责任，完善信息安全管理体系和管理制度。针对当前存在的薄弱环节，重点完善集团、省、地市三级信息安全管理体系，集团和省公司成立专门信息安全管理机构，保障专项资金投入，重点在新业务研发、上线、运营三个关键环节建立并实施信息安全评估制度和相应的信息安全保障措施，并向行业主管部门报告。

5. 积极畅通举报渠道，强化社会监督

充分发挥12321网络不良与垃圾信息举报受理中心的作用，强化社会监督。一是制定并向社会公布手机淫秽色情信息举报受理办法，规范举报受理和处理流程，提高对举报信息的核实能力。二是畅通渠道，建立与基础电信企业的协同处置机制。三是加强对举报信息的梳理汇总和分析研判，及时发现重大苗头性、倾向性问题，研究提出有针对性的管理建议并向相关主管部门报告。

（二）第二阶段：落实方案，抓好整改，强化手段（2010年1月1日—9月30日）

各相关企业要切实落实第一阶段所制定的手机淫秽色情专项整改方案，周密部署，抓好落实。严格执行"一把手"负责制，做到资金落实、组织落实、人员落实和任务落实。整改措施要具体，整改目标要明确，强化手段、提升管理水平，将整改落到实处。

1. 落实基础电信企业领导人问责制。各基础电信企业的法定代表人为本单位信息安全第一责任人，对本企业信息安全工作负主要领导责任；企业分管信息安全的负责人为本单位信息安全责任人，对本企业信息安全工作负直接领导责任；各省级企业负责人是当地基础电信企业的信息安全责任人。对于工作不落实、措施不到位、被电信主管部门通报批评的，各基础电信企业应当追究其信息安全责任人的领导责任；对整改不力、屡改屡犯、故意违规的，电信主管部门通报批评企业信息安全责任人，并函告其上级主管部门追究企业信息安全责任人的领导责任。

2. 深入整治业务推广渠道。

基础电信企业、信息服务业务经营者要认真落实业务推广环节的各项整改措施。一是制定和完善企业内部制度规范，对业务推广渠道中业务合作伙伴的建立、合作内容的规范、合作问题的发现与监督、业务推广模式的实现和网络连接方式的技术细节等提出明确要求，同时妥善处理好规范措施与业务发展、消费者保护之间的关系。二是明确责任，督促检查。基础电信企业要层层排查各级企业推广业务活动，逐一清查业务推广渠道的信息服务、业务链接、广告投放等主要环节，定期检查合作伙伴的业务推广行为和模式，确保业务推广的各项要求严格落实。发现存在违规问题的，立即暂停合作，并报告相关部门处理；不能有效控制业务合作行为的，立即停止合作。

3. 切实落实网站接入责任。

基础电信运营商、接入服务商要对网站接入环节进行全面整改。一是接入服务商必须持证经营、所接入的网站必须取得经营许可或备案，违反者要追究相关人员责任。二是要与所提供接入服务的网站签订信息安全管理协议，未签协议的立即补签，已签协议但协议内容不完善的立即重签，不签协议擅自提供接入的，追究相关人员的责任。三是相关主管部门依法提出切断网站接入的，要在规定时间内立即切断。四是要对接入的网站进行全面、有效的日常监测，对发现明显属于淫秽色情等违法信息的，应当立即停止接入和传输，保存有关记录，并向公安机关报告；对于无法判定的涉嫌违规内容，要暂停接入，保存有关记录，同时向相关部门报告要求研判，根据研判结果做出最终处理。

4. 严格清理接入资源层层转租问题。

基础电信企业、接入服务商要全面整改接入资源层层转租问题。一是在2010年1月30日前，要完成企业内部接入资源层层转租问题的排查，全面检查用户接入资源的在用情况，发现再转租行为的，立即停止租用合同并收回接入资源；二是要制定具体的整改措施，重点清理电信资源租用合同，采取切实有效措施，打击电信资源再次转租行为；三是做好转租接入资源收回后用户的善后处理工作，避免影响合法用户的正常使用；四是要制定有关接入资源管理规章制度，将接入资源管理责任落实到具体部门和人员；五是对擅自转租接入资源的，要严肃追究相关人员的责任，彻底杜绝接入资源层层转租现象。

5. 严格规范手机上网代收费行为。

2010年6月30日前，基础电信企业要完成手机上网代收费环节的整改。一是整改手机代收费内容涉黄问题中暴露的代收费协议规范、日常拨测、责任追究等方面的薄弱环节；二是严格规范落实代收费流程，存在违规的立即停止；三是不具备代收费有效管控手段和能力的，不得提供代收费服务。

6. 强力治理网站变换域名、逃避监管行为。

域名注册管理和服务机构要完善管理措施，防止违规网站利用变换域名等手段逃避监管。一是建立和完善域名持有者黑名单机制,将被关闭网站的域名持有者纳入黑名单;二是严格落实域名注册申请者应提交真实、准确、完整的域名注册信息的规定,对进行域名转让并提供他人使用的,必须重新注册,违反上述规定的,依法予以注销;三是对网站未备案的域名不予解析(含跳转);四是在相关部门依法认定网站涉黄和违规时要配合停止域名解析,同时暂停域名持有者的全部其它域名解析,及时上报认定部门进行处理,将域名持有者纳入黑名单。

7. 加强对网站备案信息的核查。

为了加强对网站备案信息真实性核查,部将在2010年1月下发补充通知,要求基础电信企业和各接入服务商在向通信管理局提交网站申请备案之前,要对主办者身份信息当面核验、留存有效证件复印件,要对网站主体信息、联系方式和接入信息等进行审查,并向网站备案所在地通信管理局提交网站备案信息真实性核验证明。各地通信管理局以此对网站备案信息真实性进行审查,对发现未执行当面核验或提供虚假信息的,严肃处理。对已接入网站,基础电信企业和接入服务商要在2010年9月前完成全部接入网站的备案信息真实性核验,并制定详细计划报许可证发放机关和公司所在地通信管理局;2010年3月底之前接入服务商要完成互联网站备案管理系统的建设,并实现与部省网站备案系统的连接。网站备案管理支撑中心要加强日常的网站备案信息核查、违法违规网站定位、分类统计、各地通信管理局行政处罚情况汇总等工作。

8. 加强对移动搜索业务的管理。

工业和信息化部会同国务院新闻办、公安部于 2010 年 1 月底前，针对手机搜索业务完善管理要求，并重点督促百度、谷歌中国等搜索引擎服务商依法加强手机上网搜索服务的管理。

9. 完善手机用户信息登记工作。

基础电信企业要采取各种优惠措施，鼓励用户提供有效身份证件等信息进行实名登记和补登记，逐步提高电话用户实名登记的比例。

10、全面实行黑名单企业联动管理制度。

各相关企业要建立和完善黑名单管理制度。基础电信企业的黑名单管理要覆盖所有业务推广渠道、接入服务商、接入资源租用者和使用者，接入服务商的黑名单管理要覆盖所有接入手机网站、接入资源使用者，域名注册管理和服务机构的黑名单管理要覆盖其管理或提供服务的所有域名持有者。各相关企业要实行黑名单信息共享和处置联动。

11. 完善跨省协同处置机制。

各地通信管理局要加强网站属地管理，对违法违规的接入服务商、涉黄网站，违法违规行为发生地通信管理局要立案调查并依法处理。要完善跨省管理工作联动机制，实行省际网站管理信息共享和涉黄网站执法处置联动，网站接入地不在本行政区的，可以请接入地通信管理局予以配合，接到请求的通信管理局应当按规定限时处理完毕并将结果反馈提出请求的通信管理局。

12. 进一步强化手段建设。

健全手机网站未备案发现功能。2010 年 3 月前，国家计算机网络应急技术处理协调中心要完善网站备案系统的未备案手机网站发现功能和模块。

建设手机网站内容拨测系统。2010年6月前,各基础电信企业要建立手机网站拨测系统,定期对网站内容和业务推广渠道等进行拨测。电信研究院要完成"电信业务市场综合管理信息系统工程"的建设,开展第三方跨网拨测,各基础电信企业要积极配合,形成跨企业、跨部门联动拨测机制。

加快在WAP网关建设违法有害信息发现和过滤手段试点。基础电信企业要在2010年1月底前,核清现网的WAP网关数量和分布情况,并上报工业和信息化部。工业和信息化部于2010年3月底前,制定出台WAP网关有害信息过滤技术标准,并于。2010年6月底前指导基础电信企业加强企业自律,完成WAP网关建设违法信息发现和过滤系统试点工作,原则上,2010年底前各基础电信企业不得再新建WAP网关。

完善用户移动上网日志留存。基础电信企业于2010年1月底前按照《互联网信息服务管理办法》等法规的相关规定,制定全面落实用户移动上网日志留存制度的工作方案并组织实施,并于2010年8月底前全面完成。工业和信息化部适时会同公安部等部门对基础电信企业落实用户移动上网日志留存的进展情况进行监督检查。

本阶段,基础电信企业要全面检查所属企业以及所接入的接入服务商、信息服务企业等的整改落实情况。各相关单位要每月上报整改情况,遇到新问题、新情况、出台新举措等及时上报。各地通信管理局要建立整改巡查、信息通报、联席会议等工作机制,检查指导当地企业落实整改方案。

(三)第三阶段:健全机制,夯实基础,提升管理(2010年10月1日—2010年12月31日)

1. 深化企业监测体系建设。2010年12月31日前,基础电信企业要提升日常监测系统的能力,增强针对新业务形态、网络突发流量、接入轨迹、协议类型等的数据监测功能,建立分级预警机制,对出现的问题及时发现、快速响应和处置。

2. 完善企业资源管理平台建设。2010年11月30日前,基础电信企业、接入服务商要建成接入资源企业管理平台,动态记录接入资源的分配、使用、出租、转让等信息,做到接入资源全面可溯源;实时记录接入资源的持有数量及其使用、出租、转让等情况,对接入资源异常使用实行日常发现、分析和处置。

3. 加强监督检查,健全长效管理机制。一是工业和信息化部于2010年11月初,组织开展《基础电信企业信息安全责任管理办法》落实情况的专项督察,建立基础电信企业落实信息安全责任日常监测和考核机制。工业和信息化部会同公安部、国务院新闻办,加快立法进度,力争在2010年底前出台《通信短信息服务管理规定》,为全面实施电话用户实名登记工作提供法律依据。

4. 加强调查研究,提出管理措施建议

结合互联网新技术、新应用、新业态,部要组织电信研究院、基础电信企业等相关单位积极开展手机浏览器、手机搜索引擎、网站链接等问题的研究,提出管理措施建议。基础电信企业要积极参与并给予支持配合。

三、组织机构和工作职责

(一)工业和信息化部成立进一步深入整治手机淫秽色情专

项行动领导小组（以下简称领导小组）。

（二）领导小组负责在专项打击行动期间，组织落实中央的各项要求和有关对外协调工作，研究和部署本系统专项打击行动的各项措施，并组织督促检查。领导小组办公室负责日常具体工作和对外协调工作。

（三）三家基础电信企业分别成立由公司主要领导挂帅的专项打击行动小组，与工业和信息化部建立协调、联系机制，明确联系人，并根据部总体部署要求积极参与并主动开展专项打击行动。

（四）各地通信管理局和当地各基础电信企业省级公司共同组织专项打击行动协调工作组，负责在本地区落实领导小组部署的打击手机淫秽色情专项行动的各项措施，并负责协调配合当地相关部门共同开展专项打击行动。

四、工作要求

（一）统一思想，提高对专项行动重要性的认识

全行业必须深刻认识此次专项行动的重要意义，要把社会责任放在首位，管理和发展并重，积极主动开展工作，要让手机成为传播精神文明的载体，绝不能成为毒化社会风气的渠道。

（二）各负其责，按统一部署抓紧实施

各地通信管理局要按照本方案要求，制定本地区专项行动落实方案，加大监督检查力度，对企业落实情况进行督办考核，对各类违规行为依法严肃处理，并将查处结果及时上报。

各基础电信企业集团公司要统一部署，执行专项行动方案，加大对下属企业的检查、指导力度，基层企业要抓紧实施，按

要求落实各项工作任务。

各接入服务商、信息服务业务经营者、域名注册管理和服务机构、手机搜索引擎服务企业要按照整改措施，完成各项工作要求。

（三）建立信息上报和情况通报制度

专项行动期间，各基础电信企业于第一阶段的每周一、第二、三阶段的每月3日前向专项行动办公室上报前期工作进展情况。各接入服务商、信息服务业务经营者、域名注册管理和服务机构、手机搜索引擎服务企业于每月3日前，向发证单位上报前月工作进展情况。各地通信管理局于每月5日前向专项行动领导小组办公室上报上月工作进展情况。发生重大情况和问题随时报部。部将以简报形式通报专项行动落实情况。

（四）加强宣传，形成打击手机淫秽色情的强大声势

各单位、各部门要积极组织新闻媒体和互联网站广泛宣传专项行动的重要意义和取得的工作成果，积极宣传电信业在促进国民经济和社会发展，满足广大人民群众信息通信需要方面的成就，展示行业良好形象。鼓励广大人民群众积极举报违法网站和违法经营行为，形成全社会共同参与的打击手机淫秽色情的良好氛围。

（五）加强监督、狠抓落实，推动专项行动深入开展

各单位、各部门要切实加强对重点地区、重点单位的督办、指导工作，专项行动期间，将组织检查组，赴各地督导、检查，对工作扎实，成效显著的单位和部门，及时予以表扬；对重视不够、组织不力、工作措施不落实的，予以通报批评，并追究相关人员责任。

教育部关于在教育系统深入开展打击淫秽色情网站专项行动的通知

教社政〔2004〕10号

（2004年9月2日教育部发布）

近期，中央作出在全国范围内开展打击淫秽色情网站专项行动（以下简称"专项行动"）部署，这是继全国网吧等互联网上网服务场所专项整治工作（以下简称"网吧整治工作"）开展以来，为广大人民群众特别是青少年学生创造良好的网络文化环境，加强和改进青少年思想道德建设，促进社会主义精神文明建设的又一重要举措；是实践"三个代表"重要思想，坚持立党为公、执政为民的实际行动。各地教育行政部门和高校要充分认识这次专项行动的重要意义，结合正在进行的网吧等互联网上网服务场所专项整治检查验收工作，深入、扎实地把打击淫秽色情网站专项行动组织好、开展好，坚决遏制色情、反动等有害信息对教育网络信息系统（以下简称"系统网"）和校园网络的侵袭，有效开展网络文明宣传教育活动。现就新学期开学后有关工作通知如下：

一、各地教育行政部门和高校要认真贯彻落实全国打击淫秽色情网站专项行动电视电话会议精神，按照中央有关部门制定的《打击淫秽色情网站专项行动方案》（公通字〔2004〕55号）的要求，结合新学期开学的工作安排，在8、9月初集中开展专项行动。要切实加强对专项行动的组织和领导，落实工作责任和工作方案，加强与各主管部门的紧密配合，确保将专项行动引向深入，取得实效。要结合专项行动，做好网吧整治工作的检查验收，巩固整治工作成果。

二、严格校园网（系统网）和校内上网服务场所的监督和管理，进一步加大专项行动工作力度。要周密部署校园网（系统网）的自查自纠和检查工作，检查内容应包括网络淫秽色情、暴力、赌博和"法轮功"等各种有害信息。检查范围要涵盖校园网（系统网）网站、BBS、聊天室、FTP服务器、留言版、电子公告栏等。要全面清查网络的链接服务、提供托管服务、服务器虚拟空间服务和个人主页服务。对由于管理混乱，责任不落实，传播淫秽色情、反动等有害信息的网站（网页），要立即整改；对问题突出、管理失控的网站（网页），要坚决依法予以关闭和清除。加大对网络教室（实验室）、计算机房、图书馆电子阅览室等上网场所的排查，杜绝此类设施成为经营盈利活动的变相网吧。对师生举报的淫秽色情网站线索和案件线索，要配合公安机关等部门查清、查实，一查到底。

三、进一步完善管理制度，建立长效工作机制。坚决按照"谁主管、谁主办、谁负责"的原则，加强工作领导，细化管理分工，落实责任到人，建立有效防范、及时发现、果断处置有害信息的工作机制。认真贯彻落实已有的法律法规和管理制度，进一步加强校园网（系统网）和校内上网服务场所管理制度建设，结合实际制定网上有害信息判定标准，对论坛上发布的信息实行"先审后发"制度，对网上各类有害信息进行全天候检测和监控。建立网上不良行为记录制度，对色情、反动等有害信息的制造和传播者进行及时查处。高校网站包括师生自主创办和校办企业主办的商业性网站，要根据有关主管部门规定履行备案登记手续。学校要加强校内集中上网场所的管理，制止将学校的房产和设备出租或承包用于互联网上网服务场所。

四、进一步加强网络精神文明建设和青少年学生安全文明上网教育引导工作。要高度重视网络思想政治教育工作，建设一批融思想性、知识性、趣味性、服务性于一体的主题教育网站，充分利用校园网为大学生学习、生活提供服务。充分发掘中小学校的网络文化资源对学生开放，丰富中小学生文明健康的网络生活。要在各级各类学校中广泛开展远离淫秽色情等有害信息宣传教育活动和文明上网活动，增强青少年学生上网的法制意识、自律意识和安全意识。要在校园网的管理者、工作者中开展维护信息内容安全的法制教育培训，开展创建文明网站、文明版主活动。要通过多种渠道和形式，加大打击淫秽色情网站专项行动的宣传力度，广泛发动青少年学生自觉参与"网络扫黄"，积极举报淫秽色情网站，形成人人参与专项行动、共同抵制网上淫秽色情内容的浓厚氛围。

五、进一步加强专项行动信息通报和沟通。专项行动期间，请各地教育行政部门和高校及时总结工作情况，提出存在的问题和工作对策建议，汇总信息提交我部和当地公安、信息产业和文化等部门。

9月20日前，各省级教育行政部门、部属高校和部属各教育网络信息系统要将专项行动开展情况（包括各自教育网络信息系统或校园网的基本统计数）、网吧整治验收工作情况总结报送我部。

娱乐场所管理条例

中华人民共和国国务院令
第 458 号

《娱乐场所管理条例》已经 2006 年 1 月 18 日国务院第 122 次常务会议通过，现予公布，自 2006 年 3 月 1 日起施行。

总理 温家宝
二〇〇六年一月二十九日

(2006 年 1 月 18 日国务院第 122 次常务会议通过；根据 2016 年 1 月 13 日国务院第 119 次常务会议通过的《国务院关于修改部分行政法规的决定》修改)

第一章 总 则

第一条 为了加强对娱乐场所的管理，保障娱乐场所的健康发展，制定本条例。

第二条　本条例所称娱乐场所，是指以营利为目的，并向公众开放、消费者自娱自乐的歌舞、游艺等场所。

第三条　县级以上人民政府文化主管部门负责对娱乐场所日常经营活动的监督管理；县级以上公安部门负责对娱乐场所消防、治安状况的监督管理。

第四条　国家机关及其工作人员不得开办娱乐场所，不得参与或者变相参与娱乐场所的经营活动。

与文化主管部门、公安部门的工作人员有夫妻关系、直系血亲关系、三代以内旁系血亲关系以及近姻亲关系的亲属，不得开办娱乐场所，不得参与或者变相参与娱乐场所的经营活动。

第二章　设　立

第五条　有下列情形之一的人员，不得开办娱乐场所或者在娱乐场所内从业：

（一）曾犯有组织、强迫、引诱、容留、介绍卖淫罪，制作、贩卖、传播淫秽物品罪，走私、贩卖、运输、制造毒品罪，强奸罪，强制猥亵、侮辱妇女罪，赌博罪，洗钱罪，组织、领导、参加黑社会性质组织罪的；

（二）因犯罪曾被剥夺政治权利的；

（三）因吸食、注射毒品曾被强制戒毒的；

（四）因卖淫、嫖娼曾被处以行政拘留的。

第六条　外国投资者可以与中国投资者依法设立中外合资经营、中外合作经营的娱乐场所，不得设立外商独资经营的娱乐场所。

第七条　娱乐场所不得设在下列地点：

（一）居民楼、博物馆、图书馆和被核定为文物保护单位的建筑物内；

（二）居民住宅区和学校、医院、机关周围；

（三）车站、机场等人群密集的场所；

（四）建筑物地下一层以下；

（五）与危险化学品仓库毗连的区域。

娱乐场所的边界噪声，应当符合国家规定的环境噪声标准。

第八条　娱乐场所的使用面积，不得低于国务院文化主管部门规定的最低标准；设立含有电子游戏机的游艺娱乐场所，应当符合国务院文化主管部门关于总量和布局的要求。

第九条　娱乐场所申请从事娱乐场所经营活动，应当向所在地县级人民政府文化主管部门提出申请；中外合资经营、中外合作经营的娱乐场所申请从事娱乐场所经营活动，应当向所在地省、自治区、直辖市人民政府文化主管部门提出申请。

娱乐场所申请从事娱乐场所经营活动，应当提交投资人员、拟任的法定代表人和其他负责人没有本条例第五条规定情形的书面声明。申请人应当对书面声明内容的真实性负责。

受理申请的文化主管部门应当就书面声明向公安部门或者其他有关单位核查，公安部门或者其他有关单位应当予以配合；经核查属实的，文化主管部门应当依据本条例第七条、第八条的规定进行实地检查，作出决定。予以批准的，颁发娱乐经营许可证，并根据国务院文化主管部门的规定核定娱乐场所容纳的消费者数量；不予批准的，应当书面通知申请人并说明理由。

有关法律、行政法规规定需要办理消防、卫生、环境保护等审批手续的,从其规定。

第十条 文化主管部门审批娱乐场所应当举行听证。有关听证的程序,依照《中华人民共和国行政许可法》的规定执行。

第十一条 娱乐场所依法取得营业执照和相关批准文件、许可证后,应当在15日内向所在地县级公安部门备案。

第十二条 娱乐场所改建、扩建营业场所或者变更场地、主要设施设备、投资人员,或者变更娱乐经营许可证载明的事项的,应当向原发证机关申请重新核发娱乐经营许可证,并向公安部门备案;需要办理变更登记的,应当依法向工商行政管理部门办理变更登记。

第三章 经 营

第十三条 国家倡导弘扬民族优秀文化,禁止娱乐场所内的娱乐活动含有下列内容:

(一)违反宪法确定的基本原则的;

(二)危害国家统一、主权或者领土完整的;

(三)危害国家安全,或者损害国家荣誉、利益的;

(四)煽动民族仇恨、民族歧视,伤害民族感情或者侵害民族风俗、习惯,破坏民族团结的;

(五)违反国家宗教政策,宣扬邪教、迷信的;

(六)宣扬淫秽、赌博、暴力以及与毒品有关的违法犯罪活动,或者教唆犯罪的;

(七)违背社会公德或者民族优秀文化传统的;

（八）侮辱、诽谤他人，侵害他人合法权益的；

（九）法律、行政法规禁止的其他内容。

第十四条 娱乐场所及其从业人员不得实施下列行为，不得为进入娱乐场所的人员实施下列行为提供条件：

（一）贩卖、提供毒品，或者组织、强迫、教唆、引诱、欺骗、容留他人吸食、注射毒品；

（二）组织、强迫、引诱、容留、介绍他人卖淫、嫖娼；

（三）制作、贩卖、传播淫秽物品；

（四）提供或者从事以营利为目的的陪侍；

（五）赌博；

（六）从事邪教、迷信活动；

（七）其他违法犯罪行为。

娱乐场所的从业人员不得吸食、注射毒品，不得卖淫、嫖娼；娱乐场所及其从业人员不得为进入娱乐场所的人员实施上述行为提供条件。

第十五条 歌舞娱乐场所应当按照国务院公安部门的规定在营业场所的出入口、主要通道安装闭路电视监控设备，并应当保证闭路电视监控设备在营业期间正常运行，不得中断。

歌舞娱乐场所应当将闭路电视监控录像资料留存30日备查，不得删改或者挪作他用。

第十六条 歌舞娱乐场所的包厢、包间内不得设置隔断，并应当安装展现室内整体环境的透明门窗。包厢、包间的门不得有内锁装置。

第十七条 营业期间，歌舞娱乐场所内亮度不得低于国家规定的标准。

第十八条 娱乐场所使用的音像制品或者电子游戏应当是依法出版、生产或者进口的产品。

歌舞娱乐场所播放的曲目和屏幕画面以及游艺娱乐场所的电子游戏机内的游戏项目，不得含有本条例第十三条禁止的内容；歌舞娱乐场所使用的歌曲点播系统不得与境外的曲库联接。

第十九条 游艺娱乐场所不得设置具有赌博功能的电子游戏机机型、机种、电路板等游戏设施设备，不得以现金或者有价证券作为奖品，不得回购奖品。

第二十条 娱乐场所的法定代表人或者主要负责人应当对娱乐场所的消防安全和其他安全负责。

娱乐场所应当确保其建筑、设施符合国家安全标准和消防技术规范，定期检查消防设施状况，并及时维护、更新。

娱乐场所应当制定安全工作方案和应急疏散预案。

第二十一条 营业期间，娱乐场所应当保证疏散通道和安全出口畅通，不得封堵、锁闭疏散通道和安全出口，不得在疏散通道和安全出口设置栅栏等影响疏散的障碍物。

娱乐场所应当在疏散通道和安全出口设置明显指示标志，不得遮挡、覆盖指示标志。

第二十二条 任何人不得非法携带枪支、弹药、管制器具或者携带爆炸性、易燃性、毒害性、放射性、腐蚀性等危险物品和传染病病原体进入娱乐场所。

迪斯科舞厅应当配备安全检查设备，对进入营业场所的人员进行安全检查。

第二十三条 歌舞娱乐场所不得接纳未成年人。除国家法定节假日外，游艺娱乐场所设置的电子游戏机不得向未成年人提供。

第二十四条 娱乐场所不得招用未成年人；招用外国人的，应当按照国家有关规定为其办理外国人就业许可证。

第二十五条 娱乐场所应当与从业人员签订文明服务责任书，并建立从业人员名簿；从业人员名簿应当包括从业人员的真实姓名、居民身份证复印件、外国人就业许可证复印件等内容。

娱乐场所应当建立营业日志，记载营业期间从业人员的工作职责、工作时间、工作地点；营业日志不得删改，并应当留存60日备查。

第二十六条 娱乐场所应当与保安服务企业签订保安服务合同，配备专业保安人员；不得聘用其他人员从事保安工作。

第二十七条 营业期间，娱乐场所的从业人员应当统一着工作服，佩戴工作标志并携带居民身份证或者外国人就业许可证。

从业人员应当遵守职业道德和卫生规范，诚实守信，礼貌待人，不得侵害消费者的人身和财产权利。

第二十八条 每日凌晨2时至上午8时，娱乐场所不得营业。

第二十九条 娱乐场所提供娱乐服务项目和出售商品，应当明码标价，并向消费者出示价目表；不得强迫、欺骗消费者接受服务、购买商品。

第三十条 娱乐场所应当在营业场所的大厅、包厢、包间内的显著位置悬挂含有禁毒、禁赌、禁止卖淫嫖娼等内容的警示标志、未成年人禁入或者限入标志。标志应当注明公安部门、文化主管部门的举报电话。

　　第三十一条　娱乐场所应当建立巡查制度，发现娱乐场所内有违法犯罪活动的，应当立即向所在地县级公安部门、县级人民政府文化主管部门报告。

第四章　监督管理

　　第三十二条　各级文化主管部门、公安部门和其他有关部门的工作人员依法履行监督检查职责时，有权进入娱乐场所。娱乐场所应当予以配合，不得拒绝、阻挠。

　　文化主管部门、公安部门和其他有关部门的工作人员依法履行监督检查职责时，需要查阅闭路电视监控录像资料、从业人员名簿、营业日志等资料的，娱乐场所应当及时提供。

　　第三十三条　文化主管部门、公安部门和其他有关部门应当记录监督检查的情况和处理结果。监督检查记录由监督检查人员签字归档。公众有权查阅监督检查记录。

　　第三十四条　文化主管部门、公安部门和其他有关部门应当建立娱乐场所违法行为警示记录系统；对列入警示记录的娱乐场所，应当及时向社会公布，并加大监督检查力度。

　　第三十五条　文化主管部门应当建立娱乐场所的经营活动信用监管制度，建立健全信用约束机制，并及时公布行政处罚信息。

　　第三十六条　文化主管部门、公安部门和其他有关部门应当建立相互间的信息通报制度，及时通报监督检查情况和处理结果。

第三十七条　任何单位或者个人发现娱乐场所内有违反本条例行为的，有权向文化主管部门、公安部门等有关部门举报。

文化主管部门、公安部门等有关部门接到举报，应当记录，并及时依法调查、处理；对不属于本部门职责范围的，应当及时移送有关部门。

第三十八条　上级人民政府文化主管部门、公安部门在必要时，可以依照本条例的规定调查、处理由下级人民政府文化主管部门、公安部门调查、处理的案件。

下级人民政府文化主管部门、公安部门认为案件重大、复杂的，可以请求移送上级人民政府文化主管部门、公安部门调查、处理。

第三十九条　文化主管部门、公安部门和其他有关部门及其工作人员违反本条例规定的，任何单位或者个人可以向依法有权处理的本级或者上一级机关举报。接到举报的机关应当依法及时调查、处理。

第四十条　娱乐场所行业协会应当依照章程的规定，制定行业自律规范，加强对会员经营活动的指导、监督。

第五章　法律责任

第四十一条　违反本条例规定，擅自从事娱乐场所经营活动的，由文化主管部门依法予以取缔；公安部门在查处治安、刑事案件时，发现擅自从事娱乐场所经营活动的，应当依法予以取缔。

第四十二条　违反本条例规定，以欺骗等不正当手段取得娱乐经营许可证的，由原发证机关撤销娱乐经营许可证。

第四十三条 娱乐场所实施本条例第十四条禁止行为的，由县级公安部门没收违法所得和非法财物，责令停业整顿3个月至6个月；情节严重的，由原发证机关吊销娱乐经营许可证，对直接负责的主管人员和其他直接责任人员处1万元以上2万元以下的罚款。

第四十四条 娱乐场所违反本条例规定，有下列情形之一的，由县级公安部门责令改正，给予警告；情节严重的，责令停业整顿1个月至3个月：

（一）照明设施、包厢、包间的设置以及门窗的使用不符合本条例规定的；

（二）未按照本条例规定安装闭路电视监控设备或者中断使用的；

（三）未按照本条例规定留存监控录像资料或者删改监控录像资料的；

（四）未按照本条例规定配备安全检查设备或者未对进入营业场所的人员进行安全检查的；

（五）未按照本条例规定配备保安人员的。

第四十五条 娱乐场所违反本条例规定，有下列情形之一的，由县级公安部门没收违法所得和非法财物，并处违法所得2倍以上5倍以下的罚款；没有违法所得或者违法所得不足1万元的，并处2万元以上5万元以下的罚款；情节严重的，责令停业整顿1个月至3个月：

（一）设置具有赌博功能的电子游戏机机型、机种、电路板等游戏设施设备的；

（二）以现金、有价证券作为奖品，或者回购奖品的。

第四十六条　娱乐场所指使、纵容从业人员侵害消费者人身权利的，应当依法承担民事责任，并由县级公安部门责令停业整顿1个月至3个月；造成严重后果的，由原发证机关吊销娱乐经营许可证。

第四十七条　娱乐场所取得营业执照后，未按照本条例规定向公安部门备案的，由县级公安部门责令改正，给予警告。

第四十八条　违反本条例规定，有下列情形之一的，由县级人民政府文化主管部门没收违法所得和非法财物，并处违法所得1倍以上3倍以下的罚款；没有违法所得或者违法所得不足1万元的，并处1万元以上3万元以下的罚款；情节严重的，责令停业整顿1个月至6个月：

（一）歌舞娱乐场所的歌曲点播系统与境外的曲库联接的；

（二）歌舞娱乐场所播放的曲目、屏幕画面或者游艺娱乐场所电子游戏机内的游戏项目含有本条例第十三条禁止内容的；

（三）歌舞娱乐场所接纳未成年人的；

（四）游艺娱乐场所设置的电子游戏机在国家法定节假日外向未成年人提供的；

（五）娱乐场所容纳的消费者超过核定人数的。

第四十九条　娱乐场所违反本条例规定，有下列情形之一的，由县级人民政府文化主管部门责令改正，给予警告；情节严重的，责令停业整顿1个月至3个月：

（一）变更有关事项，未按照本条例规定申请重新核发娱乐经营许可证的；

（二）在本条例规定的禁止营业时间内营业的；

(三)从业人员在营业期间未统一着装并佩带工作标志的。

第五十条 娱乐场所未按照本条例规定建立从业人员名簿、营业日志，或者发现违法犯罪行为未按照本条例规定报告的，由县级人民政府文化主管部门、县级公安部门依据法定职权责令改正，给予警告；情节严重的，责令停业整顿1个月至3个月。

第五十一条 娱乐场所未按照本条例规定悬挂警示标志、未成年人禁入或者限入标志的，由县级人民政府文化主管部门、县级公安部门依据法定职权责令改正，给予警告。

第五十二条 娱乐场所招用未成年人的，由劳动保障行政部门责令改正，并按照每招用一名未成年人每月处5000元罚款的标准给予处罚。

第五十三条 因擅自从事娱乐场所经营活动被依法取缔的，其投资人员和负责人终身不得投资开办娱乐场所或者担任娱乐场所的法定代表人、负责人。

娱乐场所因违反本条例规定，被吊销或者撤销娱乐经营许可证的，自被吊销或者撤销之日起，其法定代表人、负责人5年内不得担任娱乐场所的法定代表人、负责人。

娱乐场所因违反本条例规定，2年内被处以3次警告或者罚款又有违反本条例的行为应受行政处罚的，由县级人民政府文化主管部门、县级公安部门依据法定职权责令停业整顿3个月至6个月；2年内被2次责令停业整顿又有违反本条例的行为应受行政处罚的，由原发证机关吊销娱乐经营许可证。

第五十四条 娱乐场所违反有关治安管理或者消防管理法律、行政法规规定的，由公安部门依法予以处罚；构成犯罪的，依法追究刑事责任。

娱乐场所违反有关卫生、环境保护、价格、劳动等法律、行政法规规定的，由有关部门依法予以处罚；构成犯罪的，依法追究刑事责任。

娱乐场所及其从业人员与消费者发生争议的，应当依照消费者权益保护的法律规定解决；造成消费者人身、财产损害的，由娱乐场所依法予以赔偿。

第五十五条 国家机关及其工作人员开办娱乐场所，参与或者变相参与娱乐场所经营活动的，对直接负责的主管人员和其他直接责任人员依法给予撤职或者开除的行政处分。

文化主管部门、公安部门的工作人员明知其亲属开办娱乐场所或者发现其亲属参与、变相参与娱乐场所的经营活动，不予制止或者制止不力的，依法给予行政处分；情节严重的，依法给予撤职或者开除的行政处分。

第五十六条 文化主管部门、公安部门、工商行政管理部门和其他有关部门的工作人员有下列行为之一的，对直接负责的主管人员和其他直接责任人员依法给予行政处分；构成犯罪的，依法追究刑事责任：

（一）向不符合法定设立条件的单位颁发许可证、批准文件、营业执照的；

（二）不履行监督管理职责，或者发现擅自从事娱乐场所经营活动不依法取缔，或者发现违法行为不依法查处的；

（三）接到对违法行为的举报、通报后不依法查处的；

（四）利用职务之便，索取、收受他人财物或者谋取其他利益的；

（五）利用职务之便，参与、包庇违法行为，或者向有关单位、个人通风报信的；

（六）有其他滥用职权、玩忽职守、徇私舞弊行为的。

第六章　附　则

第五十七条　本条例所称从业人员，包括娱乐场所的管理人员、服务人员、保安人员和在娱乐场所工作的其他人员。

第五十八条　本条例自 2006 年 3 月 1 日起施行。1999 年 3 月 26 日国务院发布的《娱乐场所管理条例》同时废止

附 录

娱乐场所管理办法

中华人民共和国文化部令

第 55 号

《娱乐场所管理办法》已于2013年1月25日经文化部部务会议审议通过,现予发布,自2013年3月11日起施行。

部长 蔡武

2013 年 2 月 4 日

第一条 为了加强娱乐场所经营活动管理,维护娱乐场所健康发展,满足人民群众文化娱乐消费需求,根据《娱乐场所管理条例》(以下简称《条例》),制定本办法。

第二条 《条例》所称娱乐场所,是指以营利为目的,向公众开放、消费者自娱自乐的歌舞、游艺等场所。歌舞娱乐场所是指提供伴奏音乐、歌曲点播服务或者提供舞蹈音乐、跳舞场地服务的经营场所;游艺娱乐场所是指通过游戏游艺设备提供游戏游艺服务的经营场所。

其他场所兼营以上娱乐服务的，适用本办法。

第三条 国家鼓励娱乐场所传播民族优秀文化艺术，提供面向大众的、健康有益的文化娱乐内容和服务；鼓励娱乐场所实行连锁化、品牌化经营。

第四条 县级以上人民政府文化主管部门负责所在地娱乐场所经营活动的监管，负责娱乐场所提供的文化产品的内容监管，负责指导所在地娱乐场所行业协会工作。

第五条 娱乐场所行业协会应当依照国家有关法规和协会章程的规定，制定行业规范，加强行业自律，维护行业合法权益。

第六条 娱乐场所不得设立在下列地点：

（一）房屋用途中含有住宅的建筑内；

（二）博物馆、图书馆和被核定为文物保护单位的建筑物内；

（三）居民住宅区；

（四）教育法规定的中小学校周围；

（五）依照《医疗机构管理条例》及实施细则规定取得《医疗机构执业许可证》的医院周围；

（六）各级中国共产党委员会及其所属各工作部门、各级人民代表大会机关、各级人民政府及其所属各工作部门、各级政治协商会议机关、各级人民法院、检察院机关、各级民主党派机关周围；

（七）车站、机场等人群密集的场所；

（八）建筑物地下一层以下（不含地下一层）；

（九）与危险化学品仓库毗连的区域，与危险化学品仓库的距离必须符合《危险化学品安全管理条例》的有关规定。

娱乐场所与学校、医院、机关距离及其测量方法由省级人民政府文化主管部门规定。

第七条 设立娱乐场所，应当符合以下条件：

（一）有与其经营活动相适应的设施设备，提供的文化产品内容应当符合文化产品生产、出版、进口的规定；

（二）歌舞娱乐场所消费者人均占有使用面积不得低于1.5平方米（农村地区除外），游艺娱乐场所的使用面积不少于200平方米，使用面积不包括办公、仓储等非营业性区域；

（三）符合国家治安管理、消防安全、环境噪声等相关规定；

（四）法律、法规和规章规定的其他条件。

第八条 省级人民政府文化主管部门负责制定农村地区设立娱乐场所最低使用面积标准；结合本地区实际，制定本行政区域内娱乐场所最低使用面积、消费者数量的核定标准，但不得低于本办法第七条第（二）项规定的标准。

省级人民政府文化主管部门负责制定本行政区域内游艺娱乐场所总量与布局规划，并向社会公布。

第九条 设立娱乐场所，应当向所在地县级人民政府文化主管部门提出申请；设立中外合资经营、中外合作经营娱乐场所，应当向所在地省级人民政府文化主管部门提出申请，省级人民政府文化主管部门可以委托所在地县级以上文化主管部门进行实地检查。

第十条 申请设立娱乐场所前，筹建人可以向负责审批的文化主管部门提交筹建咨询申请，文化主管部门应当为筹建人提供行政指导。

第十一条 申请设立娱乐场所，应当提交以下文件：

（一）设立申请书；

（二）企业名称预先核准通知书或者营业执照；

（三）组织机构和章程；

（四）投资人、拟任法定代表人、主要负责人的身份证明以及无《条例》第四条、第五条、第五十二条规定情况的书面声明；

（五）房产权属证书，租赁场地经营的，还应当提交租赁合同或者租赁意向书；

（六）经营场所地理位置图；

（七）场所内部结构平面图，歌舞娱乐场所应当标明包厢、包间面积及位置，游艺娱乐场所应当标明游戏和游艺分区经营位置、游戏游艺设备数量及位置；

（八）消防、环境保护部门的批准文件；

申请设立中外合资、中外合作经营娱乐场所的，还应当提交商务主管部门的批准文件。

第十二条 文化主管部门受理申请后，应当对设立场所的位置、周边环境、面积等进行实地检查。符合条件的，应当在设立场所、文化主管部门办公场所显著位置向社会公示10日，并依法组织听证。

第十三条 文化主管部门应当对歌舞娱乐场所使用的歌曲点播系统和游艺娱乐场所使用的游戏游艺设备进行内容核查。

第十四条 文化主管部门应当根据听证和文化产品内容核查结果作出行政许可决定。予以批准的，核发娱乐经营许可证；不予批准的，应当书面告知申请人并说明理由。

第十五条　娱乐场所改建、扩建营业场所或者变更场地的，变更投资人员、投资比例以及娱乐经营许可证载明事项的，应当向原发证机关申请重新核发娱乐经营许可证。

第十六条　歌舞娱乐场所新增、变更歌曲点播系统，游艺娱乐场所新增、变更游戏游艺设备的，应当报原发证机关核查。

第十七条　娱乐经营许可证有效期2年。娱乐经营许可证有效期届满30日前，娱乐场所经营者应当持许可证、工商营业执照副本以及营业情况报告到原发证机关申请换发许可证。原发证机关应当在有效期届满前按照设立条件做出是否准予延续的决定，逾期未做决定的，视为准予延续。

第十八条　娱乐经营许可证有效期届满未延续的，由原发证机关向社会公告注销娱乐经营许可证，并函告公安机关、工商行政管理部门。

第十九条　娱乐场所法定代表人或者主要负责人是维护本场所经营秩序的第一责任人。

第二十条　歌舞娱乐场所经营应当符合以下规定：

（一）播放、表演的节目不得含有《条例》第十三条禁止内容；

（二）不得将场所使用的歌曲点播系统连接至境外曲库；

（三）不得擅自变更场所使用的歌曲点播系统。

第二十一条　游艺娱乐场所经营应当符合以下规定：

（一）不得设置未经文化主管部门内容核查的游戏游艺设备；

（二）进行有奖经营活动的，奖品目录应当报所在地县级文化主管部门备案；

（三）不得擅自变更游戏游艺设备；

（四）实行游戏、游艺分区经营，并有明显的分区标志；

（五）除国家法定节假日外，禁止未成年人进入游戏区。

第二十二条　娱乐场所不得为未经文化主管部门批准的营业性演出活动提供场地。

娱乐场所招用外国人从事演出活动的，应当符合《营业性演出管理条例》及《营业性演出管理条例实施细则》的规定。

第二十三条　娱乐场所应当建立文化产品内容自审和巡查制度，确定专人负责管理在场所内提供的文化产品和服务。巡查情况应当记入营业日志。

消费者利用娱乐场所从事违法违规活动的，娱乐场所应当制止，制止无效的应当及时报告文化主管部门或者公安机关。

第二十四条　娱乐场所应当在显著位置悬挂娱乐经营许可证、未成年人禁入或者限入标志，标志应当注明"12318"文化市场举报电话。

第二十五条　娱乐场所应当配合文化主管部门的日常检查和技术监管措施。

第二十六条　文化主管部门应当建立娱乐场所信用管理档案，记录被文化主管部门、公安机关、工商行政管理部门实施处罚的情况以及娱乐场所法定代表人、主要负责人、投资人等信息。

第二十七条　文化主管部门应当定期组织文化主管部门工作人员、娱乐场所第一责任人和内容管理专职人员进行政策法规培训。

第二十八条　违反《条例》规定，擅自从事娱乐场所经营活动的，由县级以上人民政府工商行政管理部门、文化主管部门依照《条例》第四十条予以处罚。

第二十九条 歌舞娱乐场所违反本办法第二十条第（一）、（二）项规定的，由县级以上人民政府文化主管部门依照《条例》第四十七条予以处罚；违反本办法第二十条第（三）项规定的，由县级以上人民政府文化主管部门依照《条例》第四十八条予以处罚。

第三十条 游艺娱乐场所违反本办法第二十一条第（一）、（二）项规定的，由县级以上人民政府文化主管部门责令改正，并处5000元以上1万元以下的罚款；违反本办法第二十一条第（三）项规定的，由县级以上人民政府文化主管部门依照《条例》第四十八条予以处罚；违反本办法第二十一条第（四）项规定的，由县级以上人民政府文化主管部门依照《条例》第五十条予以处罚；违反本办法第二十一条第（五）项规定的，由县级以上人民政府文化主管部门依照《条例》第四十七条予以处罚。

第三十一条 娱乐场所违反本办法第二十二条第一款规定的，由县级以上人民政府文化主管部门责令改正，并处5000元以上1万元以下罚款。

第三十二条 娱乐场所违反本办法第二十三条规定对违法违规行为未及时采取措施制止并依法报告的，由县级以上人民政府文化主管部门依照《条例》第四十九条予以处罚。

第三十三条 娱乐场所违反本办法第二十四条规定的，由县级以上人民政府文化主管部门责令改正，予以警告。

第三十四条 娱乐场所违反本办法第二十五条规定的，由县级以上人民政府文化主管部门予以警告，并处5000元以上1万元以下罚款。

第三十五条 本办法自2013年3月11日起施行。

娱乐场所治安管理办法

中华人民共和国公安部令

第 103 号

《娱乐场所治安管理办法》已经 2008 年 4 月 21 日公安部部长办公会通过，现予发布，自 2008 年 10 月 1 日起施行。

公安部部长
二〇〇八年六月三日

第一章 总 则

第一条 为加强娱乐场所治安管理，维护娱乐场所经营者、消费者和从业人员的合法权益，维护社会治安秩序，保障公共安全，根据《中华人民共和国治安管理处罚法》、《娱乐场所管理条例》等法律、法规的规定，制定本办法。

第二条 娱乐场所治安管理应当遵循公安机关治安部门归口管理和辖区公安派出所属地管理相结合，属地管理为主的原则。

公安机关对娱乐场所进行治安管理，应当严格、公正、文明、规范。

第三条 娱乐场所法定代表人、主要负责人是维护本场所治安秩序的第一责任人。

第二章 娱乐场所向公安机关备案

第四条 娱乐场所领取营业执照后,应当在 15 日内向所在地县(市)公安局、城市公安分局治安部门备案;县(市)公安局、城市公安分局治安部门受理备案后,应当在 5 日内将备案资料通报娱乐场所所在辖区公安派出所。

县(市)公安局、城市公安分局治安部门对备案的娱乐场所应当统一建立管理档案。

第五条 娱乐场所备案项目包括:

(一)名称;

(二)经营地址、面积、范围;

(三)地理位置图和内部结构平面示意图;

(四)法定代表人和主要负责人姓名、身份证号码、联系方式;

(五)与保安服务企业签订的保安服务合同及保安人员配备情况;

(六)核定的消费人数;

(七)娱乐经营许可证号、营业执照号及登记日期;

(八)监控、安检设备安装部位平面图及检测验收报告。

设有电子游戏机的游艺娱乐场所备案时,除符合前款要求外,还应当提供电子游戏机机型及数量情况。

第六条 娱乐场所备案时,应当提供娱乐经营许可证、营业执照及消防、卫生、环保等部门批准文件的复印件。

第七条 娱乐场所备案项目发生变更的,应当自变更之日起 15 日内向原备案公安机关备案。

第三章　安全设施

第八条　歌舞娱乐场所包厢、包间内不得设置阻碍展现室内整体环境的屏风、隔扇、板壁等隔断，不得以任何名义设立任何形式的房中房（卫生间除外）。

第九条　歌舞娱乐场所的包厢、包间内的吧台、餐桌等物品不得高于1.2米。

包厢、包间的门窗，距地面1.2米以上应当部分使用透明材质。透明材质的高度不小于0.4米，宽度不小于0.2米，能够展示室内消费者娱乐区域整体环境。

营业时间内，歌舞娱乐场所包厢、包间门窗透明部分不得遮挡。

第十条　歌舞娱乐场所包厢、包间内不得安装门锁、插销等阻碍他人自由进出包厢、包间的装置。

第十一条　歌舞娱乐场所营业大厅、包厢、包间内禁止设置可调试亮度的照明灯。照明灯在营业时间内不得关闭。

第十二条　歌舞娱乐场所应当在营业场所出入口、消防安全疏散出入口、营业大厅通道、收款台前安装闭路电视监控设备。

第十三条　歌舞娱乐场所安装的闭路电视监控设备应当符合视频安防监控系统相关国家或行业标准要求。

闭路电视监控设备的压缩格式为H.264或者MPEG-4，录像图像分辨率不低于4CIF（704×576）或者D1（720×576）；保障视频录像实时（每秒不少于25帧），支持视频移动侦测功能；图像回放效果要求清晰、稳定、逼真，能够通过LAN、WAN或者互联网与计算机相连,实现远程监视、放像、备份及升级,回放图像水平分辨力不少于300TVL。

第十四条 歌舞娱乐场所应当设置闭路电视监控设备监控室,由专人负责值守,保障设备在营业时间内正常运行,不得中断、删改或者挪作他用。

第十五条 营业面积1000平方米以下的迪斯科舞厅应当配备手持式金属探测器,营业面积超过1000平方米以上的应当配备通过式金属探测门和微剂量X射线安全检查设备等安全检查设备。

手持式金属探测器、通过式金属探测门、微剂量X射线安全检查设备应当符合国家或者行业标准要求。

第十六条 迪斯科舞厅应当配备专职安全检查人员,安全检查人员不得少于2名,其中女性安全检查人员不得少于1名。

第十七条 娱乐场所应当在营业场所大厅、包厢、包间内的显著位置悬挂含有禁毒、禁赌、禁止卖淫嫖娼等内容的警示标志。标志应当注明公安机关的举报电话。

警示标志式样、规格、尺寸由省、自治区、直辖市公安厅、局统一制定。

第十八条 娱乐场所不得设置具有赌博功能的电子游戏机机型、机种、电路板等游戏设施设备,不得从事带有赌博性质的游戏机经营活动。

第四章 经营活动规范

第十九条 娱乐场所对从业人员应当实行实名登记制度,建立从业人员名簿,统一建档管理。

第二十条 从业人员名簿应当记录以下内容：

（一）从业人员姓名、年龄、性别、出生日期及有效身份证件号码；

（二）从业人员户籍所在地和暂住地地址；

（三）从业人员具体工作岗位、职责。

外国人就业的，应当留存外国人就业许可证复印件。

第二十一条 营业期间，娱乐场所从业人员应当统一着装，统一佩带工作标志。

着装应当大方得体，不得有伤风化。

工作标志应当载有从业人员照片、姓名、职务、统一编号等基本信息。

第二十二条 娱乐场所应当建立营业日志，由各岗位负责人及时登记填写并签名，专人负责保管。

营业日志应当详细记载从业人员的工作职责、工作内容、工作时间、工作地点及遇到的治安问题。

第二十三条 娱乐场所营业日志应当留存60日备查，不得删改。对确因记录错误需要删改的，应当写出说明，由经手人签字，加盖娱乐场所印章。

第二十四条 娱乐场所应当安排保安人员负责安全巡查，营业时间内每2小时巡查一次，巡查区域应当涵盖整个娱乐场所，巡查情况应当写入营业日志。

第二十五条 娱乐场所对发生在场所内的违法犯罪活动，应当立即向公安机关报告。

第二十六条 娱乐场所应当按照国家有关信息化标准规定，配合公安机关建立娱乐场所治安管理信息系统，实时、如实将从业人员、营业日志、安全巡查等信息录入系统，传输报送公安机关。

本办法规定娱乐场所配合公安机关在治安管理方面所作的工作，能够通过娱乐场所治安管理信息系统录入传输完成的，应当通过系统完成。

第五章 保安员配备

第二十七条 娱乐场所应当与经公安机关批准设立的保安服务企业签订服务合同，配备已取得资格证书的专业保安人员，并通报娱乐场所所在辖区公安派出所。

娱乐场所不得自行招录人员从事保安工作。

第二十八条 娱乐场所保安人员应当履行下列职责：

（一）维护娱乐场所治安秩序；

（二）协助娱乐场所做好各项安全防范和巡查工作；

（三）及时排查、发现并报告娱乐场所治安、安全隐患；

（四）协助公安机关调查、处置娱乐场所内发生的违法犯罪活动。

第二十九条 娱乐场所应当加强对保安人员的教育管理，不得要求保安人员从事与其职责无关的工作。对保安人员工作情况逐月通报辖区公安派出所和保安服务企业。

第三十条 娱乐场所营业面积在200平方米以下的，配备的保安人员不得少于2名；营业面积每增加200平方米，应当相应增加保安人员1名。

迪斯科舞厅保安人员应当按照场所核定人数的5%配备。

第三十一条 在娱乐场所执勤的保安人员应当统一着制式

服装，佩带徽章、标记。

保安人员执勤时，应当仪表整洁、行为规范、举止文明。

第三十二条 保安服务企业应当加强对派驻娱乐场所保安人员的教育培训，开展经常性督查，确保服务质量。

第六章 治安监督检查

第三十三条 公安机关及其工作人员对娱乐场所进行监督检查时应当出示人民警察证件，表明执法身份，不得从事与职务无关的活动。

公安机关及其工作人员对娱乐场所进行监督检查，应当记录在案，归档管理。

第三十四条 监督检查记录应当以书面形式为主，必要时可以辅以录音、录像等形式。

第三十五条 监督检查记录应当包括：

（一）执行监督检查任务的人员姓名、单位、职务；

（二）监督检查的时间、地点、场所名称、检查事项；

（三）发现的问题及处理结果。

第三十六条 监督检查记录一式两份，由监督检查人员签字，并经娱乐场所负责人签字确认。

娱乐场所负责人拒绝签字的，监督检查人员应当在记录中注明情况。

第三十七条 公众有权查阅娱乐场所监督检查记录，公安机关应当为公众查阅提供便利。

第三十八条 公安机关应当建立娱乐场所违法行为警示记录系统，并依据娱乐场所治安秩序状况进行分级管理。

娱乐场所分级管理标准，由各省、自治区、直辖市公安厅、局结合本地实际自行制定。

第三十九条 公安机关对娱乐场所进行分级管理，应当按照公开、公平、公正的原则，定期考核，动态升降。

第四十条 公安机关建立娱乐场所治安管理信息系统，对娱乐场所及其从业人员实行信息化监督管理。

第七章 罚 则

第四十一条 娱乐场所未按照本办法规定项目备案的，由受理备案的公安机关告知补齐；拒不补齐的，由受理备案的公安机关责令改正，给予警告。

违反本办法第七条规定的，由原备案公安机关责令改正，给予警告。

第四十二条 娱乐场所违反本办法第八条至第十八条、第三十条规定的，由县级公安机关依照《娱乐场所管理条例》第四十三条的规定予以处罚。

第四十三条 娱乐场所违反本办法第二十九条规定的，由县级公安机关责令改正，给予警告。

娱乐场所保安人员违反本办法第二十八条、三十一条规定的，依照有关规定予以处理。

第四十四条 娱乐场所违反本办法第二十六条规定，不配合公安机关建立娱乐场所治安管理信息系统的，由县级公安机关治安管理部门责令改正，给予警告；经警告不予改正的，处5000元以上1万元以下罚款。

第四十五条 公安机关工作人员违反本办法第三十三条规

定或有其他失职、渎职行为的，对直接负责的主管人员和其他直接责任人员依法予以行政处分；构成犯罪的，依法追究刑事责任。

第四十六条 娱乐场所及其从业人员违反本办法规定的其他行为，《娱乐场所管理条例》已有处罚规定的，依照规定处罚；违反治安管理的，依照《中华人民共和国治安管理处罚法》处罚；构成犯罪的，依法追究刑事责任。

第八章 附　则

第四十七条 非娱乐场所经营单位兼营歌舞、游艺项目的，依照本办法执行。

第四十八条 本办法自 2008 年 10 月 1 日起施行。

营业性演出管理条例

中华人民共和国国务院令

第 666 号

《国务院关于修改部分行政法规的决定》已经 2016 年 1 月 13 日国务院第 119 次常务会议通过，现予公布，自公布之日起施行。

总理　李克强

2016 年 2 月 6 日

(2005 年 7 月 7 日中华人民共和国国务院令第 439 号公布；根据 2008 年 7 月 22 日《国务院关于修改〈营业性演出管理条例〉的决定》第一次修订；根据 2013 年 7 月 18 日国务院令第 638 号《国务院关于废止和修改部分行政法规的决定》第二次修订；根据 2016 年 2 月 6 日发布的国务院令第 666 号《国务院关于修改部分行政法规的决定》修改)

第一章　总　则

第一条　为了加强对营业性演出的管理，促进文化产业的发展，繁荣社会主义文艺事业，满足人民群众文化生活的需要，促进社会主义精神文明建设，制定本条例。

第二条　本条例所称营业性演出,是指以营利为目的为公众举办的现场文艺表演活动。

第三条　营业性演出必须坚持为人民服务、为社会主义服务的方向,把社会效益放在首位、实现社会效益和经济效益的统一,丰富人民群众的文化生活。

第四条　国家鼓励文艺表演团体、演员创作和演出思想性艺术性统一、体现民族优秀文化传统、受人民群众欢迎的优秀节目,鼓励到农村、工矿企业演出和为少年儿童提供免费或者优惠的演出。

第五条　国务院文化主管部门主管全国营业性演出的监督管理工作。国务院公安部门、工商行政管理部门在各自职责范围内,主管营业性演出的监督管理工作。

县级以上地方人民政府文化主管部门负责本行政区域内营业性演出的监督管理工作。县级以上地方人民政府公安部门、工商行政管理部门在各自职责范围内,负责本行政区域内营业性演出的监督管理工作。

第二章　营业性演出经营主体的设立

第六条　文艺表演团体申请从事营业性演出活动,应当有与其业务相适应的专职演员和器材设备,并向县级人民政府文化主管部门提出申请;演出经纪机构申请从事营业性演出经营活动,应当有3名以上专职演出经纪人员和与其业务相适应的资金,并向省、自治区、直辖市人民政府文化主管部门提出申请。文化主管部门应当自受理申请之日起20日内作出决定。批准的,颁发营业性演出许可证;不批准的,应当书面通知申请人并说明理由。

第七条 设立演出场所经营单位，应当依法到工商行政管理部门办理注册登记，领取营业执照，并依照有关消防、卫生管理等法律、行政法规的规定办理审批手续。

演出场所经营单位应当自领取营业执照之日起 20 日内向所在地县级人民政府文化主管部门备案。

第八条 文艺表演团体变更名称、住所、法定代表人或者主要负责人、营业性演出经营项目，应当向原发证机关申请换发营业性演出许可证，并依法到工商行政管理部门办理变更登记。

演出场所经营单位变更名称、住所、法定代表人或者主要负责人，应当依法到工商行政管理部门办理变更登记，并向原备案机关重新备案。

第九条 以从事营业性演出为职业的个体演员（以下简称个体演员）和以从事营业性演出的居间、代理活动为职业的个体演出经纪人（以下简称个体演出经纪人），应当依法到工商行政管理部门办理注册登记，领取营业执照。

个体演员、个体演出经纪人应当自领取营业执照之日起 20 日内向所在地县级人民政府文化主管部门备案。

第十条 外国投资者可以与中国投资者依法设立中外合资经营、中外合作经营的演出经纪机构、演出场所经营单位；不得设立中外合资经营、中外合作经营、外资经营的文艺表演团体，不得设立外资经营的演出经纪机构、演出场所经营单位。

设立中外合资经营的演出经纪机构、演出场所经营单位，中国合营者的投资比例应当不低于 51%；设立中外合作经营的演出经纪机构、演出场所经营单位，中国合作者应当拥有经营主导权。

设立中外合资经营、中外合作经营的演出经纪机构、演出场所经营单位，应当依照有关外商投资的法律、法规的规定办理审批手续。

中外合资经营、中外合作经营的演出经纪机构申请从事营业性演出经营活动，中外合资经营、中外合作经营的演出场所经营单位申请从事演出场所经营活动，应当通过省、自治区、直辖市人民政府文化主管部门向国务院文化主管部门提出申请；省、自治区、直辖市人民政府文化主管部门应当自收到申请之日起20日内出具审查意见报国务院文化主管部门审批。国务院文化主管部门应当自收到省、自治区、直辖市人民政府文化主管部门的审查意见之日起20日内作出决定。批准的，颁发营业性演出许可证；不批准的，应当书面通知申请人并说明理由。

第十一条 香港特别行政区、澳门特别行政区的投资者可以在内地投资设立合资、合作、独资经营的演出经纪机构、演出场所经营单位；香港特别行政区、澳门特别行政区的演出经纪机构可以在内地设立分支机构。

台湾地区的投资者可以在内地投资设立合资、合作经营的演出经纪机构、演出场所经营单位，但内地合营者的投资比例应当不低于51%，内地合作者应当拥有经营主导权；不得设立合资、合作、独资经营的文艺表演团体和独资经营的演出经纪机构、演出场所经营单位。

依照本条规定设立的演出经纪机构申请从事营业性演出经营活动，依照本条规定设立的演出场所经营单位申请从事演出场所经营活动,应当向省、自治区、直辖市人民政府文化主管部门提出申请。省、自治区、直辖市人民政府文化主管部门应当自收到申请之日起20日内作出决定。批准的,颁发营业性演出许可证;不批准的,应当书面通知申请人并说明理由。

依照本条规定设立演出经纪机构、演出场所经营单位的,还应当遵守我国其他法律、法规的规定。

第三章 营业性演出规范

第十二条 文艺表演团体、个体演员可以自行举办营业性演出,也可以参加营业性组台演出。

营业性组台演出应当由演出经纪机构举办;但是,演出场所经营单位可以在本单位经营的场所内举办营业性组台演出。

演出经纪机构可以从事营业性演出的居间、代理、行纪活动;个体演出经纪人只能从事营业性演出的居间、代理活动。

第十三条 举办营业性演出,应当向演出所在地县级人民政府文化主管部门提出申请。县级人民政府文化主管部门应当自受理申请之日起3日内作出决定。对符合本条例第二十五条规定的,发给批准文件;对不符合本条例第二十五条规定的,不予批准,书面通知申请人并说明理由。

第十四条 除演出经纪机构外,其他任何单位或者个人不得举办外国的或者香港特别行政区、澳门特别行政区、台湾地区的文艺表演团体、个人参加的营业性演出。但是,文艺表演团体自行举办营业性演出,可以邀请外国的或者香港特别行政区、澳门特别行政区、台湾地区的文艺表演团体、个人参加。

举办外国的或者香港特别行政区、澳门特别行政区、台湾

地区的文艺表演团体、个人参加的营业性演出,应当符合下列条件:

(一)有与其举办的营业性演出相适应的资金;

(二)有 2 年以上举办营业性演出的经历;

(三)举办营业性演出前 2 年内无违反本条例规定的记录。

第十五条 举办外国的文艺表演团体、个人参加的营业性演出,演出举办单位应当向演出所在地省、自治区、直辖市人民政府文化主管部门提出申请。

举办香港特别行政区、澳门特别行政区的文艺表演团体、个人参加的营业性演出,演出举办单位应当向演出所在地省、自治区、直辖市人民政府文化主管部门提出申请;举办台湾地区的文艺表演团体、个人参加的营业性演出,演出举办单位应当向国务院文化主管部门会同国务院有关部门规定的审批机关提出申请。

国务院文化主管部门或者省、自治区、直辖市人民政府文化主管部门应当自受理申请之日起 20 日内作出决定。对符合本条例第二十五条规定的,发给批准文件;对不符合本条例第二十五条规定的,不予批准,书面通知申请人并说明理由。

第十六条 申请举办营业性演出,提交的申请材料应当包括下列内容:

(一)演出名称、演出举办单位和参加演出的文艺表演团体、演员;

(二)演出时间、地点、场次;

(三)节目及其视听资料。

申请举办营业性组台演出,还应当提交文艺表演团体、演员同意参加演出的书面函件。

营业性演出需要变更申请材料所列事项的,应当分别依照本条例第十四条、第十六条规定重新报批。

第十七条　演出场所经营单位提供演出场地,应当核验演出举办单位取得的批准文件;不得为未经批准的营业性演出提供演出场地。

第十八条　演出场所经营单位应当确保演出场所的建筑、设施符合国家安全标准和消防安全规范,定期检查消防安全设施状况,并及时维护、更新。

演出场所经营单位应当制定安全保卫工作方案和灭火、应急疏散预案。

演出举办单位在演出场所进行营业性演出,应当核验演出场所经营单位的消防安全设施检查记录、安全保卫工作方案和灭火、应急疏散预案,并与演出场所经营单位就演出活动中突发安全事件的防范、处理等事项签订安全责任协议。

第十九条　在公共场所举办营业性演出,演出举办单位应当依照有关安全、消防的法律、行政法规和国家有关规定办理审批手续,并制定安全保卫工作方案和灭火、应急疏散预案。演出场所应当配备应急广播、照明设施,在安全出入口设置明显标识,保证安全出入口畅通;需要临时搭建舞台、看台的,演出举办单位应当按照国家有关安全标准搭建舞台、看台,确保安全。

第二十条　审批临时搭建舞台、看台的营业性演出时,文化主管部门应当核验演出举办单位的下列文件:

(一)依法验收后取得的演出场所合格证明;

（二）安全保卫工作方案和灭火、应急疏散预案；

（三）依法取得的安全、消防批准文件。

第二十一条 演出场所容纳的观众数量应当报公安部门核准；观众区域与缓冲区域应当由公安部门划定，缓冲区域应当有明显标识。

演出举办单位应当按照公安部门核准的观众数量、划定的观众区域印制和出售门票。

验票时，发现进入演出场所的观众达到核准数量仍有观众等待入场的，应当立即终止验票并同时向演出所在地县级人民政府公安部门报告；发现观众持有观众区域以外的门票或者假票的，应当拒绝其入场并同时向演出所在地县级人民政府公安部门报告。

第二十二条 任何人不得携带传染病病原体和爆炸性、易燃性、放射性、腐蚀性等危险物质或者非法携带枪支、弹药、管制器具进入营业性演出现场。

演出场所经营单位应当根据公安部门的要求，配备安全检查设施，并对进入营业性演出现场的观众进行必要的安全检查；观众不接受安全检查或者有前款禁止行为的，演出场所经营单位有权拒绝其进入。

第二十三条 演出举办单位应当组织人员落实营业性演出时的安全、消防措施，维护营业性演出现场秩序。

演出举办单位和演出场所经营单位发现营业性演出现场秩序混乱，应当立即采取措施并同时向演出所在地县级人民政府公安部门报告。

第二十四条 演出举办单位不得以政府或者政府部门的名

义举办营业性演出。

营业性演出不得冠以"中国"、"中华"、"全国"、"国际"等字样。

营业性演出广告内容必须真实、合法，不得误导、欺骗公众。

第二十五条 营业性演出不得有下列情形：

（一）反对宪法确定的基本原则的；

（二）危害国家统一、主权和领土完整，危害国家安全，或者损害国家荣誉和利益的；

（三）煽动民族仇恨、民族歧视，侵害民族风俗习惯，伤害民族感情，破坏民族团结，违反宗教政策的；

（四）扰乱社会秩序，破坏社会稳定的；

（五）危害社会公德或者民族优秀文化传统的；

（六）宣扬淫秽、色情、邪教、迷信或者渲染暴力的；

（七）侮辱或者诽谤他人，侵害他人合法权益的；

（八）表演方式恐怖、残忍，摧残演员身心健康的；

（九）利用人体缺陷或者以展示人体变异等方式招徕观众的；

（十）法律、行政法规禁止的其他情形。

第二十六条 演出场所经营单位、演出举办单位发现营业性演出有本条例第二十五条禁止情形的，应当立即采取措施予以制止并同时向演出所在地县级人民政府文化主管部门、公安部门报告。

第二十七条 参加营业性演出的文艺表演团体、主要演员或者主要节目内容等发生变更的，演出举办单位应当及时告知观众并说明理由。观众有权退票。

演出过程中，除因不可抗力不能演出的外，演出举办单位不得中止或者停止演出，演员不得退出演出。

第二十八条　演员不得以假唱欺骗观众，演出举办单位不得组织演员假唱。任何单位或者个人不得为假唱提供条件。

演出举办单位应当派专人对演出进行监督，防止假唱行为的发生。

第二十九条　营业性演出经营主体应当对其营业性演出的经营收入依法纳税。

演出举办单位在支付演员、职员的演出报酬时应当依法履行税款代扣代缴义务。

第三十条　募捐义演的演出收入，除必要的成本开支外，必须全部交付受捐单位；演出举办单位、参加演出的文艺表演团体和演员、职员，不得获取经济利益。

第三十一条　任何单位或者个人不得伪造、变造、出租、出借或者买卖营业性演出许可证、批准文件或者营业执照，不得伪造、变造营业性演出门票或者倒卖伪造、变造的营业性演出门票。

第四章　监督管理

第三十二条　除文化主管部门依照国家有关规定对体现民族特色和国家水准的演出给予补助外，各级人民政府和政府部门不得资助、赞助或者变相资助、赞助营业性演出，不得用公款购买营业性演出门票用于个人消费。

第三十三条　文化主管部门应当加强对营业性演出的监督管理。

演出所在地县级人民政府文化主管部门对外国的或者香港特别行政区、澳门特别行政区、台湾地区的文艺表演团体、个人参加的营业性演出和临时搭建舞台、看台的营业性演出，应当进行实地检查；对其他营业性演出，应当进行实地抽样检查。

第三十四条　县级以上地方人民政府文化主管部门应当充分发挥文化执法机构的作用，并可以聘请社会义务监督员对营业性演出进行监督。

任何单位或者个人可以采取电话、手机短信等方式举报违反本条例规定的行为。县级以上地方人民政府文化主管部门应当向社会公布举报电话，并保证随时有人接听。

县级以上地方人民政府文化主管部门接到社会义务监督员的报告或者公众的举报，应当作出记录，立即赶赴现场进行调查、处理，并自处理完毕之日起7日内公布结果。

县级以上地方人民政府文化主管部门对作出突出贡献的社会义务监督员应当给予表彰；公众举报经调查核实的，应当对举报人给予奖励。

第三十五条　文化主管部门应当建立营业性演出经营主体的经营活动信用监管制度，建立健全信用约束机制，并及时公布行政处罚信息。

第三十六条　公安部门对其依照有关法律、行政法规和国家有关规定批准的营业性演出，应当在演出举办前对营业性演出现场的安全状况进行实地检查；发现安全隐患的，在消除安全隐患后方可允许进行营业性演出。

公安部门可以对进入营业性演出现场的观众进行必要的安全检查；发现观众有本条例第二十三条第一款禁止行为的，在消除安全隐患后方可允许其进入。

公安部门可以组织警力协助演出举办单位维持营业性演出现场秩序。

第三十七条　公安部门接到观众达到核准数量仍有观众等待入场或者演出秩序混乱的报告后,应当立即组织采取措施消除安全隐患。

第三十八条　承担现场管理检查任务的公安部门和文化主管部门的工作人员进入营业性演出现场,应当出示值勤证件。

第三十九条　文化主管部门依法对营业性演出进行监督检查时,应当将监督检查的情况和处理结果予以记录,由监督检查人员签字后归档。公众有权查阅监督检查记录。

第四十条　文化主管部门、公安部门和其他有关部门及其工作人员不得向演出举办单位、演出场所经营单位索取演出门票。

第四十一条　国务院文化主管部门和省、自治区、直辖市人民政府文化主管部门,对在农村、工矿企业进行演出以及为少年儿童提供免费或者优惠演出表现突出的文艺表演团体、演员,应当给予表彰,并采取多种形式予以宣传。

国务院文化主管部门对适合在农村、工矿企业演出的节目,可以在依法取得著作权人许可后,提供给文艺表演团体、演员在农村、工矿企业演出时使用。

文化主管部门实施文艺评奖,应当适当考虑参评对象在农村、工矿企业的演出场次。

县级以上地方人民政府应当对在农村、工矿企业演出的文艺表演团体、演员给予支持。

第四十二条 演出行业协会应当依照章程的规定,制定行业自律规范,指导、监督会员的经营活动,促进公平竞争。

第五章 法律责任

第四十三条 有下列行为之一的,由县级人民政府文化主管部门予以取缔,没收演出器材和违法所得,并处违法所得8倍以上10倍以下的罚款;没有违法所得或者违法所得不足1万元的,并处5万元以上10万元以下的罚款;构成犯罪的,依法追究刑事责任:

(一)违反本条例第六条、第十条、第十一条规定,擅自从事营业性演出经营活动的;

(二)违反本条例第十二条、第十四条规定,超范围从事营业性演出经营活动的;

(三)违反本条例第八条第一款规定,变更营业性演出经营项目未向原发证机关申请换发营业性演出许可证的。

违反本条例第七条、第九条规定,擅自设立演出场所经营单位或者擅自从事营业性演出经营活动的,由工商行政管理部门依法予以取缔、处罚;构成犯罪的,依法追究刑事责任。

第四十四条 违反本条例第十三条、第十五条规定,未经批准举办营业性演出的,由县级人民政府文化主管部门责令停止演出,没收违法所得,并处违法所得8倍以上10倍以下的罚款;没有违法所得或者违法所得不足1万元的,并处5万元以上10万元以下的罚款;情节严重的,由原发证机关吊销营业性演出许可证。

违反本条例第十六条第三款规定,变更演出举办单位、参加演出的文艺表演团体、演员或者节目未重新报批的,依照前款规定处罚;变更演出的名称、时间、地点、场次未重新报批的,由县级人民政府文化主管部门责令改正,给予警告,可以并处3万元以下的罚款。

演出场所经营单位为未经批准的营业性演出提供场地的,由县级人民政府文化主管部门责令改正,没收违法所得,并处违法所得3倍以上5倍以下的罚款;没有违法所得或者违法所得不足1万元的,并处3万元以上5万元以下的罚款。

第四十五条 违反本条例第三十一条规定,伪造、变造、出租、出借、买卖营业性演出许可证、批准文件,或者以非法手段取得营业性演出许可证、批准文件的,由县级人民政府文化主管部门没收违法所得,并处违法所得8倍以上10倍以下的罚款;没有违法所得或者违法所得不足1万元的,并处5万元以上10万元以下的罚款;对原取得的营业性演出许可证、批准文件,予以吊销、撤销;构成犯罪的,依法追究刑事责任。

第四十六条 营业性演出有本条例第二十五条禁止情形的,由县级人民政府文化主管部门责令停止演出,没收违法所得,并处违法所得8倍以上10倍以下的罚款;没有违法所得或者违法所得不足1万元的,并处5万元以上10万元以下的罚款;情节严重的,由原发证机关吊销营业性演出许可证;违反治安管理规定的,由公安部门依法予以处罚;构成犯罪的,依法追究刑事责任。

演出场所经营单位、演出举办单位发现营业性演出有本条例第二十五条禁止情形未采取措施予以制止的,由县级人民政府文化主管部门、公安部门依据法定职权给予警告,并处5万元以上 10 万元以下的罚款；未依照本条例第二十六条规定报告的，由县级人民政府文化主管部门、公安部门依据法定职权给予警告，并处 5000 元以上 1 万元以下的罚款。

第四十七条 有下列行为之一的，对演出举办单位、文艺表演团体、演员，由国务院文化主管部门或者省、自治区、直辖市人民政府文化主管部门向社会公布；演出举办单位、文艺表演团体在 2 年内再次被公布的，由原发证机关吊销营业性演出许可证；个体演员在 2 年内再次被公布的，由工商行政管理部门吊销营业执照：

（一）非因不可抗力中止、停止或者退出演出的；

（二）文艺表演团体、主要演员或者主要节目内容等发生变更未及时告知观众的；

（三）以假唱欺骗观众的；

（四）为演员假唱提供条件的。

有前款第（一）项、第（二）项和第（三）项所列行为之一的，观众有权在退场后依照有关消费者权益保护的法律规定要求演出举办单位赔偿损失；演出举办单位可以依法向负有责任的文艺表演团体、演员追偿。

有本条第一款第（一）项、第（二）项和第（三）项所列行为之一的，由县级人民政府文化主管部门处 5 万元以上 10 万元以下的罚款；有本条第一款第（四）项所列行为的，由县级人民政府文化主管部门处 5000 元以上 1 万元以下的罚款。

第四十八条 以政府或者政府部门的名义举办营业性演出，或者营业性演出冠以"中国"、"中华"、"全国"、"国际"等字样的，由县级人民政府文化主管部门责令改正，没收违法所得，并处违法所得3倍以上5倍以下的罚款;没有违法所得或者违法所得不足1万元的,并处3万元以上5万元以下的罚款;拒不改正或者造成严重后果的,由原发证机关吊销营业性演出许可证。

营业性演出广告的内容误导、欺骗公众或者含有其他违法内容的,由工商行政管理部门责令停止发布,并依法予以处罚。

第四十九条 演出举办单位或者其法定代表人、主要负责人及其他直接责任人员在募捐义演中获取经济利益的,由县级以上人民政府文化主管部门依据各自职权责令其退回并交付受捐单位;构成犯罪的,依法追究刑事责任;尚不构成犯罪的,由县级以上人民政府文化主管部门依据各自职权处违法所得3倍以上5倍以下的罚款,并由国务院文化主管部门或者省、自治区、直辖市人民政府文化主管部门向社会公布违法行为人的名称或者姓名,直至由原发证机关吊销演出举办单位的营业性演出许可证。

文艺表演团体或者演员、职员在募捐义演中获取经济利益的,由县级以上人民政府文化主管部门依据各自职权责令其退回并交付受捐单位。

第五十条 违反本条例第八条第一款规定,变更名称、住所、法定代表人或者主要负责人未向原发证机关申请换发营业性演出许可证的,由县级人民政府文化主管部门责令改正,给予警告,并处1万元以上3万元以下的罚款。

违反本条例第七条第二款、第八条第二款、第九条第二款规定,未办理备案手续的,由县级人民政府文化主管部门责令改正,给予警告,并处5000元以上1万元以下的罚款。

第五十一条 有下列行为之一的,由公安部门或者公安消防机构依据法定职权依法予以处罚；构成犯罪的，依法追究刑事责任：

（一）违反本条例安全、消防管理规定的；

（二）伪造、变造营业性演出门票或者倒卖伪造、变造的营业性演出门票的。

演出举办单位印制、出售超过核准观众数量的或者观众区域以外的营业性演出门票的，由县级以上人民政府公安部门依据各自职权责令改正，没收违法所得，并处违法所得3倍以上5倍以下的罚款；没有违法所得或者违法所得不足1万元的，并处3万元以上5万元以下的罚款；造成严重后果的，由原发证机关吊销营业性演出许可证；构成犯罪的，依法追究刑事责任。

第五十二条 演出场所经营单位、个体演出经纪人、个体演员违反本条例规定，情节严重的，由县级以上人民政府文化主管部门依据各自职权责令其停止营业性演出经营活动，并通知工商行政管理部门，由工商行政管理部门依法吊销营业执照。其中，演出场所经营单位有其他经营业务的，由工商行政管理部门责令其办理变更登记，逾期不办理的，吊销营业执照。

第五十三条 因违反本条例规定被文化主管部门吊销营业性演出许可证，或者被工商行政管理部门吊销营业执照或者责令变更登记的，自受到行政处罚之日起，当事人为单位的，其法定代表人、主要负责人5年内不得担任文艺表演团体、演出经纪机构或者演出场所经营单位的法定代表人、主要负责人；当事人为个人的，个体演员1年内不得从事营业性演出，个体演出经纪人5年内不得从事营业性演出的居间、代理活动。

因营业性演出有本条例第二十五条禁止情形被文化主管部

门吊销营业性演出许可证,或者被工商行政管理部门吊销营业执照或者责令变更登记的,不得再次从事营业性演出或者营业性演出的居间、代理、行纪活动。

因违反本条例规定2年内2次受到行政处罚又有应受本条例处罚的违法行为的,应当从重处罚。

第五十四条 各级人民政府或者政府部门非法资助、赞助,或者非法变相资助、赞助营业性演出,或者用公款购买营业性演出门票用于个人消费的,依照有关财政违法行为处罚处分的行政法规的规定责令改正。对单位给予警告或者通报批评。对直接负责的主管人员和其他直接责任人员给予记大过处分;情节较重的,给予降级或者撤职处分;情节严重的,给予开除处分。

第五十五条 文化主管部门、公安部门、工商行政管理部门的工作人员滥用职权、玩忽职守、徇私舞弊或者未依照本条例规定履行职责的,依法给予行政处分;构成犯罪的,依法追究刑事责任。

第六章 附 则

第五十六条 民间游散艺人的营业性演出,省、自治区、直辖市人民政府可以参照本条例的规定制定具体管理办法。

第五十七条 本条例自2005年9月1日起施行。1997年8月11日国务院发布的《营业性演出管理条例》同时废止。

营业性歌舞娱乐场所管理办法

（1993年10月14日文化部令第六号颁布施行；根据1997年12月31日《文化部关于修订〈营业性歌舞娱乐场所管理办法〉、〈文化市场稽查暂行办法〉、〈美术品经营管理办法〉等行政规章的决定》修订）

第一章 总 则

第一条 为加强营业性歌舞娱乐场所的管理，活跃群众的文化生活，促进社会主义精神文明建设，特制定本办法。

第二条 本办法适用于下列营业性歌舞娱乐场所：

（一）歌厅（含有歌手演唱的酒吧、咖啡厅等）；

（二）舞厅；

（三）卡拉ok厅（含附设卡拉ok设备的茶座、餐厅等）；

（四）其它营业性歌舞娱乐场所。

第三条 营业性歌舞娱乐场所的经营管理必须坚持为人民服务、为社会主义服务的方向，满足人民群众的文化娱乐需求。

第四条 政府文化行政管理部门是营业性歌舞娱乐场所的主管部门。各级文化行政管理部门对营业性歌舞娱乐场所实行分级管理。

第二章 申报与审批

第五条 申办营业性歌舞娱乐场所，须出具以下证明文件：

（一）开办营业性歌舞娱乐场所的申请报告；

（二）申请单位上级主管部门的证明文件；

（三）场所负责人的有关证明资料；

（四）设施设备资料；

（五）管理机构及人员配备资料；

（六）经营场所房屋使用证明；

（七）经营管理规章。

第六条 申办营业性歌舞娱乐场所须按下列程序办理审批手续：

（一）经文化行政管理部门审查批准后，核发娱乐类《文化经营许可证》；

（二）持《文化经营许可证》和有关申报文件，向所在地县（区）以上公安机关申领《安全合格证》；

（三）持《文化经营许可证》、《安全合格证》向工商行政管理部门申领《营业执照》。

第七条 申办单位取得《文化经营许可证》、《安全合格证》和《营业执照》后，方可开业。

第八条 申办营业性歌舞娱乐场所，须经所在地县级（含）以上文化行政管理部门批准。

文化部直属单位或在对外贸易经济合作部立项、国家工商行政管理局登记注册的中外合资、中外合作企业申办营业性歌舞娱乐场所，由文化部直接审批。经文化部批准的，除部分指定单位由文化部直接管理外，其余授权所在省、自治区、直辖市文化厅（局）负责管理。

除前款，中央各部门（含部队系统）、国务院各部门、全国性群众团体所属企事业单位申办营业性歌舞娱乐场所，文化部授权所在省、自治区、直辖市文化厅（局）审批、管理。

各级文化行政管理部门根据职责权限，负责本地区营业性歌舞娱乐场所的审批、管理。

已经开办的营业性歌舞娱乐场所而不符合上述规定的，须重新办理审批手续。

第九条 文化行政管理部门，应在接到申办营业性歌舞娱乐场所文件15日内予以答复。

第三章 场地与设施

第十条 开办营业性歌舞娱乐场所须具备下列条件：

（一）歌厅面积不得少于60平方米，舞厅面积不得少于80平方米，卡拉ok厅面积不得少于40平方米，设包厢的卡拉ok厅总面积不得少于80平方米，每个包厢面积不得少于6平方米；

（二）场内亮度：舞厅不得低于4勒克司，歌厅、卡拉ok厅不得低于6勒克司，包厢亮度不得低于3勒克司，包厢必须有透明门窗；

（三）歌舞厅扩声系统的声压级，正常使用应在96分贝以下。场外噪声不得超过《中华人民共和国城市区域环境噪声标准》中的有关规定；

（四）营业性歌舞娱乐场所的灯光、音响技术要求必须符合国家及文化部行业标准。

第十一条 消防设备齐全、有效，放置得当，并备有应急照明设备。

有两个以上保持畅通的出入通道。太平门用红灯标示，向外开启。

第四章　经营与管理

第十二条 营业性歌舞娱乐场所必须遵守下列要求：

（一）营业期间，经理、技术员、服务员、保安员均须佩戴标志，坚守岗位，履行职责；

（二）加强财务、票务管理，建立制票、售票、验票、回票的登记制度；

（三）严格执行《食品卫生法》和有关卫生标准；

（四）各种经营收费项目，必须明码标价；

（五）依法交纳税费。

第十三条 营业性歌舞娱乐场所的聘用人员必须遵守下列要求：

（一）凡在营业性歌舞娱乐场所从事演奏的乐队和表演人员，必须经文化行政管理部门考核，办理演出证；

（二）专业艺术表演团体的演职员在营业性歌舞娱乐场所从事营业演出，须持所在单位开具的证明，到演出地文化行政管理部门办理演出证；

（三）国外、境外演职员在营业性歌舞娱乐场所从事营业演出，须按文化部对外、对台文化交流的有关规定办理审批手续，并向所在省、自治区、直辖市文化厅（局）申领演出证。

第十四条 营业性歌舞娱乐场所使用的激光视盘（录像伴奏带），由各省、自治区、直辖市文化厅（局）审批。

第十五条 经营歌舞娱乐场所不得违反下列规定：

（一）不得聘用未经文化行政管理部门审核发证的乐队和表演人员；

（二）售票数和入场人数不得超过核准登记的定额；

（三）不得接待 18 岁以下未成年人；

（四）不得用色情或变相色情的方式服务，或用此方式招徕、陪随顾客；

（五）不得举办核准登记项目之外的营业性活动；

（六）不准播唱未经文化行政管理部门批准的音像制品或曲目；

（七）不准播放或演奏（唱）内容反动、淫秽的曲目；

（八）不得出售酒精含量超过 38°的饮料。

第十六条　营业性歌舞娱乐场所禁止下列行为：

（一）衣冠不整入场；

（二）在舞池内吸烟；

（三）篡改歌词或色情表演；

（四）在场内起哄闹事、侮辱妇女或从事其它违法活动；

（五）携带枪支、弹药、管制刀具、易燃、易爆、剧毒腐蚀、放射性等危险物品入场。

第十七条　营业性歌舞娱乐场所负责人，必须经过岗位培训，经考核合格，并持有资格证书方可上岗。考核标准和资格证书由各省、自治区、直辖市文化厅（局）统一制定、签发。

第十八条　营业性歌舞娱乐场所不得转包经营。

第十九条　文化行政管理部门的管理稽查人员，凭《文化市场稽查证》进入营业性歌舞娱乐场所执行公务。持文化部核发的《中华人民共和国文化市场稽查证》，在全国营业性歌舞娱乐场所执行公务；持省、地（市）、县（区）文化厅（局）核发的《文化市场稽查证》，在所属行政区域内营业性歌舞娱乐场所执行公务。

第二十条　文化行政管理部门、公安机关对营业性歌舞娱乐场所实行年审验证制度。营业性歌舞娱乐场所的经营者须在规定时间，到原发证部门办理年审验证手续。

第二十一条　经批准的营业性歌舞娱乐场所，半年内未能营业，视为自动歇业，由原审批部门注销其证照。

第五章　奖励与处罚

第二十二条　对模范执行本办法的单位和个人，由文化行政管理部门予以表彰或奖励。

第二十三条　营业性歌舞娱乐场所违反本办法规定的，由文化行政部门责令改正，视情节轻重，分别给予警告、罚款的处罚。违反《营业性演出管理条例》的，由文化行政部门依照《营业性演出管理条例》的规定给予处罚。

第二十四条　违反《中华人民共和国治安管理处罚条例》的，由公安机关按有关规定予以处罚；触犯法律构成犯罪的，由司法机关追究其刑事责任。

第二十五条　违反《中华人民共和国企业法人登记管理条例》的，由工商行政管理部门予以处罚。

第二十六条　违反本办法被吊销《文化经营许可证》的单位，从吊销之日起一年内不得重新申办营业性歌舞娱乐场所。

第二十七条　文化行政管理部门根据本办法的有关规定作出处罚时，应将《处罚决定书》通知被处罚人，并通告有关管理部门。

第二十八条　对文化行政管理部门处罚决定不服的，当事人可在接到处罚通知 15 日内，向执罚部门的上一级行政机关申请复议；对复议决定不服，可依法向当地人民法院起诉。

第六章 附 则

第二十九条 本办法中规定使用的娱乐类《文化经营许可证》的式样，由文化部统一规定印制。

《文化经营许可证》分为正本和副本。正本为悬挂式，副本为折叠式。

第三十条 《文化市场稽查证》的式样由文化部统一规定，由各省、自治区、直辖市文化厅（局）分别印制。

第三十一条 各省、自治区、直辖市文化厅（局）可根据本办法制定实施办法。

第三十二条 以前的有关规定，凡与本办法有抵触的，按本办法执行。

第三十三条 本办法由文化部负责解释。

第三十四条 本办法自颁布之日起施行。

文化部办公厅关于进一步加强歌舞娱乐场所内容管理、有效维护内容安全的通知

办市发〔2006〕4号

各省、自治区、直辖市文化厅（局），新疆生产建设兵团文化局：

为加强歌舞娱乐场所内容管理，进一步促进歌舞娱乐场所的健康平稳有序发展，文化部现就有关事项通知如下：

一、进一步提高对加强歌舞娱乐场所内容管理重要性的认识。文化娱乐内容是歌舞娱乐场所存在和发展的前提，是文化行政部门管理的核心，各级文化行政部门要努力实践"三个代表"重要思想，从丰富人民群众的精神文化生活和提高全社会文明素质的高度，加强管理和引导，大力发展先进文化，积极支持健康有益文化，坚决抵制腐朽文化，使歌舞娱乐场所真正成为人民群众满意的健康文明的场所，为构建和谐社会营造良好的文化环境。

二、进一步加强对歌舞娱乐场所播放内容的审查和监督。不得使用非法出版的激光唱盘、激光视盘等音像制品，不得利用互联网等信息网络手段使用非法出版的音像制品，不得利用互联网等信息技术手段与境外的曲库联接。近年来，国外一些卡拉OK播放设备以非文化贸易方式大量进入我国，此类设备以固化在电视机、DVD机等硬件上的形式包含了未经我国文化行

政部门审查的音乐、曲目、画面等文化内容，对此，各级文化行政部门应当提高责任意识，完善管理措施，加大清查力度，有效维护我国文化主权和文化安全。

三、进一步加强对歌舞娱乐场所演出活动的管理，积极倡导符合歌舞娱乐场所特点的演出内容和演出形式。不得举办含有危害社会公德或者民族优秀文化传统、宣扬淫秽、色情或者渲染暴力以及利用人体缺陷或者以展示人体变异等方式招徕观众等违法违规内容的演出活动，不得接纳无证照演出单位或者演员个人从事营业性演出活动及未经文化行政部门批准的任何形式的营业性演出活动。对违反规定者，依照《营业性演出管理条例》及其实施细则的有关规定严肃处理。

四、积极倡导健康文明的娱乐活动。随着人民群众精神文化生活的日益多样化和娱乐业自身的发展，歌舞娱乐出现了许多新的内容和形式，各级文化行政部门要加强学习、管理和引导，要积极倡导健康文明的文化娱乐活动，为人民群众提供丰富多彩的文化娱乐项目。要采取积极有效措施，为民族优秀艺术的推广创造条件。鼓励经营者积极采用信息技术等现代高新技术手段改进传统娱乐形式，开发新的娱乐品种，努力提高歌舞娱乐场所的整体水平，建设现代化的娱乐产业。要适应歌舞娱乐场所经营方式的变化和技术含量的提高，采用高科技手段加强服务和监管，努力构建新型的文化市场服务监管体系，提高服务管理的科学性和时效性。

五、积极配合公安等部门，进一步加大歌舞娱乐场所的执法力度，严厉打击利用歌舞娱乐场所从事色情、淫秽、吸毒、贩毒等违法违规活动，为歌舞娱乐场所的发展营造良好的市场环境。积极引导行业组织开展工作，努力发挥行业组织在加强行业自律、促进行业规范、提高行业水平、维护行业合法权益等方面的作用。

特此通知。

二〇〇六年一月二十三日

关于禁黄禁赌的管理规定

全国人民代表大会常务委员会关于严禁卖淫嫖娼的决定

中华人民共和国主席令

第十八号

《全国人民代表大会常务委员会关于修改部分法律的决定》已由中华人民共和国第十一届全国人民代表大会常务委员会第十次会议于2009年8月27日通过,现予公布,自公布之日起施行。

中华人民共和国主席 胡锦涛
2009年8月27日

(1991年9月4日第七届全国人民代表大会常务委员会第二十一次会议通过;根据2009年8月27日第十一届全国人民代表大会常务委员会第十次会议修订)

为了严禁卖淫、嫖娼，严惩组织、强迫、引诱、容留、介绍他人卖淫的犯罪分子，维护社会治安秩序和良好的社会风气，对刑法有关规定作如下补充修改：

一、组织他人卖淫的，处十年以上有期徒刑或者无期徒刑，并处一万元以下罚金或者没收财产；情节特别严重的，处死刑，并处没收财产。

协助组织他人卖淫的，处三年以上十年以下有期徒刑，并处一万元以下罚金；情节严重的，处十年以上有期徒刑，并处一万元以下罚金或者没收财产。

二、强迫他人卖淫的，处五年以上十年以下有期徒刑，并处一万元以下罚金；有下列情形之一的，处十年以上有期徒刑或者无期徒刑，并处一万元以下罚金或者没收财产；情节特别严重的，处死刑，并处没收财产：

（一）强迫不满十四岁的幼女卖淫的；

（二）强迫多人卖淫或者多次强迫他人卖淫的；

（三）强奸后迫使卖淫的；

（四）造成被强迫卖淫的人重伤、死亡或者其他严重后果的。

三、引诱、容留、介绍他人卖淫的，处五年以下有期徒刑或者拘役，并处五千元以下罚金；情节严重的，处五年以上有期徒刑，并处一万元以下罚金；情节较轻的，依照治安管理处罚条例第三十条的规定处罚。

引诱不满十四岁的幼女卖淫的，依照本决定第二条关于强迫不满十四岁的幼女卖淫的规定处罚。

四、卖淫、嫖娼的，依照治安管理处罚条例第三十条的规定处罚。

对卖淫、嫖娼的，可以由公安机关会同有关部门强制集中进行法律、道德教育和生产劳动，使之改掉恶习。期限为六个月至二年。具体办法由国务院规定。

因卖淫、嫖娼被公安机关处理后又卖淫、嫖娼的，实行劳动教养，并由公安机关处五千元以下罚款。

对卖淫、嫖娼的，一律强制进行性病检查。对患有性病的，进行强制治疗。

五、明知自己患有梅毒、淋病等严重性病卖淫、嫖娼的，处五年以下有期徒刑、拘役或者管制，并处五千元以下罚金。

嫖宿不满十四岁的幼女的，依照刑法关于强奸罪的规定处罚。

六、旅馆业、饮食服务业、文化娱乐业、出租汽车业等单位的人员，利用本单位的条件，组织、强迫、引诱、容留、介绍他人卖淫的，依照本决定第一条、第二条、第三条的规定处罚。

前款所列单位的主要负责人，有前款规定的行为的，从重处罚。

七、旅馆业、饮食服务业、文化娱乐业、出租汽车业等单位，对发生在本单位的卖淫、嫖娼活动，放任不管、不采取措施制止的，由公安机关处一万元以上十万元以下罚款，并可以责令其限期整顿、停业整顿，经整顿仍不改正的，由工商行政主管部门吊销营业执照；对直接负责的主管人员和其他直接责任人员，由本单位或者上级主管部门予以行政处分，由公安机关处一千元以下罚款。

八、旅馆业、饮食服务业、文化娱乐业、出租汽车业等单位的负责人和职工，在公安机关查处卖淫、嫖娼活动时，隐瞒情况或者为违法犯罪分子通风报信的，依照刑法第一百六十二条的规定处罚。

九、有查禁卖淫、嫖娼活动职责的国家工作人员，为使违法犯罪分子逃避处罚，向其通风报信、提供便利的，依照刑法第一百八十八条的规定处罚。

犯前款罪，事前与犯罪分子通谋的，以共同犯罪论处。

十、组织、强迫、引诱、容留、介绍他人卖淫以及卖淫的非法所得予以没收。

罚没收入一律上缴国库。

十一、本决定自公布之日起施行。

对举报"制黄"、"贩黄"、侵权盗版和其他非法出版活动有功人员奖励办法

新出联〔2000〕1号

（全国扫黄工作小组、财政部、公安部、新闻出版署、国家版权局于2000年1月18日颁布）

第一条 为奖励举报"制黄"、"贩黄"、侵权盗版和其他非法出版活动（以下简称各类非法出版活动）的有功人员，严厉打击各类非法出版活动，规范全国出版物市场的奖励举报制度，保障出版物市场健康有序发展，根据国家有关法律、法规，特制定本办法。

第二条 举报有功人员是指以书面、电话或其他形式向全国"扫黄"工作小组办公室、公安部治安管理局，地方各级"扫黄"工作小组办公室和公安机关举报各类非法出版活动，举报内容经查证属实，并由此破获有关案件的人员。对举报有功人员，由政府有关部门按照本办法的规定酌情给予奖励。

第三条 举报下列非法行为属于本办法奖励范围：

（一）出版、制作、印刷、复制、发行、传播淫秽出版物的行为；

（二）出版、制作、印刷、复制、发行、传播含有下列内容的违禁出版物的行为：反对宪法确定的基本原则，危害国家的

统一、主权和领土完整，危害国家的安全、荣誉和利益，煽动民族分裂、侵害少数民族风俗习惯、破坏民族团结，宣扬迷信或者渲染暴力，危害社会公德和民族优秀文化传统，以及法律、法规禁止含有的其他内容；

（三）未经著作权人许可而复制、发行其文字作品、音乐、电影、电视、录像作品、计算机软件及其他作品的行为；

（四）盗印、盗制或者出版他人享有专有出版权的出版物；

（五）未经批准，擅自设立出版单位或者擅自从事出版物的出版、印刷或者复制、发行业务；

（六）伪造、假冒出版单位或者报纸、期刊名称出版出版物；

（七）擅自印刷或者复制、发行境外出版物，非法进口出版物；

（八）买卖书号、刊号、版号构成犯罪的行为；

（九）法律、法规规定的其他非法出版行为。

第四条 对符合上述奖励范围的举报有功人员的具体奖励标准如下：

（一）对于一般举报有功人员，举报非法出版活动按每案所涉及出版物经营额2%以内的奖励金予以奖励。

（二）举报非法出版活动的生产、经营和运输等设备的，按每案罚没款总额10%以内的奖励金予以奖励。

（三）举报非法从境外引进光盘生产线非法复制光盘的，按每条（含一条双头）15万元—30万元的奖励金予以奖励；举报采用相关设备组装非法光盘生产线非法复制光盘的，按每条3万元—10万元的奖励金予以奖励。

（四）有特殊重大贡献或所举报的有关非法出版活动案件被列为全国大案要案的，经全国或省、自治区、直辖市"扫黄"工作小组办公室主任会议批准，可不受上述奖励金限额的限制。

（五）两人以上共同举报同一案件线索的，奖励金颁发机构确定奖金额后，由举报人自行协商分配比例，协商不成的，由颁发机构裁决。

第五条 地方各级财政部门应当安排专项经费，用于奖励举报有功人员。

第六条 对举报有功人员的奖励金，由立案地的"扫黄"工作小组办公室颁发。

第七条 实施奖励要由专人负责，并严格为举报人保密。未经举报人同意，不得公开举报人姓名、身份及居住地，违者依法追究其法律责任。

任何单位和个人不得对举报有功人员打击报复，违者依法追究其法律责任。

第八条 各省、自治区、直辖市"扫黄"工作小组办公室和财政厅（局）均要依据本规定的原则精神，制定本地区的奖励举报办法，并报全国"扫黄"工作小组办公室和财政部备案。

第九条 以法人或者其他组织的名义举报的，对该法人或者其他组织的奖励，按照本办法进行。

第十条 专项奖励经费的使用由同级财政部门负责监督，审计部门定期予以审计。

第十一条 本办法由全国"扫黄"工作小组办公室负责解释。

第十二条 本办法自发布之日起执行。

卖淫嫖娼人员收容教育办法

中华人民共和国国务院令

第 127 号

现发布《卖淫嫖娼人员收容教育办法》,自发布之日起施行。

总理　李鹏

1993 年 9 月 4 日

(1993 年 9 月 4 日中华人民共和国国务院令第 127 号发布;根据 2011 年 1 月 8 日《国务院关于废止和修改部分行政法规的决定》修订)

第一条　为了教育、挽救卖淫、嫖娼人员,制止性病蔓延,根据《全国人民代表大会常务委员会关于严禁卖淫嫖娼的决定》,制定本办法。

第二条　本办法所称收容教育,是指对卖淫、嫖娼人员集中进行法律教育和道德教育、组织参加生产劳动以及进行性病检查、治疗的行政强制教育措施。

收容教育工作实行教育、感化、挽救的方针。

第三条　收容教育工作由公安部主管。

第四条　收容教育所的设立,由省、自治区、直辖市或者自治州、设区的市的公安机关根据收容教育工作的需要提出方案，报同级人民政府批准。

地方计委、财政部门应当将收容教育所的基本建设投资和所需经费列入基建计划和财政预算。

第五条　收容教育所根据工作需要，配备辅导、医务、财会等工作人员。

第六条　收容教育所应当设置收容室以及教育、劳动、医疗、文体活动等场所。

第七条　对卖淫、嫖娼人员，除依照《中华人民共和国治安管理处罚法》第六十六条的规定处罚外，对尚不够实行劳动教养的，可以由公安机关决定收容教育。

对有下列情形之一的卖淫、嫖娼人员，可以不予收容教育：

（一）年龄不满14周岁的；

（二）患有性病以外其他急性传染病的；

（三）怀孕或者哺乳本人所生1周岁以内婴儿的；

（四）被拐骗、强迫卖淫的。

第八条　对卖淫、嫖娼人员实行收容教育，由县级公安机关决定。决定实行收容教育的，有关县级公安机关应当填写收容教育决定书。收容教育决定书副本应当交给被收容教育人员本人，并自决定之日起15日内通知其家属、所在单位和户口所在地的公安派出所。

第九条　收容教育期限为6个月至2年。

收容教育日期自执行之日起计算。

第十条　收容教育所对入所的被收容教育人员，应当进行性病检查和治疗。检查和治疗性病的费用一般由本人或者家属负担。

第十一条　收容教育所对被收容教育人员,应当按照性别和有无性病实行分别管理。

被收容教育的女性人员,应当由女性工作人员进行管理。

第十二条　收容教育所应当依法管理,建立、健全各项管理制度,严禁打骂、体罚或者以其他方式侮辱被收容教育人员。

被收容教育人员应当遵守收容教育所的各项管理制度,服从管理。

第十三条　对被收容教育人员应当进行法律教育和道德教育,并组织他们参加生产劳动,学习生产技能,增强劳动观念。

被收容教育人员参加生产劳动所获得的劳动收入,用于改善被收容教育人员的生活和收容教育所的建设。对参加生产劳动的被收容教育人员,可以按照规定支付一定的劳动报酬。收容教育所对劳动收入和支出应当单独建账,严格管理。

收容教育所应当实行文明管理,组织被收容教育人员开展有益的文化体育活动。

第十四条　被收容教育人员在收容教育期间的生活费用一般由本人或者家属负担。

第十五条　被收容教育人员入所时携带的物品需要由收容教育所保管的,收容教育所应当造册登记,妥善保管,在被收容教育人员离所时将原物交还本人。

第十六条 收容教育所应当允许被收容教育人员的家属探访。

被收容教育人员在收容教育期间，遇有子女出生、家属患严重疾病、死亡以及其他正当理由需要离所的，由其家属或者其所在单位担保并交纳保证金后，经所长批准，可以离所。离所期限一般不超过7日。

保证金收取办法由公安部规定。

第十七条 被收容教育人员在收容教育期间确有悔改表现或者有立功表现以及其他特殊情况的，可以给予表扬或者提前解除收容教育。需要提前解除收容教育的，由收容教育所提出意见，报原决定对其实行收容教育的公安机关批准。但是，提前解除收容教育的，实际执行的收容教育期限不得少于原决定收容教育期限的1/2。

第十八条 对拒绝接受教育或者不服从管理的被收容教育人员，可以给予警告或者延长收容教育期限。需要延长收容教育期限的，由收容教育所提出意见，报原决定对其实行收容教育的公安机关批准。但是，延长收容教育期限的，实际执行的收容教育期限最长不得超过2年。

收容教育期间发现被收容教育人员有其他违法犯罪行为尚未处理的，依照有关法律、法规处理。

第十九条 对收容教育期满的人员，应当按期解除收容教育，发给解除收容教育证明书，并通知其家属或者所在单位领回。

第二十条 被收容教育人员对收容教育决定不服的，可以依法申请行政复议；对行政复议决定不服的，可以依照《中华人民共和国行政诉讼法》的规定向人民法院提起诉讼。

第二十一条 被收容教育人员在收容教育期间死亡的,应当由公安机关组织法医或者指定医生作出死亡鉴定,经同级人民检察院检验,报上一级公安机关和人民检察院备案,并填写死亡通知书,通知被收容教育人员家属、所在单位和户口所在地公安派出所;家属不予认领的,由公安机关拍照后处理。

第二十二条 本办法由公安部负责解释。

第二十三条 本办法自发布之日起施行。

最高人民法院、最高人民检察院关于办理利用互联网、移动通讯终端、声讯台制作、复制、出版、贩卖、传播淫秽电子信息刑事案件具体应用法律若干问题的解释

法释〔2004〕11号

(2004年9月1日最高人民法院审判委员会第1323次会议、2004年9月2日最高人民检察院第十届检察委员会第26次会议通过,2004年9月3日公布,自2004年9月6日起施行)

为依法惩治利用互联网、移动通讯终端制作、复制、出版、贩卖、传播淫秽电子信息、通过声讯台传播淫秽语音信息等犯罪活动,维护公共网络、通讯的正常秩序,保障公众的合法权益,根据《中华人民共和国刑法》、《全国人民代表大会常务委员会关于维护互联网安全的决定》的规定,现对办理该类刑事案件具体应用法律的若干问题解释如下:

第一条 以牟利为目的,利用互联网、移动通讯终端制作、复制、出版、贩卖、传播淫秽电子信息,具有下列情形之一的,依照刑法第三百六十三条第一款的规定,以制作、复制、出版、贩卖、传播淫秽物品牟利罪定罪处罚:

(一)制作、复制、出版、贩卖、传播淫秽电影、表演、动

画等视频文件二十个以上的;

（二）制作、复制、出版、贩卖、传播淫秽音频文件一百个以上的;

（三）制作、复制、出版、贩卖、传播淫秽电子刊物、图片、文章、短信息等二百件以上的;

（四）制作、复制、出版、贩卖、传播的淫秽电子信息，实际被点击数达到一万次以上的;

（五）以会员制方式出版、贩卖、传播淫秽电子信息，注册会员达二百人以上的;

（六）利用淫秽电子信息收取广告费、会员注册费或者其他费用，违法所得一万元以上的;

（七）数量或者数额虽未达到第（一）项至第（六）项规定标准，但分别达到其中两项以上标准一半以上的;

（八）造成严重后果的。

利用聊天室、论坛、即时通信软件、电子邮件等方式，实施第一款规定行为的，依照刑法第三百六十三条第一款的规定，以制作、复制、出版、贩卖、传播淫秽物品牟利罪定罪处罚。

第二条 实施第一条规定的行为，数量或者数额达到第一条第一款第（一）项至第（六）项规定标准五倍以上的，应当认定为刑法第三百六十三条第一款规定的"情节严重";达到规定标准二十五倍以上的，应当认定为"情节特别严重"。

第三条 不以牟利为目的，利用互联网或者移动通讯终端传播淫秽电子信息，具有下列情形之一的，依照刑法第三百六十四条第一款的规定，以传播淫秽物品罪定罪处罚：

（一）数量达到第一条第一款第（一）项至第（五）项规定标准二倍以上的；

（二）数量分别达到第一条第一款第（一）项至第（五）项两项以上标准的；

（三）造成严重后果的。

利用聊天室、论坛、即时通信软件、电子邮件等方式，实施第一款规定行为的，依照刑法第三百六十四条第一款的规定，以传播淫秽物品罪定罪处罚。

第四条　明知是淫秽电子信息而在自己所有、管理或者使用的网站或者网页上提供直接链接的，其数量标准根据所链接的淫秽电子信息的种类计算。

第五条　以牟利为目的，通过声讯台传播淫秽语音信息，具有下列情形之一的，依照刑法第三百六十三条第一款的规定，对直接负责的主管人员和其他直接责任人员以传播淫秽物品牟利罪定罪处罚：

（一）向一百人次以上传播的；

（二）违法所得一万元以上的；

（三）造成严重后果的。

实施前款规定行为，数量或者数额达到前款第（一）项至第（二）项规定标准五倍以上的，应当认定为刑法第三百六十三条第一款规定的"情节严重"；达到规定标准二十五倍以上的，应当认定为"情节特别严重"。

第六条　实施本解释前五条规定的犯罪，具有下列情形之一的，依照刑法第三百六十三条第一款、第三百六十四条第一款的规定从重处罚：

（一）制作、复制、出版、贩卖、传播具体描绘不满十八周岁未成年人性行为的淫秽电子信息的；

（二）明知是具体描绘不满十八周岁的未成年人性行为的淫秽电子信息而在自己所有、管理或者使用的网站或者网页上提供直接链接的；

（三）向不满十八周岁的未成年人贩卖、传播淫秽电子信息和语音信息的；

（四）通过使用破坏性程序、恶意代码修改用户计算机设置等方法，强制用户访问、下载淫秽电子信息的。

第七条 明知他人实施制作、复制、出版、贩卖、传播淫秽电子信息犯罪，为其提供互联网接入、服务器托管、网络存储空间、通讯传输通道、费用结算等帮助的，对直接负责的主管人员和其他直接责任人员，以共同犯罪论处。

第八条 利用互联网、移动通讯终端、声讯台贩卖、传播淫秽书刊、影片、录像带、录音带等以实物为载体的淫秽物品的，依照《最高人民法院关于审理非法出版物刑事案件具体应用法律若干问题的解释》的有关规定定罪处罚。

第九条 刑法第三百六十七条第一款规定的"其他淫秽物品"，包括具体描绘性行为或者露骨宣扬色情的诲淫性的视频文件、音频文件、电子刊物、图片、文章、短信息等互联网、移动通讯终端电子信息和声讯台语音信息。

有关人体生理、医学知识的电子信息和声讯台语音信息不是淫秽物品。包含色情内容的有艺术价值的电子文学、艺术作品不视为淫秽物品。

全国人民代表大会常务委员会关于维护互联网安全的决定

（2000年12月28日第九届全国人民代表大会常务委员会第十九次会议通过；根据2011年1月8日《国务院关于废止和修改部分行政法规的决定》修订）

我国的互联网，在国家大力倡导和积极推动下，在经济建设和各项事业中得到日益广泛的应用，使人们的生产、工作、学习和生活方式已经开始并将继续发生深刻的变化，对于加快我国国民经济、科学技术的发展和社会服务信息化进程具有重要作用。同时，如何保障互联网的运行安全和信息安全问题已经引起全社会的普遍关注。为了兴利除弊，促进我国互联网的健康发展，维护国家安全和社会公共利益，保护个人、法人和其他组织的合法权益，特作如下决定：

一、为了保障互联网的运行安全，对有下列行为之一，构成犯罪的，依照刑法有关规定追究刑事责任：

（一）侵入国家事务、国防建设、尖端科学技术领域的计算机信息系统；

（二）故意制作、传播计算机病毒等破坏性程序，攻击计算机系统及通信网络，致使计算机系统及通信网络遭受损害；

（三）违反国家规定，擅自中断计算机网络或者通信服务，造成计算机网络或者通信系统不能正常运行。

二、为了维护国家安全和社会稳定，对有下列行为之一，构成犯罪的，依照刑法有关规定追究刑事责任：

（一）利用互联网造谣、诽谤或者发表、传播其他有害信息，煽动颠覆国家政权、推翻社会主义制度，或者煽动分裂国家、破坏国家统一；

（二）通过互联网窃取、泄露国家秘密、情报或者军事秘密；

（三）利用互联网煽动民族仇恨、民族歧视，破坏民族团结；

（四）利用互联网组织邪教组织、联络邪教组织成员，破坏国家法律、行政法规实施。

三、为了维护社会主义市场经济秩序和社会管理秩序，对有下列行为之一，构成犯罪的，依照刑法有关规定追究刑事责任：

（一）利用互联网销售伪劣产品或者对商品、服务作虚假宣传；

（二）利用互联网损害他人商业信誉和商品声誉；

（三）利用互联网侵犯他人知识产权；

（四）利用互联网编造并传播影响证券、期货交易或者其他扰乱金融秩序的虚假信息；

（五）在互联网上建立淫秽网站、网页，提供淫秽站点链接服务，或者传播淫秽书刊、影片、音像、图片。

四、为了保护个人、法人和其他组织的人身、财产等合法

权利,对有下列行为之一,构成犯罪的,依照刑法有关规定追究刑事责任:

(一)利用互联网侮辱他人或者捏造事实诽谤他人;

(二)非法截获、篡改、删除他人电子邮件或者其他数据资料,侵犯公民通信自由和通信秘密;

(三)利用互联网进行盗窃、诈骗、敲诈勒索。

五、利用互联网实施本决定第一条、第二条、第三条、第四条所列行为以外的其他行为,构成犯罪的,依照刑法有关规定追究刑事责任。

六、利用互联网实施违法行为,违反社会治安管理,尚不构成犯罪的,由公安机关依照《治安管理处罚法》予以处罚;违反其他法律、行政法规,尚不构成犯罪的,由有关行政管理部门依法给予行政处罚;对直接负责的主管人员和其他直接责任人员,依法给予行政处分或者纪律处分。

利用互联网侵犯他人合法权益,构成民事侵权的,依法承担民事责任。

七、各级人民政府及有关部门要采取积极措施,在促进互联网的应用和网络技术的普及过程中,重视和支持对网络安全技术的研究和开发,增强网络的安全防护能力。有关主管部门要加强对互联网的运行安全和信息安全的宣传教育,依法实施有效的监督管理,防范和制止利用互联网进行的各种违法活动,为互联网的健康发展创造良好的社会环境。从事互联网业务的单位要依法开展活动,发现互联网上出现违法犯罪行为和有害信息时,要采取措施,停止传输有害信息,并及时向有关机关报告。任何单位和个人在利用互联网时，都要遵纪守法，抵制各种违法犯罪行为和有害信息。人民法院、人民检察院、公安机关、国家安全机关要各司其职，密切配合，依法严厉打击利用互联网实施的各种犯罪活动。要动员全社会的力量，依靠全社会的共同努力，保障互联网的运行安全与信息安全，促进社会主义精神文明和物质文明建设。

关于严厉打击和禁止赌博违法犯罪活动的通告

公治〔1998〕963号

为依法严厉打击赌博违法犯罪活动，净化社会风气，保障人民群众安居乐业，根据《中华人民共和国刑法》、《中华人民共和国治安管理处罚法》等法律规定，通告如下：

一、国家法律严令禁止赌博，凡利用电子游戏机室、棋牌室、互联网、"六合彩"、"麻将"、"扑克"等各种形式开设赌场、聚众赌博的，依法予以严惩。

二、以营利为目的，组织3人以上赌博，抽头渔利数额累计达到5000元以上，或赌资数额累计达到5万元以上的，或参赌人数累计达到20人以上，均构成赌博犯罪，应依法追究刑事责任。

三、明知他人实施赌博违法犯罪活动，而为其提供场所、资金，或者帮助接送赌客、望风看场、收受投注、兑换筹码、结算赌资等直接帮助，情节严重的，以赌博罪共犯论处。

四、对赌博违法犯罪活动的组织者、为首者、主要参与者，或者利用电子游戏机室、棋牌室等从事赌博违法犯罪活动的开办者、经营者、获利者，依法从严惩处。

五、赌博违法犯罪活动用作赌注的款物、换取筹码的款物和通过赌博赢取的款物属于赌资，依法予以追缴；赌博用具、赌博违法所得以及赌博违法犯罪分子所有的专门用于赌博的资金、交通工具、通讯工具等，依法予以没收。

六、因赌博产生的债权债务不受法律保护；为索取赌债实施敲诈勒索、非法拘禁、抢劫、伤害、绑架等违法犯罪行为的，依法从严惩处。

七、参与赌博，不够刑事处罚的，依法予以治安处罚。凡党员干部或企事业单位的公职人员参与赌博活动不够刑事处罚的，依法予以治安处罚后移送纪检监察机关。

八、拒绝、阻碍国家工作人员依法查处赌博违法犯罪行为，构成犯罪的，依法追究刑事责任；不够刑事处罚的，依法予以治安处罚。

九、主动到公安司法机关投案自首的，检举他人违法犯罪行为的，或者出于他人胁迫、诱骗参与赌博活动的，依法从轻、减轻或者免除处罚。

十、公民举报赌博违法犯罪行为，经查证属实的，给予奖金人民币500元；打击报复举报人的，依法从严惩处。举报电话：110。

本通告自发布之日起施行。

中华人民共和国公安部
1998年10月26日

全国普法学习读本
★★★★★

治安管理法律法规学习读本

社会治安管理法律法规

■ 魏光朴 主编

加大全民普法力度，建设社会主义法治文化，树立宪法法律至上、法律面前人人平等的法治理念。

——中国共产党第十九次全国代表大会《决胜全面建成小康社会 夺取新时代中国特色社会主义伟大胜利》

汕头大学出版社

图书在版编目（CIP）数据

社会治安管理法律法规/魏光朴主编． -- 汕头：汕头大学出版社（2021.7重印）
（治安管理法律法规学习读本）
ISBN 978-7-5658-3336-6

Ⅰ．①社… Ⅱ．①魏… Ⅲ．①治安管理-行政处罚法-中国-学习参考资料 Ⅳ．①D922.144

中国版本图书馆 CIP 数据核字（2018）第 000901 号

社会治安管理法律法规　SHEHUI ZHIAN GUANLI FALÜ FAGUI

主　　编：	魏光朴
责任编辑：	邹　峰
责任技编：	黄东生
封面设计：	大华文苑
出版发行：	汕头大学出版社
	广东省汕头市大学路 243 号汕头大学校园内　邮政编码：515063
电　　话：	0754-82904613
印　　刷：	三河市南阳印刷有限公司
开　　本：	690mm×960mm 1/16
印　　张：	18
字　　数：	226 千字
版　　次：	2018 年 1 月第 1 版
印　　次：	2021 年 7 月第 2 次印刷
定　　价：	59.60 元（全 2 册）

ISBN 978-7-5658-3336-6

版权所有，翻版必究
如发现印装质量问题，请与承印厂联系退换

前 言

习近平总书记指出:"推进全民守法,必须着力增强全民法治观念。要坚持把全民普法和守法作为依法治国的长期基础性工作,采取有力措施加强法制宣传教育。要坚持法治教育从娃娃抓起,把法治教育纳入国民教育体系和精神文明创建内容,由易到难、循序渐进不断增强青少年的规则意识。要健全公民和组织守法信用记录,完善守法诚信褒奖机制和违法失信行为惩戒机制,形成守法光荣、违法可耻的社会氛围,使遵法守法成为全体人民共同追求和自觉行动。"

中共中央、国务院曾经转发了中央宣传部、司法部关于在公民中开展法治宣传教育的规划,并发出通知,要求各地区各部门结合实际认真贯彻执行。通知指出,全民普法和守法是依法治国的长期基础性工作。深入开展法治宣传教育,是全面建成小康社会和新农村的重要保障。

普法规划指出:各地区各部门要根据实际需要,从不同群体的特点出发,因地制宜开展有特色的法治宣传教育坚持集中法治宣传教育与经常性法治宣传教育相结合,深化法律进机关、进乡村、进社区、进学校、进企业、进单位的"法律六进"主题活动,完善工作标准,建立长效机制。

特别是农业、农村和农民问题,始终是关系党和人民事业发展的全局性和根本性问题。党中央、国务院发布的《关于推进社会主义新农村建设的若干意见》中明确提出要"加强农村法制建设,深入开展农村普法教育,增强农民的法制观念,提高农民依法行使权利和履行义务的自觉性。"多年普法实践证明,普及法律知识,提高法制观念，增强全社会依法办事意识具有重要作用。特别是在广大农村进行普法教育，是提高全民法律素质的需要。

多年来，我国在农村实行的改革开放取得了极大成功，农村发生了翻天覆地的变化，广大农民生活水平大大得到了提高。但是，由于历史和社会等原因，现阶段我国一些地区农民文化素质还不高，不学法、不懂法、不守法现象虽然较原来有所改变，但仍有相当一部分群众的法制观念仍很淡化，不懂、不愿借助法律来保护自身权益，这就极易受到不法的侵害，或极易进行违法犯罪活动，严重阻碍了全面建成小康社会和新农村步伐。

为此，根据党和政府的指示精神以及普法规划，特别是根据广大农村农民的现状，在有关部门和专家的指导下，特别编辑了这套《全国普法学习读本》。主要包括了广大人民群众应知应懂、实际实用的法律法规。为了辅导学习，附录还收入了相应法律法规的条例准则、实施细则、解读解答、案例分析等；同时为了突出法律法规的实际实用特点，兼顾地方性和特殊性，附录还收入了部分某些地方性法律法规以及非法律法规的政策文件、管理制度、应用表格等内容，拓展了本书的知识范围，使法律法规更"接地气"，便于读者学习掌握和实际应用。

在众多法律法规中，我们通过甄别，淘汰了废止的，精选了最新的、权威的和全面的。但有部分法律法规有些条款不适应当下情况了，却没有颁布新的，我们又不能擅自改动，只得保留原有条款，但附录却有相应的补充修改意见或通知等。众多法律法规根据不同内容和受众特点，经过归类组合，优化配套。整套普法读本非常全面系统，具有很强的学习性、实用性和指导性，非常适合用于广大农村和城乡普法学习教育与实践指导。总之，是全国全民普法的良好读本。

目 录

中华人民共和国治安管理处罚法

第一章　总　则 …………………………………………（1）
第二章　处罚的种类和适用 ……………………………（2）
第三章　违反治安管理的行为和处罚 …………………（4）
第四章　处罚程序 ………………………………………（14）
第五章　执法监督 ………………………………………（20）
第六章　附　则 …………………………………………（21）
附　录
　　健全落实社会治安综合治理领导责任制规定 ……（22）
　　旅馆业治安管理办法 ………………………………（28）
　　国家工商行政管理总局关于积极参与和深入开展社会治安
　　　综合治理工作的通知 ……………………………（31）
　　关于进一步做好建设系统社会治安综合治理工作的通知 …（39）

民用爆炸物品安全管理条例

第一章　总　则 …………………………………………（42）
第二章　生　产 …………………………………………（44）
第三章　销售和购买 ……………………………………（45）
第四章　运　输 …………………………………………（47）
第五章　爆破作业 ………………………………………（49）
第六章　储　存 …………………………………………（50）
第七章　法律责任 ………………………………………（51）
第八章　附　则 …………………………………………（54）
附　录
　　民用爆炸物品安全生产许可实施办法 ……………（55）
　　民用爆炸物品销售许可实施办法 …………………（62）

爆炸危险场所安全规定 …………………………………… (69)
烟花爆竹安全管理条例 …………………………………… (74)
烟花爆竹经营许可实施办法 ……………………………… (84)
《烟花爆竹经营许可实施办法》解读 …………………… (94)

危险化学品经营许可证管理办法

第一章　总　则 …………………………………………… (99)
第二章　申请经营许可证的条件 ………………………… (100)
第三章　经营许可证的申请与颁发 ……………………… (102)
第四章　经营许可证的监督管理 ………………………… (105)
第五章　法律责任 ………………………………………… (106)
第六章　附　则 …………………………………………… (108)
附　录
危险化学品重大危险源监督管理暂行规定 …………… (109)
新化学物质环境管理办法 ……………………………… (118)
易制毒化学品购销和运输管理办法 …………………… (130)

中华人民共和国治安管理处罚法

中华人民共和国主席令
第六十七号

《全国人民代表大会常务委员会关于修改〈中华人民共和国治安管理处罚法〉的决定》已由中华人民共和国第十一届全国人民代表大会常务委员会第二十九次会议于2012年10月26日通过，现予公布，自2013年1月1日起施行。

中华人民共和国主席　胡锦涛
2012年10月26日

（2005年8月28日第十届全国人民代表大会常务委员会第十七次会议通过；2005年8月28日中华人民共和国主席令第三十八号公布；自2006年3月1日起施行；根据2012年10月26日中华人民共和国主席令第六十七号修正）

第一章　总　则

第一条　为维护社会治安秩序，保障公共安全，保护公民、法人和其他组织的合法权益，规范和保障公安机关及其人民警察依法履行治安管理职责，制定本法。

第二条　扰乱公共秩序，妨害公共安全，侵犯人身权利、财产权利，妨害社会管理，具有社会危害性，依照《中华人民共和国刑法》

的规定构成犯罪的，依法追究刑事责任；尚不够刑事处罚的，由公安机关依照本法给予治安管理处罚。

第三条　治安管理处罚的程序，适用本法的规定；本法没有规定的，适用《中华人民共和国行政处罚法》的有关规定。

第四条　在中华人民共和国领域内发生的违反治安管理行为，除法律有特别规定的外，适用本法。

在中华人民共和国船舶和航空器内发生的违反治安管理行为，除法律有特别规定的外，适用本法。

第五条　治安管理处罚必须以事实为依据，与违反治安管理行为的性质、情节以及社会危害程度相当。

实施治安管理处罚，应当公开、公正，尊重和保障人权，保护公民的人格尊严。

办理治安案件应当坚持教育与处罚相结合的原则。

第六条　各级人民政府应当加强社会治安综合治理，采取有效措施，化解社会矛盾，增进社会和谐，维护社会稳定。

第七条　国务院公安部门负责全国的治安管理工作。县级以上地方各级人民政府公安机关负责本行政区域内的治安管理工作。

治安案件的管辖由国务院公安部门规定。

第八条　违反治安管理的行为对他人造成损害的，行为人或者其监护人应当依法承担民事责任。

第九条　对于因民间纠纷引起的打架斗殴或者损毁他人财物等违反治安管理行为，情节较轻的，公安机关可以调解处理。经公安机关调解，当事人达成协议的，不予处罚。经调解未达成协议或者达成协议后不履行的，公安机关应当依照本法的规定对违反治安管理行为人给予处罚，并告知当事人可以就民事争议依法向人民法院提起民事诉讼。

第二章　处罚的种类和适用

第十条　治安管理处罚的种类分为：

（一）警告；

（二）罚款；

（三）行政拘留；

（四）吊销公安机关发放的许可证。

对违反治安管理的外国人，可以附加适用限期出境或者驱逐出境。

第十一条 办理治安案件所查获的毒品、淫秽物品等违禁品，赌具、赌资，吸食、注射毒品的用具以及直接用于实施违反治安管理行为的本人所有的工具，应当收缴，按照规定处理。

违反治安管理所得的财物，追缴退还被侵害人；没有被侵害人的，登记造册，公开拍卖或者按照国家有关规定处理，所得款项上缴国库。

第十二条 已满十四周岁不满十八周岁的人违反治安管理的，从轻或者减轻处罚；不满十四周岁的人违反治安管理的，不予处罚，但是应当责令其监护人严加管教。

第十三条 精神病人在不能辨认或者不能控制自己行为的时候违反治安管理的，不予处罚，但是应当责令其监护人严加看管和治疗。间歇性的精神病人在精神正常的时候违反治安管理的，应当给予处罚。

第十四条 盲人或者又聋又哑的人违反治安管理的，可以从轻、减轻或者不予处罚。

第十五条 醉酒的人违反治安管理的，应当给予处罚。

醉酒的人在醉酒状态中，对本人有危险或者对他人的人身、财产或者公共安全有威胁的，应当对其采取保护性措施约束至酒醒。

第十六条 有两种以上违反治安管理行为的，分别决定，合并执行。行政拘留处罚合并执行的，最长不超过二十日。

第十七条 共同违反治安管理的，根据违反治安管理行为人在违反治安管理行为中所起的作用，分别处罚。

教唆、胁迫、诱骗他人违反治安管理的，按照其教唆、胁迫、诱骗的行为处罚。

第十八条 单位违反治安管理的，对其直接负责的主管人员和其他直接责任人员依照本法的规定处罚。其他法律、行政法规对同一行为规定给予单位处罚的，依照其规定处罚。

第十九条 违反治安管理有下列情形之一的，减轻处罚或者不予处罚：

（一）情节特别轻微的；

（二）主动消除或者减轻违法后果，并取得被侵害人谅解的；

（三）出于他人胁迫或者诱骗的；
（四）主动投案，向公安机关如实陈述自己的违法行为的；
（五）有立功表现的。

第二十条 违反治安管理有下列情形之一的，从重处罚：
（一）有较严重后果的；
（二）教唆、胁迫、诱骗他人违反治安管理的；
（三）对报案人、控告人、举报人、证人打击报复的；
（四）六个月内曾受过治安管理处罚的。

第二十一条 违反治安管理行为人有下列情形之一，依照本法应当给予行政拘留处罚的，不执行行政拘留处罚：
（一）已满十四周岁不满十六周岁的；
（二）已满十六周岁不满十八周岁，初次违反治安管理的；
（三）七十周岁以上的；
（四）怀孕或者哺乳自己不满一周岁婴儿的。

第二十二条 违反治安管理行为在六个月内没有被公安机关发现的，不再处罚。

前款规定的期限，从违反治安管理行为发生之日起计算；违反治安管理行为有连续或者继续状态的，从行为终了之日起计算。

第三章　违反治安管理的行为和处罚

第一节　扰乱公共秩序的行为和处罚

第二十三条 有下列行为之一的，处警告或者二百元以下罚款；情节较重的，处五日以上十日以下拘留，可以并处五百元以下罚款：
（一）扰乱机关、团体、企业、事业单位秩序，致使工作、生产、营业、医疗、教学、科研不能正常进行，尚未造成严重损失的；
（二）扰乱车站、港口、码头、机场、商场、公园、展览馆或者其他公共场所秩序的；
（三）扰乱公共汽车、电车、火车、船舶、航空器或者其他公共交通工具上的秩序的；

（四）非法拦截或者强登、扒乘机动车、船舶、航空器以及其他交通工具，影响交通工具正常行驶的；

（五）破坏依法进行的选举秩序的。

聚众实施前款行为的，对首要分子处十日以上十五日以下拘留，可以并处一千元以下罚款。

第二十四条　有下列行为之一，扰乱文化、体育等大型群众性活动秩序的，处警告或者二百元以下罚款；情节严重的，处五日以上十日以下拘留，可以并处五百元以下罚款：

（一）强行进入场内的；

（二）违反规定，在场内燃放烟花爆竹或者其他物品的；

（三）展示侮辱性标语、条幅等物品的；

（四）围攻裁判员、运动员或者其他工作人员的；

（五）向场内投掷杂物，不听制止的；

（六）扰乱大型群众性活动秩序的其他行为。

因扰乱体育比赛秩序被处以拘留处罚的，可以同时责令其十二个月内不得进入体育场馆观看同类比赛；违反规定进入体育场馆的，强行带离现场。

第二十五条　有下列行为之一的，处五日以上十日以下拘留，可以并处五百元以下罚款；情节较轻的，处五日以下拘留或者五百元以下罚款：

（一）散布谣言，谎报险情、疫情、警情或者以其他方法故意扰乱公共秩序的；

（二）投放虚假的爆炸性、毒害性、放射性、腐蚀性物质或者传染病病原体等危险物质扰乱公共秩序的；

（三）扬言实施放火、爆炸、投放危险物质扰乱公共秩序的。

第二十六条　有下列行为之一的，处五日以上十日以下拘留，可以并处五百元以下罚款；情节较重的，处十日以上十五日以下拘留，可以并处一千元以下罚款：

（一）结伙斗殴的；

（二）追逐、拦截他人的；

（三）强拿硬要或者任意损毁、占用公私财物的；

（四）其他寻衅滋事行为。

第二十七条 有下列行为之一的,处十日以上十五日以下拘留,可以并处一千元以下罚款;情节较轻的,处五日以上十日以下拘留,可以并处五百元以下罚款:

(一)组织、教唆、胁迫、诱骗、煽动他人从事邪教、会道门活动或者利用邪教、会道门、迷信活动,扰乱社会秩序、损害他人身体健康的;

(二)冒用宗教、气功名义进行扰乱社会秩序、损害他人身体健康活动的。

第二十八条 违反国家规定,故意干扰无线电业务正常进行的,或者对正常运行的无线电台(站)产生有害干扰,经有关主管部门指出后,拒不采取有效措施消除的,处五日以上十日以下拘留;情节严重的,处十日以上十五日以下拘留。

第二十九条 有下列行为之一的,处五日以下拘留;情节较重的,处五日以上十日以下拘留:

(一)违反国家规定,侵入计算机信息系统,造成危害的;

(二)违反国家规定,对计算机信息系统功能进行删除、修改、增加、干扰,造成计算机信息系统不能正常运行的;

(三)违反国家规定,对计算机信息系统中存储、处理、传输的数据和应用程序进行删除、修改、增加的;

(四)故意制作、传播计算机病毒等破坏性程序,影响计算机信息系统正常运行的。

第二节 妨害公共安全的行为和处罚

第三十条 违反国家规定,制造、买卖、储存、运输、邮寄、携带、使用、提供、处置爆炸性、毒害性、放射性、腐蚀性物质或者传染病病原体等危险物质的,处十日以上十五日以下拘留;情节较轻的,处五日以上十日以下拘留。

第三十一条 爆炸性、毒害性、放射性、腐蚀性物质或者传染病病原体等危险物质被盗、被抢或者丢失,未按规定报告的,处五日以下拘留;故意隐瞒不报的,处五日以上十日以下拘留。

第三十二条 非法携带枪支、弹药或者弩、匕首等国家规定的管制器具的,处五日以下拘留,可以并处五百元以下罚款;情节较轻的,处警告或者二百元以下罚款。

非法携带枪支、弹药或者弩、匕首等国家规定的管制器具进入公共场所或者公共交通工具的,处五日以上十日以下拘留,可以并处五百元以下罚款。

第三十三条 有下列行为之一的,处十日以上十五日以下拘留:

(一)盗窃、损毁油气管道设施、电力电信设施、广播电视设施、水利防汛工程设施或者水文监测、测量、气象测报、环境监测、地质监测、地震监测等公共设施的;

(二)移动、损毁国家边境的界碑、界桩以及其他边境标志、边境设施或者领土、领海标志设施的;

(三)非法进行影响国(边)界线走向的活动或者修建有碍国(边)境管理的设施的。

第三十四条 盗窃、损坏、擅自移动使用中的航空设施,或者强行进入航空器驾驶舱的,处十日以上十五日以下拘留。

在使用中的航空器上使用可能影响导航系统正常功能的器具、工具,不听劝阻的,处五日以下拘留或者五百元以下罚款。

第三十五条 有下列行为之一的,处五日以上十日以下拘留,可以并处五百元以下罚款;情节较轻的,处五日以下拘留或者五百元以下罚款:

(一)盗窃、损毁或者擅自移动铁路设施、设备、机车车辆配件或者安全标志的;

(二)在铁路线路上放置障碍物,或者故意向列车投掷物品的;

(三)在铁路线路、桥梁、涵洞处挖掘坑穴、采石取沙的;

(四)在铁路线路上私设道口或者平交过道的。

第三十六条 擅自进入铁路防护网或者火车来临时在铁路线路上行走坐卧、抢越铁路,影响行车安全的,处警告或者二百元以下罚款。

第三十七条 有下列行为之一的,处五日以下拘留或者五百元以下罚款;情节严重的,处五日以上十日以下拘留,可以并处五百元以下罚款:

(一)未经批准,安装、使用电网的,或者安装、使用电网不符合安全规定的;

(二)在车辆、行人通行的地方施工,对沟井坎穴不设覆盖物、防围和警示标志的，或者故意损毁、移动覆盖物、防围和警示标志的；

（三）盗窃、损毁路面井盖、照明等公共设施的。

第三十八条 举办文化、体育等大型群众性活动，违反有关规定，有发生安全事故危险的，责令停止活动，立即疏散；对组织者处五日以上十日以下拘留，并处二百元以上五百元以下罚款；情节较轻的，处五日以下拘留或者五百元以下罚款。

第三十九条 旅馆、饭店、影剧院、娱乐场、运动场、展览馆或者其他供社会公众活动的场所的经营管理人员，违反安全规定，致使该场所有发生安全事故危险，经公安机关责令改正，拒不改正的，处五日以下拘留。

第三节 侵犯人身权利、财产权利的行为和处罚

第四十条 有下列行为之一的，处十日以上十五日以下拘留，并处五百元以上一千元以下罚款；情节较轻的，处五日以上十日以下拘留，并处二百元以上五百元以下罚款：

（一）组织、胁迫、诱骗不满十六周岁的人或者残疾人进行恐怖、残忍表演的；

（二）以暴力、威胁或者其他手段强迫他人劳动的；

（三）非法限制他人人身自由、非法侵入他人住宅或者非法搜查他人身体的。

第四十一条 胁迫、诱骗或者利用他人乞讨的，处十日以上十五日以下拘留，可以并处一千元以下罚款。

反复纠缠、强行讨要或者以其他滋扰他人的方式乞讨的，处五日以下拘留或者警告。

第四十二条 有下列行为之一的，处五日以下拘留或者五百元以下罚款；情节较重的，处五日以上十日以下拘留，可以并处五百元以下罚款：

（一）写恐吓信或者以其他方法威胁他人人身安全的；

（二）公然侮辱他人或者捏造事实诽谤他人的；

（三）捏造事实诬告陷害他人，企图使他人受到刑事追究或者受到治安管理处罚的；

（四）对证人及其近亲属进行威胁、侮辱、殴打或者打击报复的；

（五）多次发送淫秽、侮辱、恐吓或者其他信息，干扰他人正常生活的；

（六）偷窥、偷拍、窃听、散布他人隐私的。

第四十三条 殴打他人的，或者故意伤害他人身体的，处五日以上十日以下拘留，并处二百元以上五百元以下罚款；情节较轻的，处五日以下拘留或者五百元以下罚款。

有下列情形之一的，处十日以上十五日以下拘留，并处五百元以上一千元以下罚款：

（一）结伙殴打、伤害他人的；

（二）殴打、伤害残疾人、孕妇、不满十四周岁的人或者六十周岁以上的人的；

（三）多次殴打、伤害他人或者一次殴打、伤害多人的。

第四十四条 猥亵他人的，或者在公共场所故意裸露身体，情节恶劣的，处五日以上十日以下拘留；猥亵智力残疾人、精神病人、不满十四周岁的人或者有其他严重情节的，处十日以上十五日以下拘留。

第四十五条 有下列行为之一的，处五日以下拘留或者警告：

（一）虐待家庭成员，被虐待人要求处理的；

（二）遗弃没有独立生活能力的被扶养人的。

第四十六条 强买强卖商品，强迫他人提供服务或者强迫他人接受服务的，处五日以上十日以下拘留，并处二百元以上五百元以下罚款；情节较轻的，处五日以下拘留或者五百元以下罚款。

第四十七条 煽动民族仇恨、民族歧视，或者在出版物、计算机信息网络中刊载民族歧视、侮辱内容的，处十日以上十五日以下拘留，可以并处一千元以下罚款。

第四十八条 冒领、隐匿、毁弃、私自开拆或者非法检查他人邮件的，处五日以下拘留或者五百元以下罚款。

第四十九条 盗窃、诈骗、哄抢、抢夺、敲诈勒索或者故意损毁公私财物的，处五日以上十日以下拘留，可以并处五百元以下罚款；情节较重的，处十日以上十五日以下拘留，可以并处一千元以下罚款。

第四节 妨害社会管理的行为和处罚

第五十条 有下列行为之一的,处警告或者二百元以下罚款;情节严重的,处五日以上十日以下拘留,可以并处五百元以下罚款:

(一)拒不执行人民政府在紧急状态情况下依法发布的决定、命令的;

(二)阻碍国家机关工作人员依法执行职务的;

(三)阻碍执行紧急任务的消防车、救护车、工程抢险车、警车等车辆通行的;

(四)强行冲闯公安机关设置的警戒带、警戒区的。

阻碍人民警察依法执行职务的,从重处罚。

第五十一条 冒充国家机关工作人员或者以其他虚假身份招摇撞骗的,处五日以上十日以下拘留,可以并处五百元以下罚款;情节较轻的,处五日以下拘留或者五百元以下罚款。

冒充军警人员招摇撞骗的,从重处罚。

第五十二条 有下列行为之一的,处十日以上十五日以下拘留,可以并处一千元以下罚款;情节较轻的,处五日以上十日以下拘留,可以并处五百元以下罚款:

(一)伪造、变造或者买卖国家机关、人民团体、企业、事业单位或者其他组织的公文、证件、证明文件、印章的;

(二)买卖或者使用伪造、变造的国家机关、人民团体、企业、事业单位或者其他组织的公文、证件、证明文件的;

(三)伪造、变造、倒卖车票、船票、航空客票、文艺演出票、体育比赛入场券或者其他有价票证、凭证的;

(四)伪造、变造船舶户牌,买卖或者使用伪造、变造的船舶户牌,或者涂改船舶发动机号码的。

第五十三条 船舶擅自进入、停靠国家禁止、限制进入的水域或者岛屿的,对船舶负责人及有关责任人员处五百元以上一千元以下罚款;情节严重的,处五日以下拘留,并处五百元以上一千元以下罚款。

第五十四条 有下列行为之一的,处十日以上十五日以下拘留,并处五百元以上一千元以下罚款;情节较轻的,处五日以下拘留或者五百元以下罚款:

（一）违反国家规定，未经注册登记，以社会团体名义进行活动，被取缔后，仍进行活动的；

（二）被依法撤销登记的社会团体，仍以社会团体名义进行活动的；

（三）未经许可，擅自经营按照国家规定需要由公安机关许可的行业的。

有前款第三项行为的，予以取缔。

取得公安机关许可的经营者，违反国家有关管理规定，情节严重的，公安机关可以吊销许可证。

第五十五条 煽动、策划非法集会、游行、示威，不听劝阻的，处十日以上十五日以下拘留。

第五十六条 旅馆业的工作人员对住宿的旅客不按规定登记姓名、身份证件种类和号码的，或者明知住宿的旅客将危险物质带入旅馆，不予制止的，处二百元以上五百元以下罚款。

旅馆业的工作人员明知住宿的旅客是犯罪嫌疑人员或者被公安机关通缉的人员，不向公安机关报告的，处二百元以上五百元以下罚款；情节严重的，处五日以下拘留，可以并处五百元以下罚款。

第五十七条 房屋出租人将房屋出租给无身份证件的人居住的，或者不按规定登记承租人姓名、身份证件种类和号码的，处二百元以上五百元以下罚款。

房屋出租人明知承租人利用出租房屋进行犯罪活动，不向公安机关报告的，处二百元以上五百元以下罚款；情节严重的，处五日以下拘留，可以并处五百元以下罚款。

第五十八条 违反关于社会生活噪声污染防治的法律规定，制造噪声干扰他人正常生活的，处警告；警告后不改正的，处二百元以上五百元以下罚款。

第五十九条 有下列行为之一的，处五百元以上一千元以下罚款；情节严重的，处五日以上十日以下拘留，并处五百元以上一千元以下罚款：

（一）典当业工作人员承接典当的物品，不查验有关证明、不履行登记手续，或者明知是违法犯罪嫌疑人、赃物，不向公安机关报告的；

（二）违反国家规定，收购铁路、油田、供电、电信、矿山、水利、测量和城市公用设施等废旧专用器材的；

（三）收购公安机关通报寻查的赃物或者有赃物嫌疑的物品的；

（四）收购国家禁止收购的其他物品的。

第六十条　有下列行为之一的，处五日以上十日以下拘留，并处二百元以上五百元以下罚款：

（一）隐藏、转移、变卖或者损毁行政执法机关依法扣押、查封、冻结的财物的；

（二）伪造、隐匿、毁灭证据或者提供虚假证言、谎报案情，影响行政执法机关依法办案的；

（三）明知是赃物而窝藏、转移或者代为销售的；

（四）被依法执行管制、剥夺政治权利或者在缓刑、暂予监外执行中的罪犯或者被依法采取刑事强制措施的人，有违反法律、行政法规或者国务院有关部门的监督管理规定的行为。

第六十一条　协助组织或者运送他人偷越国（边）境的，处十日以上十五日以下拘留，并处一千元以上五千元以下罚款。

第六十二条　为偷越国（边）境人员提供条件的，处五日以上十日以下拘留，并处五百元以上二千元以下罚款。

偷越国（边）境的，处五日以下拘留或者五百元以下罚款。

第六十三条　有下列行为之一的，处警告或者二百元以下罚款；情节较重的，处五日以上十日以下拘留，并处二百元以上五百元以下罚款：

（一）刻划、涂污或者以其他方式故意损坏国家保护的文物、名胜古迹的；

（二）违反国家规定，在文物保护单位附近进行爆破、挖掘等活动，危及文物安全的。

第六十四条　有下列行为之一的，处五百元以上一千元以下罚款；情节严重的，处十日以上十五日以下拘留，并处五百元以上一千元以下罚款：

（一）偷开他人机动车的；

（二）未取得驾驶证驾驶或者偷开他人航空器、机动船舶的。

第六十五条　有下列行为之一的，处五日以上十日以下拘留；情

节严重的,处十日以上十五日以下拘留,可以并处一千元以下罚款:

(一)故意破坏、污损他人坟墓或者毁坏、丢弃他人尸骨、骨灰的;

(二)在公共场所停放尸体或者因停放尸体影响他人正常生活、工作秩序,不听劝阻的。

第六十六条 卖淫、嫖娼的,处十日以上十五日以下拘留,可以并处五千元以下罚款;情节较轻的,处五日以下拘留或者五百元以下罚款。

在公共场所拉客招嫖的,处五日以下拘留或者五百元以下罚款。

第六十七条 引诱、容留、介绍他人卖淫的,处十日以上十五日以下拘留,可以并处五千元以下罚款;情节较轻的,处五日以下拘留或者五百元以下罚款。

第六十八条 制作、运输、复制、出售、出租淫秽的书刊、图片、影片、音像制品等淫秽物品或者利用计算机信息网络、电话以及其他通讯工具传播淫秽信息的,处十日以上十五日以下拘留,可以并处三千元以下罚款;情节较轻的,处五日以下拘留或者五百元以下罚款。

第六十九条 有下列行为之一的,处十日以上十五日以下拘留,并处五百元以上一千元以下罚款:

(一)组织播放淫秽音像的;

(二)组织或者进行淫秽表演的;

(三)参与聚众淫乱活动的。

明知他人从事前款活动,为其提供条件的,依照前款的规定处罚。

第七十条 以营利为目的,为赌博提供条件的,或者参与赌博赌资较大的,处五日以下拘留或者五百元以下罚款;情节严重的,处十日以上十五日以下拘留,并处五百元以上三千元以下罚款。

第七十一条 有下列行为之一的,处十日以上十五日以下拘留,可以并处三千元以下罚款;情节较轻的,处五日以下拘留或者五百元以下罚款:

(一)非法种植罂粟不满五百株或者其他少量毒品原植物的;

(二)非法买卖、运输、携带、持有少量未经灭活的罂粟等毒品原植物种子或者幼苗的;

(三)非法运输、买卖、储存、使用少量罂粟壳的。

有前款第一项行为,在成熟前自行铲除的,不予处罚。

第七十二条 有下列行为之一的,处十日以上十五日以下拘留,可以并处二千元以下罚款;情节较轻的,处五日以下拘留或者五百元以下罚款:

(一)非法持有鸦片不满二百克、海洛因或者甲基苯丙胺不满十克或者其他少量毒品的;

(二)向他人提供毒品的;

(三)吸食、注射毒品的;

(四)胁迫、欺骗医务人员开具麻醉药品、精神药品的。

第七十三条 教唆、引诱、欺骗他人吸食、注射毒品的,处十日以上十五日以下拘留,并处五百元以上二千元以下罚款。

第七十四条 旅馆业、饮食服务业、文化娱乐业、出租汽车业等单位的人员,在公安机关查处吸毒、赌博、卖淫、嫖娼活动时,为违法犯罪行为人通风报信的,处十日以上十五日以下拘留。

第七十五条 饲养动物,干扰他人正常生活的,处警告;警告后不改正的,或者放任动物恐吓他人的,处二百元以上五百元以下罚款。

驱使动物伤害他人的,依照本法第四十三条第一款的规定处罚。

第七十六条 有本法第六十七条、第六十八条、第七十条的行为,屡教不改的,可以按照国家规定采取强制性教育措施。

第四章 处罚程序

第一节 调 查

第七十七条 公安机关对报案、控告、举报或者违反治安管理行为人主动投案,以及其他行政主管部门、司法机关移送的违反治安管理案件,应当及时受理,并进行登记。

第七十八条 公安机关受理报案、控告、举报、投案后,认为属于违反治安管理行为的,应当立即进行调查;认为不属于违反治安管理行为的,应当告知报案人、控告人、举报人、投案人,并说明理由。

第七十九条 公安机关及其人民警察对治安案件的调查,应当依法进行。严禁刑讯逼供或者采用威胁、引诱、欺骗等非法手段收集证据。

以非法手段收集的证据不得作为处罚的根据。

第八十条 公安机关及其人民警察在办理治安案件时,对涉及的国家秘密、商业秘密或者个人隐私,应当予以保密。

第八十一条 人民警察在办理治安案件过程中,遇有下列情形之一的,应当回避;违反治安管理行为人、被侵害人或者其法定代理人也有权要求他们回避:

(一) 是本案当事人或者当事人的近亲属的;
(二) 本人或者其近亲属与本案有利害关系的;
(三) 与本案当事人有其他关系,可能影响案件公正处理的。

人民警察的回避,由其所属的公安机关决定;公安机关负责人的回避,由上一级公安机关决定。

第八十二条 需要传唤违反治安管理行为人接受调查的,经公安机关办案部门负责人批准,使用传唤证传唤。对现场发现的违反治安管理行为人,人民警察经出示工作证件,可以口头传唤,但应当在询问笔录中注明。

公安机关应当将传唤的原因和依据告知被传唤人。对无正当理由不接受传唤或者逃避传唤的人,可以强制传唤。

第八十三条 对违反治安管理行为人,公安机关传唤后应当及时询问查证,询问查证的时间不得超过八小时;情况复杂,依照本法规定可能适用行政拘留处罚的,询问查证的时间不得超过二十四小时。

公安机关应当及时将传唤的原因和处所通知被传唤人家属。

第八十四条 询问笔录应当交被询问人核对;对没有阅读能力的,应当向其宣读。记载有遗漏或者差错的,被询问人可以提出补充或者更正。被询问人确认笔录无误后,应当签名或者盖章,询问的人民警察也应当在笔录上签名。

被询问人要求就被询问事项自行提供书面材料的,应当准许;必要时,人民警察也可以要求被询问人自行书写。

询问不满十六周岁的违反治安管理行为人,应当通知其父母或者其他监护人到场。

第八十五条 人民警察询问被侵害人或者其他证人,可以到其所在单位或者住处进行；必要时，也可以通知其到公安机关提供证言。

人民警察在公安机关以外询问被侵害人或者其他证人，应当出示工作证件。

询问被侵害人或者其他证人，同时适用本法第八十四条的规定。

第八十六条 询问聋哑的违反治安管理行为人、被侵害人或者其他证人，应当有通晓手语的人提供帮助，并在笔录上注明。

询问不通晓当地通用的语言文字的违反治安管理行为人、被侵害人或者其他证人，应当配备翻译人员，并在笔录上注明。

第八十七条 公安机关对与违反治安管理行为有关的场所、物品、人身可以进行检查。检查时，人民警察不得少于二人，并应当出示工作证件和县级以上人民政府公安机关开具的检查证明文件。对确有必要立即进行检查的，人民警察经出示工作证件，可以当场检查，但检查公民住所应当出示县级以上人民政府公安机关开具的检查证明文件。

检查妇女的身体，应当由女性工作人员进行。

第八十八条 检查的情况应当制作检查笔录，由检查人、被检查人和见证人签名或者盖章；被检查人拒绝签名的，人民警察应当在笔录上注明。

第八十九条 公安机关办理治安案件，对与案件有关的需要作为证据的物品，可以扣押；对被侵害人或者善意第三人合法占有的财产，不得扣押，应当予以登记。对与案件无关的物品，不得扣押。

对扣押的物品，应当会同在场见证人和被扣押物品持有人查点清楚，当场开列清单一式二份，由调查人员、见证人和持有人签名或者盖章，一份交给持有人，另一份附卷备查。

对扣押的物品，应当妥善保管，不得挪作他用；对不宜长期保存的物品，按照有关规定处理。经查明与案件无关的，应当及时退还；经核实属于他人合法财产的，应当登记后立即退还；满六个月无人对该财产主张权利或者无法查清权利人的，应当公开拍卖或者按照国家有关规定处理，所得款项上缴国库。

第九十条 为了查明案情，需要解决案件中有争议的专门性问题的，应当指派或者聘请具有专门知识的人员进行鉴定；鉴定人鉴定后，应当写出鉴定意见，并且签名。

第二节 决 定

第九十一条 治安管理处罚由县级以上人民政府公安机关决定；其中警告、五百元以下的罚款可以由公安派出所决定。

第九十二条 对决定给予行政拘留处罚的人，在处罚前已经采取强制措施限制人身自由的时间，应当折抵。限制人身自由一日，折抵行政拘留一日。

第九十三条 公安机关查处治安案件，对没有本人陈述，但其他证据能够证明案件事实的，可以作出治安管理处罚决定。但是，只有本人陈述，没有其他证据证明的，不能作出治安管理处罚决定。

第九十四条 公安机关作出治安管理处罚决定前，应当告知违反治安管理行为人作出治安管理处罚的事实、理由及依据，并告知违反治安管理行为人依法享有的权利。

违反治安管理行为人有权陈述和申辩。公安机关必须充分听取违反治安管理行为人的意见，对违反治安管理行为人提出的事实、理由和证据，应当进行复核；违反治安管理行为人提出的事实、理由或者证据成立的，公安机关应当采纳。

公安机关不得因违反治安管理行为人的陈述、申辩而加重处罚。

第九十五条 治安案件调查结束后，公安机关应当根据不同情况，分别作出以下处理：

（一）确有依法应当给予治安管理处罚的违法行为的，根据情节轻重及具体情况，作出处罚决定；

（二）依法不予处罚的，或者违法事实不能成立的，作出不予处罚决定；

（三）违法行为已涉嫌犯罪的，移送主管机关依法追究刑事责任；

（四）发现违反治安管理行为人有其他违法行为的，在对违反治安管理行为作出处罚决定的同时，通知有关行政主管部门处理。

第九十六条 公安机关作出治安管理处罚决定的，应当制作治安管理处罚决定书。决定书应当载明下列内容：

（一）被处罚人的姓名、性别、年龄、身份证件的名称和号码、住址；

（二）违法事实和证据；

（三）处罚的种类和依据；

（四）处罚的执行方式和期限；

（五）对处罚决定不服，申请行政复议、提起行政诉讼的途径和期限；

（六）作出处罚决定的公安机关的名称和作出决定的日期。

决定书应当由作出处罚决定的公安机关加盖印章。

第九十七条 公安机关应当向被处罚人宣告治安管理处罚决定书，并当场交付被处罚人；无法当场向被处罚人宣告的，应当在二日内送达被处罚人。决定给予行政拘留处罚的，应当及时通知被处罚人的家属。

有被侵害人的，公安机关应当将决定书副本抄送被侵害人。

第九十八条 公安机关作出吊销许可证以及处二千元以上罚款的治安管理处罚决定前，应当告知违反治安管理行为人有权要求举行听证；违反治安管理行为人要求听证的，公安机关应当及时依法举行听证。

第九十九条 公安机关办理治安案件的期限，自受理之日起不得超过三十日；案情重大、复杂的，经上一级公安机关批准，可以延长三十日。

为了查明案情进行鉴定的期间，不计入办理治安案件的期限。

第一百条 违反治安管理行为事实清楚，证据确凿，处警告或者二百元以下罚款的，可以当场作出治安管理处罚决定。

第一百零一条 当场作出治安管理处罚决定的，人民警察应当向违反治安管理行为人出示工作证件，并填写处罚决定书。处罚决定书应当当场交付被处罚人；有被侵害人的，并将决定书副本抄送被侵害人。

前款规定的处罚决定书，应当载明被处罚人的姓名、违法行为、处罚依据、罚款数额、时间、地点以及公安机关名称，并由经办的人民警察签名或者盖章。

当场作出治安管理处罚决定的，经办的人民警察应当在二十四小时内报所属公安机关备案。

第一百零二条 被处罚人对治安管理处罚决定不服的，可以依法申请行政复议或者提起行政诉讼。

第三节 执 行

第一百零三条 对被决定给予行政拘留处罚的人，由作出决定的公安机关送达拘留所执行。

第一百零四条 受到罚款处罚的人应当自收到处罚决定书之日起十五日内，到指定的银行缴纳罚款。但是，有下列情形之一的，人民警察可以当场收缴罚款：

（一）被处五十元以下罚款，被处罚人对罚款无异议的；

（二）在边远、水上、交通不便地区，公安机关及其人民警察依照本法的规定作出罚款决定后，被处罚人向指定的银行缴纳罚款确有困难，经被处罚人提出的；

（三）被处罚人在当地没有固定住所，不当场收缴事后难以执行的。

第一百零五条 人民警察当场收缴的罚款，应当自收缴罚款之日起二日内，交至所属的公安机关；在水上、旅客列车上当场收缴的罚款，应当自抵岸或者到站之日起二日内，交至所属的公安机关；公安机关应当自收到罚款之日起二日内将罚款缴付指定的银行。

第一百零六条 人民警察当场收缴罚款的，应当向被处罚人出具省、自治区、直辖市人民政府财政部门统一制发的罚款收据；不出具统一制发的罚款收据的，被处罚人有权拒绝缴纳罚款。

第一百零七条 被处罚人不服行政拘留处罚决定，申请行政复议、提起行政诉讼的，可以向公安机关提出暂缓执行行政拘留的申请。公安机关认为暂缓执 行行政拘留不致发生社会危险的，由被处罚人或者其近亲属提出符合本法第一百零八条规定条件的担保人，或者按每日行政拘留二百元的标准交纳保证金，行政拘留 的处罚决定暂缓执行。

第一百零八条 担保人应当符合下列条件：

（一）与本案无牵连；

（二）享有政治权利，人身自由未受到限制；

（三）在当地有常住户口和固定住所；

（四）有能力履行担保义务。

第一百零九条 担保人应当保证被担保人不逃避行政拘留处罚的执行。

担保人不履行担保义务，致使被担保人逃避行政拘留处罚的执行的，由公安机关对其处三千元以下罚款。

第一百一十条 被决定给予行政拘留处罚的人交纳保证金，暂缓行政拘留后，逃避行政拘留处罚的执行的，保证金予以没收并上缴国库，已经作出的行政拘留决定仍应执行。

第一百一十一条 行政拘留的处罚决定被撤销，或者行政拘留处罚开始执行的，公安机关收取的保证金应当及时退还交纳人。

第五章　执法监督

第一百一十二条 公安机关及其人民警察应当依法、公正、严格、高效办理治安案件，文明执法，不得徇私舞弊。

第一百一十三条 公安机关及其人民警察办理治安案件，禁止对违反治安管理行为人打骂、虐待或者侮辱。

第一百一十四条 公安机关及其人民警察办理治安案件，应当自觉接受社会和公民的监督。

公安机关及其人民警察办理治安案件，不严格执法或者有违法违纪行为的，任何单位和个人都有权向公安机关或者人民检察院、行政监察机关检举、控告；收到检举、控告的机关，应当依据职责及时处理。

第一百一十五条 公安机关依法实施罚款处罚，应当依照有关法律、行政法规的规定，实行罚款决定与罚款收缴分离；收缴的罚款应当全部上缴国库。

第一百一十六条 人民警察办理治安案件，有下列行为之一的，依法给予行政处分；构成犯罪的，依法追究刑事责任：

（一）刑讯逼供、体罚、虐待、侮辱他人的；

（二）超过询问查证的时间限制人身自由的；

（三）不执行罚款决定与罚款收缴分离制度或者不按规定将罚没的财物上缴国库或者依法处理的；

（四）私分、侵占、挪用、故意损毁收缴、扣押的财物的；

（五）违反规定使用或者不及时返还被侵害人财物的；

（六）违反规定不及时退还保证金的；

（七）利用职务上的便利收受他人财物或者谋取其他利益的；

（八）当场收缴罚款不出具罚款收据或者不如实填写罚款数额的；

（九）接到要求制止违反治安管理行为的报警后，不及时出警的；

（十）在查处违反治安管理活动时，为违法犯罪行为人通风报信的；

（十一）有徇私舞弊、滥用职权，不依法履行法定职责的其他情形的。

办理治安案件的公安机关有前款所列行为的，对直接负责的主管人员和其他直接责任人员给予相应的行政处分。

第一百一十七条　公安机关及其人民警察违法行使职权，侵犯公民、法人和其他组织合法权益的，应当赔礼道歉；造成损害的，应当依法承担赔偿责任。

第六章　附　则

第一百一十八条　本法所称以上、以下、以内，包括本数。

第一百一十九条　本法自2006年3月1日起施行。1986年9月5日公布、1994年5月12日修订公布的《中华人民共和国治安管理处罚条例》同时废止。

附　录

健全落实社会治安综合治理
领导责任制规定

（2016年3月23日，中共中央办公厅、国务院办公厅联合发布）

第一章　总　则

第一条　为深入推进社会治安综合治理，健全落实领导责任制，全面推进平安中国建设，确保人民安居乐业、社会安定有序、国家长治久安，制定本规定。

第二条　本规定适用于各级党的机关、人大机关、行政机关、政协机关、审判机关、检察机关及其领导班子、领导干部。

人民团体、事业单位、国有企业及其领导班子、领导干部、领导人员参照执行本规定。

第三条　健全落实社会治安综合治理领导责任制，应当坚持以邓小平理论、"三个代表"重要思想、科学发展观为指导，深入贯彻落实习近平总书记系列重要讲话精神，紧紧围绕全面建成小康社会、全面深化改革、全面依法治国、全面从严治党的战略布局，坚持问题导向、法治思维、改革创新，抓住"关键少数"，强化担当意识，落实领导责任，科学运用评估、督导、考核、激励、惩戒等措施，形成正确导向，一级抓一级，层层抓落实，使各级领导班子、领导干部切实担负起维护一方稳定、确保一方平安的重大政治责任，保证党中央、国务院关于社会治安综合治理决策部署的贯彻落实。

第二章　责任内容

第四条　严格落实属地管理和谁主管谁负责原则，构建党委领导、政府主导、综治协调、各部门齐抓共管、社会力量积极参与的社会治安综合治理工作格局。

第五条 各级党委和政府应当切实加强对社会治安综合治理的领导,列入重要议事日程,纳入经济社会发展总体规划,认真研究解决工作中的重要问题,从人力物力财力上保证社会治安综合治理工作的顺利开展。

各地党政主要负责同志是社会治安综合治理的第一责任人,社会治安综合治理的分管负责同志是直接责任人,领导班子其他成员承担分管工作范围内社会治安综合治理的责任。

第六条 各部门各单位应当各负其责,充分发挥职能作用,积极参与社会治安综合治理,主动承担好预防和减少违法犯罪、维护治安和社会稳定的责任,认真抓好本部门本单位的综合治理工作,与业务工作同规划、同部署、同检查、同落实。

第七条 各级社会治安综合治理委员会及其办公室应当在党委和政府的统一领导下,认真组织各有关单位参与社会治安综合治理工作,加强调查研究和督导检查,及时通报、分析社会治安形势,协调解决工作中遇到的突出问题,总结推广典型经验,统筹推进社会治安综合治理工作。

第三章 督促检查

第八条 各地区各部门各单位应当建立完善社会治安综合治理目标管理责任制,把社会治安综合治理各项任务分解为若干具体目标,制定易于执行检查的措施,建立严格的督促检查制度、定量考核制度、评价奖惩制度,自上而下层层签订社会治安综合治理责任书。

第九条 各级党委常委会应当将执行社会治安综合治理领导责任制的情况,作为向同级党的委员会全体会议报告工作的一项重要内容。

各级党政领导班子和有关领导干部应当将履行社会治安综合治理责任情况作为年度述职报告的重要内容。

第十条 社会治安综合治理委员会成员单位每年应当对本单位本系统部署和开展社会治安综合治理、推进平安建设的有关情况进行总结,对下一年度的工作作出安排,并报同级社会治安综合治理委员会。

下一级社会治安综合治理委员会每年应当向上一级社会治安综合

治理委员会报告工作。

第十一条　各级党委和政府应当将社会治安综合治理纳入工作督促检查范围，适时组织开展专项督促检查。

各级社会治安综合治理委员会及其办公室应当动员组织党员、群众有序参与，推动社会治安综合治理各项决策部署落到实处。

第十二条　各级党委和政府应当建立健全社会治安综合治理考核评价制度机制，制定完善考核评价标准和指标体系，明确考核评价的内容、方法、程序。

第十三条　各级党委和政府应当强化社会治安综合治理考核评价结果运用，把社会治安综合治理工作实绩作为对领导班子和领导干部综合考核评价的重要内容，与业绩评定、职务晋升、奖励惩处等挂钩。各级社会治安综合治理委员会及其办公室应当推动建立健全社会治安综合治理工作实绩档案。

各级组织人事部门在考察党政主要领导干部和社会治安综合治理分管领导干部实绩、进行提拔使用和晋职晋级时，应当了解和掌握相关领导干部抓社会治安综合治理工作的情况。

第十四条　县级以上社会治安综合治理委员会及其办公室应当按照中央有关规定，加强与同级纪检监察机关、组织人事部门的协调配合，协同做好有关奖惩工作。

第四章　表彰奖励

第十五条　对真抓实干、社会治安综合治理工作成绩突出的地方、部门和单位的党政主要领导干部和分管领导干部，应当按照有关规定给予表彰和嘉奖。对受到嘉奖的领导干部，应当将有关材料存入本人档案。

第十六条　中央社会治安综合治理委员会、中央组织部、人力资源社会保障部每四年开展一次全国社会治安综合治理先进集体、先进工作者评选表彰工作。

第十七条　对受到表彰的全国社会治安综合治理先进集体党政主要领导干部和分管领导干部应当进行嘉奖。对受到表彰的全国社会治安综合治理先进工作者，应当落实省部级先进工作者和劳动模范待遇。

第十八条　对连续三次以上受到表彰的全国社会治安综合治理先

进集体，由中央社会治安综合治理委员会以适当形式予以表扬。

第十九条 地方各级社会治安综合治理委员会和组织人事部门要配合做好全国社会治安综合治理先进集体、先进工作者等的评选表彰工作。

第五章 责任督导和追究

第二十条 党政领导班子、领导干部违反本规定或者未能正确履行本规定所列职责，有下列情形之一的，应当进行责任督导和追究：

（一）不重视社会治安综合治理和平安建设，相关工作措施落实不力，本地区本系统本单位基层基础工作薄弱，治安秩序严重混乱的；

（二）本地区本系统本单位在较短时间内连续发生重大刑事案件、群体性事件、公共安全事件的；

（三）本地区本系统本单位发生特别重大刑事案件、群体性事件、公共安全事件的；

（四）本地区本单位社会治安综合治理工作（平安建设）考核评价不合格、不达标的；

（五）对群众反映强烈的社会治安重点地区和突出公共安全、治安问题等，没有采取有效措施或者出现反弹的；

（六）各级党委和政府及社会治安综合治理委员会认为需要查究的其他事项。

第二十一条 对党政领导班子、领导干部进行责任督导和追究的方式包括：通报、约谈、挂牌督办、实施一票否决权制、引咎辞职、责令辞职、免职等。因违纪违法应当承担责任的，给予党纪政纪处分；构成犯罪的，依法追究刑事责任。

第二十二条 对具有本规定第二十条所列情形的地区、单位，由相应县级以上社会治安综合治理委员会办公室以书面形式进行通报，必要时由社会治安综合治理委员会进行通报，限期进行整改。

第二十三条 对受到通报后仍未按期完成整改目标，或者具有本规定第二十条所列情形且危害严重或者影响重大的地区、单位，由相应的上一级社会治安综合治理委员会办公室主任对其党政主要领导干部、社会治安综合治理工作分管领导干部和负有责任的其他领导班子成员进行约谈，必要时由社会治安综合治理委员会主任、副主任约谈，帮助分析原因，督促限期整改。

第二十四条 对受到约谈后仍未按期完成整改目标，或者具有本规定第二十条所列情形且危害特别严重或者影响特别重大但尚不够实施一票否决权制的地区、单位，由相应的上一级社会治安综合治理委员会办公室挂牌督办，限期进行整改。必要时，可派驻工作组对挂牌督办地区、单位进行检查督办。

中央社会治安综合治理委员会办公室每年从公共安全、治安问题相对突出的市（地、州、盟）中，确定若干作为挂牌督办的重点整治单位，加强监督管理。

对受到挂牌督办的地区、单位，在半年内取消该地区、单位评选综合性荣誉称号的资格和该地区、单位主要领导干部、主管领导干部、分管领导干部评先受奖、晋职晋级的资格。

第二十五条 对受到挂牌督办后仍未按期完成整改目标，或者有本规定第二十条所列情形且危害特别严重或者影响特别重大的地区、单位，由相应的上一级社会治安综合治理委员会按照中央有关规定，商有关部门共同研究决定实行一票否决权制。

第二十六条 对受到一票否决权制处理的地区、单位，在一年内，取消该地区、单位评选综合性荣誉称号的资格，由组织人事部门按照有关权限和程序办理；取消该地区、单位主要领导干部、主管领导干部、分管领导干部评先受奖、晋职晋级的资格，由组织人事部门按照干部管理权限和程序办理，并会同社会治安综合治理委员会办公室，按照中央有关规定向上级有关部门进行报告、备案。需要追究该地区、单位党政领导干部责任的，移送纪检监察机关依纪依法处理。

第二十七条 对中央驻地方单位需要实行一票否决权制的，由省级社会治安综合治理委员会向其主管单位和中央社会治安综合治理委员会提出书面建议。

第二十八条 党政领导干部具有本规定第二十条所列情形，按照《关于实行党政领导干部问责的暂行规定》应当采取引咎辞职、责令辞职、免职等方式问责的，由纪检监察机关、组织人事部门按照管理权限办理。

第二十九条 党政领导班子、领导干部具有本规定第二十条所列情形，并具有下列情节之一的，应当从重进行责任督导和追究：

（一）干扰、阻碍调查和责任追究的；
（二）弄虚作假、隐瞒事实真相、瞒报漏报重大情况的；
（三）对检举人、控告人等打击报复的；
（四）党内法规和国家法律法规规定的其他从重情节。

第三十条　党政领导班子、领导干部具有本规定第二十条所列情形，并具有下列情节之一的，可以从轻进行责任督导和追究：
（一）主动采取措施，有效避免损失、挽回影响的；
（二）积极配合调查，并且主动承担责任的；
（三）党内法规和国家法律法规规定的其他从轻情节。

第六章　附　　则

第三十一条　各省、自治区、直辖市，新疆生产建设兵团，中央和国家机关各部门可以根据本规定制定实施办法。

第三十二条　本规定由中央社会治安综合治理委员会负责解释。

第三十三条　本规定自 2016 年 2 月 27 日起施行。

旅馆业治安管理办法

(1987年9月23日国务院批准；1987年11月10日公安部发布；根据2011年1月8日《国务院关于废止和修改部分行政法规的决定》修订)

第一条 为了保障旅馆业的正常经营和旅客的生命财物安全，维护社会治安，制定本办法。

第二条 凡经营接待旅客住宿的旅馆、饭店、宾馆、招待所、客货栈、车马店、浴池等（以下统称旅馆），不论是国营、集体经营，还是合伙经营、个体经营、中外合资、中外合作经营，不论是专营还是兼营，不论是常年经营，还是季节性经营，都必须遵守本办法。

第三条 开办旅馆，其房屋建筑、消防设备、出入口和通道等，必须符合《中华人民共和国消防法》等有关规定，并且要具备必要的防盗安全设施。

第四条 申请开办旅馆，应经主管部门审查批准，经当地公安机关签署意见，向工商行政管理部门申请登记，领取营业执照后，方准开业。

经批准开业的旅馆，如有歇业、转业、合并、迁移、改变名称等情况，应当在工商行政管理部门办理变更登记后3日内，向当地的县、市公安局、公安分局备案。

第五条 经营旅馆，必须遵守国家的法律，建立各项安全管理制度，设置治安保卫组织或者指定安全保卫人员。

第六条 旅馆接待旅客住宿必须登记。登记时，应当查验旅客的身份证件，按规定的项目如实登记。

接待境外旅客住宿，还应当在24小时内向当地公安机关报送住宿登记表。

第七条 旅馆应当设置旅客财物保管箱、柜或者保管室、保险柜，指定专人负责保管工作。对旅客寄存的财物，要建立登记、领取和交接制度。

第八条 旅馆对旅客遗留的物品,应当妥为保管,设法归还原主或揭示招领;经招领 3 个月后无人认领的,要登记造册,送当地公安机关按拾遗物品处理。对违禁物品和可疑物品,应当及时报告公安机关处理。

第九条 旅馆工作人员发现违法犯罪分子,行迹可疑的人员和被公安机关通缉的罪犯,应当立即向当地公安机关报告,不得知情不报或隐瞒包庇。

第十条 在旅馆内开办舞厅、音乐茶座等娱乐、服务场所的,除执行本办法有关规定外,还应当按照国家和当地政府的有关规定管理。

第十一条 严禁旅客将易燃、易爆、剧毒、腐蚀性和放射性等危险物品带入旅馆。

第十二条 旅馆内,严禁卖淫、嫖宿、赌博、吸毒、传播淫秽物品等违法犯罪活动。

第十三条 旅馆内,不得酗酒滋事、大声喧哗,影响他人休息,旅客不得私自留客住宿或者转让床位。

第十四条 公安机关对旅馆治安管理的职责是,指导、监督旅馆建立各项安全管理制度和落实安全防范措施,协助旅馆对工作人员进行安全业务知识的培训,依法惩办侵犯旅馆和旅客合法权益的违法犯罪分子。

公安人员到旅馆执行公务时,应当出示证件,严格依法办事,要文明礼貌待人,维护旅馆的正常经营和旅客的合法权益。旅馆工作人员和旅客应当予以协助。

第十五条 违反本办法第四条规定开办旅馆的,公安机关可以酌情给予警告或者处以 200 元以下罚款;未经登记,私自开业的,公安机关应当协助工商行政管理部门依法处理。

第十六条 旅馆工作人员违反本办法第九条规定的,公安机关可以酌情给予警告或者处以 200 元以下罚款;情节严重构成犯罪的,依法追究刑事责任。

旅馆负责人参与违法犯罪活动,其所经营的旅馆已成为犯罪活动场所的,公安机关除依法追究其责任外,对该旅馆还应当会同工商行政管理部门依法处理。

第十七条 违反本办法第六、十一、十二条规定的,依照《中华人民共和国治安管理处罚法》有关条款的规定,处罚有关人员;发生重大事故、造成严重后果构成犯罪的,依法追究刑事责任。

第十八条 当事人对公安机关的行政处罚决定不服的,按照《中华人民共和国治安管理处罚法》第一百零二条的规定办理。

第十九条 省、自治区、直辖市公安厅(局)可根据本办法制定实施细则,报请当地人民政府批准后施行,并报公安部备案。

第二十条 本办法自公布之日起施行。1951年8月15日公布的《城市旅栈业暂行管理规则》同时废止。

国家工商行政管理总局关于积极参与和深入开展社会治安综合治理工作的通知

工商个字〔2009〕92号

各省、自治区、直辖市及计划单列市、副省级市工商行政管理局：

今年以来，党中央、国务院对进一步加强社会治安综合治理，深入开展平安建设做出了一系列新的重要部署。前不久召开的中央社会治安综合治理委员会2009年第一次全体会议，下发了《2009年全国社会治安综合治理工作要点》（以下简称《工作要点》）和《贯彻落实〈2009年全国社会治安综合治理工作要点〉的任务分工》（以下简称《任务分工》）。为贯彻落实《工作要点》精神和《任务分工》要求，现就各级工商行政管理机关积极参与和深入开展社会治安综合治理工作通知如下：

一、提高认识，加强领导

社会治安综合治理是建设中国特色社会主义事业的一项重要工作，是维护社会稳定、推动科学发展、促进社会和谐的重要保障，也是工商行政管理机关的重要职责。各级工商行政管理机关要认真学习和领会中央社会治安综合治理委员会2009年第一次全体会议精神，以科学发展观为指导，站在"保增长、保民生、保稳定"的高度，立足职能，认真落实《任务分工》的各项要求。要把社会治安综合治理各项工作有机融入到工商行政管理职能工作的每个领域、每个环节中，切实做到"四个统一"。要紧紧依靠地方党委政府的组织领导，与有关部门密切配合，形成工作合力。要结合实际，认真研究，明确重点，采取更加有效、更有针对性的措施，确保社会治安综合治理各项措施落到实处。

二、严厉打击各种制假售假、坑农害农违法犯罪行为

各级工商行政管理机关要紧密结合本地区的实际情况和农时特点，围绕开展强农惠农行动，查处坑农害农行为。要认真研究制定不同阶段的工作目标和工作内容，做到提前部署，周密安排，进一步加大执法力度，严厉查处制售假劣、坑农害农行为。

(一) 深入开展红盾护农行动,切实保护农民利益

突出重点地区,把农资主产区、农资主销区、农资案件高发区作为检查重点;突出重点品种,把种子、化肥、农药、农机具、农膜等农业生产必需的农资作为检查重点;突出重大案件,把影响面大、对农业生产危害严重的案件作为重点;突出重点农时,认真组织开展专项执法行动,严厉查处制售假冒伪劣农资坑农害农行为,确保农资消费安全:

1. 严把市场准入关,加大对农资经营主体的监管力度。严格依照现行法律法规,认真清理规范农资经营主体资格。对不具备经营资质的,坚决停止其经营活动,并在当地主要媒体上公告;对无照经营的,坚决予以取缔。构成非法经营罪或者生产、销售伪劣商品罪等犯罪的,依法移交司法机关追究刑事责任。

2. 突出工作重点,确保农资消费安全。突出重点季节,结合春耕、夏播和秋种等重要农时,组织开展"保春耕、保夏播、保秋种"三次专项执法行动。依法查处超范围经营、缺乏有效管理的挂靠经营等违法行为;重点检查农资市场、农资经营者中的索证索票和进货台账制度;依法查处生产、销售国家禁用产品的违法行为,重点是严厉查处经营甲胺磷、对硫磷、甲基对硫磷、久效磷、磷胺等五种高毒农药的违法行为。

3. 严厉查处"傍名牌"行为。严厉查处利用境外登记的企业名称并以委托加工、授权使用、监制等名义加工生产"傍名牌"产品的行为;严厉查处利用对产地、质量、商标虚假表示等手段,冒充进口化肥,欺骗广大农民的违法行为;进一步加大农资商品驰名商标的保护力度,严厉查处商标侵权假冒行为。

4. 加大对虚假广告的查处力度。以种子、化肥、农药和农机具等农资广告为重点,严厉查处制作、发布虚假农资广告行为。强化对农资广告发布环节的监管,防止虚假广告通过大众传播媒体向农村传播。

5. 强化日常规范管理。加大对农资经营者的经济户口管理和信用分类监管工作力度,进一步完善工商所经济户口档案,实施动态监管。依据经营者的诚信守法情况,客观评定农资经营主体信用等级,有针对性地加强对失信、严重失信农资经营者的重点监管。加大农资市场巡查力度,提高市场巡查的执法效能。

（二）加大农村市场建材专项打假力度

要以农村建筑用钢材、水泥、装饰装修材料等关系人身健康和建设工程安全的产品为重点，重点查处生产和销售国家明令淘汰产品和不合格产品的违法行为，特别要加强对地震灾区重建所需材料等商品的监管，切实服务灾区重建。

（三）加强对农村家电市场的监管力度

要深入开展家电市场专项执法检查，针对农村配送、送货下乡和农村集市等特点，切实加大电视机、电冰箱（冰柜）、洗衣机、手机等"家电下乡"商品的检查和监管力度，重点检查其来源是否合法、标识是否齐全、质量是否合格、经营行为是否规范、售后服务是否到位，确保农村家电市场规范有序。

三、加大打击传销力度，维护社会和谐稳定

各级工商行政管理机关要把打击传销作为维护社会稳定的硬任务，切实做到加强领导、周密部署、扎实工作、群防群控。

（一）以"组织领导传销罪"和两个条例为重点内容，加大宣传教育力度，组织开展防止传销进社区、进校园、进乡村、进工厂、进市场宣传活动，有效防止和遏制传销向农村、社区、校园和西部渗透蔓延。

（二）与公安部门一起在全国范围内联合开展打击传销联合执法专项整治行动，严密防范、严厉打击传销行为，摧毁传销网络。严厉查处一批涉及地区广、参与人员多、涉案金额巨大、社会危害严重、群众反映强烈的大要案件。在准确打击传销组织者和骨干分子的同时，深入排查和化解矛盾，做好对参与传销人员的疏导、教育等善后处置工作。

（三）抓紧完善以传销违法人员、案件信息库为重点的禁止传销规范直销信息系统，尽快实现全国工商系统信息共享，加大对传销组织者和骨干分子的监控力度，加强流入地和流出地监管，实施精确打击。

（四）促进完善地方党委政府领导下的打击传销工作领导协调机制、工商和公安等部门执法协作机制等长效机制建设。继续大力推进创建无传销社区（村）工作，进一步发挥基层组织和综治网络的作用，动员社会各方面力量参与，群防群控，齐抓共管。

四、加大整治工作力度，严厉查处取缔黑网吧

按照中央办公厅、国务院办公厅下发的《关于进一步净化社会文化环境促进未成年人健康成长的若干意见》精神，进一步强化互联网上网服务营业场所整治工作力度，加大查处取缔黑网吧执法力度。

（一）要按照《互联网上网服务营业场所管理条例》的规定，把好市场主体准入关，坚持"先证后照"。凡申请设立互联网上网服务营业场所的，必须提交文化部门核发的《网络文化经营许可证》，并符合工商行政管理登记条件，方可核发营业执照。

（二）对黑网吧和变相黑网吧要始终采取高压态势，坚持露头就打、绝不姑息。要在全面整治的基础上，把工作重点放在对城乡结合部、农村、学校周边黑网吧的查处取缔上。要依法没收黑网吧开办者从事违法经营活动的专用工具、设备，不留后患，严禁以罚代管，确保取缔工作有力、有效。

（三）对已经查处的黑网吧要记录在案，定期回查。对明知是黑网吧而为其提供接入服务或租赁场所等行为，应当依据《无照经营查处取缔办法》第十五条等的规定，严厉处罚，责令其立即停止违法行为，没收违法所得，并严格依法处罚。

（四）要充分利用媒体大力宣传黑网吧对未成年人造成的危害。针对黑网吧隐蔽性强、发现难的问题，要在中小学校、城市社区、农村商店等公众聚集场所广泛张贴查处取缔黑网吧的举报电话和举报信箱，动员社会各界监督、举报，形成群防群治群管的综治氛围。对黑网吧的典型案件，要公开曝光，震慑违法，教育群众。

（五）要逐步建立和完善长效工作机制。查处取缔黑网吧工作，必须紧紧依靠各级地方党委、政府的组织领导。要推动建立地方党委、政府组织领导，工商与公安牵头，文明办、文化、通信管理、关工委等部门协作配合，社会监督与舆论监督并举，城市社区和农村村委会积极参与的长效工作机制。

五、依法打击网上非法"性药品"广告和性病治疗广告，进一步净化网络环境

（一）把净化网络环境，查处网上非法"性药品"和性病治疗广告作为近期整治虚假违法广告的重要工作内容，在已经取得阶段性明显成效的基础上，继续深入开展对网上"性药品"广告和性病治疗广

告的专项整治，净化网络环境，加大对网站的监测力度，对发布"性药品"广告和性病治疗广告的网站加强跟踪监测。

（二）按照国务院七部门下发的《全国整治互联网低俗之风专项行动工作方案》以及《整治互联网低俗之风专项行动工作会议确定任务的分工方案》要求，切实抓好部署落实。要坚持协作办案，综合治理等工作制度，采取"删、关、查"等多种措施，进一步加大整治力度，继续保持打击网上非法"性药品"广告和性病治疗广告的高压态势。

（三）与相关部门密切配合，及时关闭违法网站。各地工商部门要充分发挥整治虚假违法广告联席会议的作用，积极协调卫生、医药、通信、公安网监等部门，形成整治合力。工商部门及时查处由公安、卫生、医药等部门转交的非法涉性广告，对拒不改正、继续发布含有低俗内容的非法"性药品"广告和性病治疗广告的网站，及时转请有关部门予以删除或关闭。同时，提请卫生、药监、中医药行政部门对发布非法涉性广告的广告主采取行政强制措施，依法暂停相关产品的销售或核减诊疗科目。

六、积极配合有关部门，继续保持对刑事犯罪活动的高压态势

（一）积极配合有关部门开展打黑除恶专项斗争。对在查处黑恶势力过程中，需要核查有关企业注册信息的，工商机关要积极予以核实；同时要按照打黑除恶工作的总体部署，加强对运输、物流、批发、建筑、休闲娱乐等行业经营行为的监管，对发现的涉黑案件线索，及时向有关职能部门反映。

（二）认真履行职责，继续深入开展禁毒人民战争。各级工商机关要依法加强易制毒化学品生产经营企业、娱乐场所经营者的主体资格管理；贯彻执行《禁毒法》的规定，依法查处对戒毒治疗药品、医疗器械、治疗方法进行广告宣传的行为；发挥各级个体劳动者协会的作用，在个体工商户和私营企业中开展禁毒防艾宣传教育，特别是加强对农民工开展禁毒防艾宣传，使其充分认识毒品危害，增强自我保护意识；同时与有关部门配合，共同加强对娱乐场所经营活动的监管。

（三）积极参与打击盗窃破坏"三电"违法犯罪专项斗争，确保"三电"畅通。严格按照公安部、国家工商总局等八个部门联合下发的《全国打击盗窃破坏电力电信广播电视设施违法犯罪专项斗争工作

方案》的有关要求和国家工商总局、公安部联合下发的《关于开展废旧金属收购站点专项整治工作的通知》要求，进一步规范废旧金属收购站点经营秩序，堵塞违法犯罪分子销赃渠道。今年将在全国继续开展废旧金属收购站点专项整治，专项整治以解决废旧金属收购站点经营秩序混乱、备案制度不落实、收脏销赃问题严重等突出问题为重点内容，以废旧金属收购站点数量多、违法违规经营问题突出的地区为重点区域。各级工商行政管理机关要严把市场准入关，对在铁路沿线、矿区、油田、港口、机场、施工工地、军事禁区和金属冶炼加工企业附近设立废旧金属收购站点以及个体工商户收购生产性废旧金属的申请，一律不批。要加大市场巡查力度，坚决取缔无证照废旧金属收购企业和个体工商户，对已经取缔的无证照废旧金属收购企业和个体工商户，要做到"回头看"，防止死灰复燃。对无证照收购生产性废旧金属，特别是油气田设施、电力电信设施、广播电视设施及各类公共设施的，要从严查处，涉嫌构成犯罪的，及时移送公安机关。要加强与商务、电信、电力等有关部门和企业的协调配合，进一步形成合力，确保废旧金属收购业健康发展。

（四）全面落实2009年"扫黄打非"工作重点，努力开创"扫黄打非"工作新局面。各级工商机关要进一步增强使命感、责任感和大局意识，充分认识到"扫黄打非"工作关系社会和谐稳定和文化市场有序繁荣。把"扫黄打非"工作纳入工商工作的总体部署中，以自身职能为出发点，以查缴非法出版物为重点，以查办大案要案为突破口，统筹兼顾，积极配合，在各地"扫黄打非"工作领导小组的统一协调下，全面落实《2009年全国"扫黄打非"行动方案》明确的各项任务和分工要求。

七、加强学校及周边治安综合治理工作

（一）按照《中共中央国务院关于进一步加强和改进未成年人思想道德建设的若干意见》和《2009年全国学校及周边治安综合治理工作要点》的各项部署和责任分工，积极履行职责。要坚持预防为主，积极开展宣传、教育和培训工作；要加强巡查，按照"发现要早、化解要快、处置妥当、防止蔓延"的要求，深入排查化解矛盾；要加强组织领导和健全责任体系，不断增强齐抓共管的工作合力，为创建"平安校园"、"和谐校园"做出新的贡献。

（二）严把市场准入关。严格依照《互联网上网服务营业场所管理条例》、《娱乐场所管理条例》和有关规定，禁止在中小学校周围200米内开办网吧和设立彩票投注站点，禁止在中小学校周围600米以内设立彩票专营场所，禁止在学校周围设立电子游艺室、歌舞厅等娱乐场所。

（三）加强市场执法，坚决收缴传播淫秽色情、凶杀暴力、封建迷信等不良文化信息的"恶搞证件"、"口袋本"、不良游戏软件、图书、"少儿版人民币"等违法商品。同时，充分发挥行政指导作用，加强宣传和教育，积极引导经营者在生产经营中防范和减少因不恰当使用有关文字图案等引发社会问题。

四是加强学校周边商业网点的管理，防止其从事扰乱学校教学、生活、治安秩序的经营活动。对经营儿童玩具、餐饮、文化用品等商户要进行重点检查，坚决取缔无照经营，切实保障师生消费安全。

八、做好流动人口服务和管理等专项工作

（一）深入开展流动人口服务与管理工作

各级工商行政管理机关要按照《中央社会治安综合治理委员会关于进一步加强流动人口服务和管理工作的意见》的要求，坚持公平对待、搞好服务、合力引导、完善管理的方针，积极主动、满腔热情地为流动人口经商办企业在市场准入、政策支持、收费减免、就业信息服务等方面地提供快捷、便利服务。配合公安部门加大对流动人口利用出租房屋从事违法经营活动的打击力度，消除流动人口利用出租房屋从事违法经营活动的隐患。配合人口与计划生育部门做好流动人口计划生育工作，协助落实计划生育相关政策；积极配合劳动部门开展清理整顿人力资源市场秩序专项行动，要严把职业介绍机构准入关；严厉打击职业介绍机构发布虚假劳务信息骗取钱财等违法行为，依法查处取缔"黑职介"，切实保护流动人口的合法权益。配合有关部门做好出租汽车市场的清理整顿和规范工作。

（二）积极做好刑释解教人员安置帮教工作

要鼓励、引导私营企业吸纳安置刑释解教人员，支持刑释解教人员自谋职业、自主创业。要鼓励、支持和引导刑释解教人员投资办企业和从事个体经营，并为申办个体工商户或私营企业的刑释解教人员开辟"绿色通道"，最大限度地提供便捷服务。各级个私协会也要充分发挥职能作用,为服刑在教、回归人员积极开展帮教活动,帮助他们解决实际困难和问题。加强对从事个体经营释教人员中的重点人物的帮扶教育,预防和减少重新犯罪。

社会治安综合治理是一项复杂、艰巨的系统工程,各级工商行政管理机关要以党的十七大精神为指导,按照中央社会治安综合治理委员会2009年第一次全体会议的要求,认真履行职责,深入扎实地开展各项工作;要积极创新工作思路,改进工作方式,完善体制和机制,不断推进社会治安综合治理各项工作取得新成效,为维护社会稳定,迎接建国六十周年做出新的贡献!

国家工商行政管理总局
二〇〇九年五月十三日

关于进一步做好建设系统社会治安综合治理工作的通知

建精〔2003〕100号

各省、自治区、直辖市社会治安综合治理委员会办公室、建设厅（建委及有关部门）、新疆生产建设兵团建设局：

多年来，建设系统积极做好社会治安综合治理工作，落实综合治理工作的各项措施，推动综合治理工作的深入发展，为维护社会稳定作出了贡献。为了深入贯彻党的十六大精神，贯彻落实好《中共中央、国务院关于进一步加强社会治安综合治理的意见》，充分发挥建设系统在社会治安综合治理中的职能作用，形成全社会齐抓共管的局面，现就进一步做好建设系统社会治安综合治理的工作通知如下：

一、各级建设行政主管部门是各级社会治安综合治理委员会的成员单位，又是各级社会治安综合治理委员会预防青少年违法犯罪工作领导小组、流动人口治安管理工作领导小组、学校及周边治安综合治理工作领导小组的成员单位。建设系统职工人数多，管理的行业多，与城市建设和人民群众的生产、生活秩序息息相关。建设系统各单位的党政领导必须充分认识做好社会治安综合治理的重大意义，切实承担起"保一方平安"的政治责任，加强对社会治安综合治理工作的领导。要完善单位内部的各项规章制度，充实治安防范力量，落实各项综合治理措施，管好自己的人，办好自己的事，同时积极参与所在地区的社会治安综合治理工作。要建立健全建设系统社会治安综合治理工作领导责任制和责任追究机制，把党政领导干部抓社会治安综合治理工作的能力和实绩作为考核干部的重要内容，对社会治安综合治理工作先进单位的党政领导给予表彰，对发生严重影响社会稳定重大问题的单位实行领导责任查究制度。

二、深入开展"树行业新风，让人民满意"主题活动，大力推进基层安全文明创建活动。坚持"标本兼治、纠建并举、边整边改"的方针和"谁主管、谁负责"的原则，坚持定期排查、通报、调处、督查督办、及时上报等工作制度，重点排查调处可能引发群体性事件的矛盾纠纷。凡涉及有关维护社会稳定的问题，各地建设行政主管部门要采取有效措施，及时加以解决。要高度重视信访工作，建立健全制度化、经常化的社会矛盾调处机制，确保上情下达，力争把矛盾解决在萌芽状态。

三、在城市建设中加强治安防控设施的建设。城市建设主管部门要按照有关标准，将公安派出所、治安岗亭、交通岗亭、消防队、社区警务站、社区居委会等工作场所以及社区青少年活动场所、法制宣传栏等设施的建设纳入城市建设规划之中。制定和完善城镇居民住宅、商贸大厦、办公楼、写字楼等治安防范设施、消防设施设计标准，并责成建筑监理部门监督实施。

四、加强对建筑施工队伍的管理和教育。大力推进"千校百万"培训计划，开展对进城务工人员的思想道德、法律法规、安全生产、文明行为的教育以及业务技能的培训，不断提高他们的综合素质。继续开展建设系统进城务工人员法律援助工作和创建"维权岗"活动，配合有关部门解决侵害进城务工人员和本系统流动人口权益的突出问题，特别是拖欠农民工工资的问题，维护他们的合法权益。对拖欠民工工资问题严重的施工企业，各地建设行政主管部门要依法追究法定代表人及经营负责人的直接责任，并指定专人进行跟踪，直到落实为止。

五、加强对建筑工程施工质量安全的监管工作，防止治安灾害事故的发生。各地建设行政主管部门要对规划、设计、施工单位加强质量安全监管工作，严肃查处建筑物倒塌等重大事故。城市公共交通等市政公用部门要积极参与对学校及周边的安全防范工作，严防安全事故的发生。

六、发挥物业管理企业和业主会在社区治安防范中的作用。指导、督促物业管理企业落实人防、物防、技防措施，积极防范刑事犯罪，防止火灾、燃气泄露、爆炸等恶性事故的发生。指导、督促物业管理企业按照有关规定加强社区保安队伍建设，协助公安部门维护社区秩序。

七、建立房屋租赁协管机制，加强出租房屋管理。房地产管理部门要密切配合公安、工商管理等部门，做好房屋租赁和流动人口管理工作。要认真落实房屋租赁登记备案制度，定期公布房屋租赁市场指导租金等信息,加大对不法中介的打击力度;同时,要将房屋租赁管理中发现的违反流动人口管理和工商管理规定的情况及时向有关部门通报。要建立房屋租赁管理联合执法检查制度,定期对出租房屋进行清理、排查,对违反国家房屋租赁政策,以及规避管理,私下出租、转租房屋的行为依法予以查处,不给犯罪分子和违法经营活动以藏匿之处。

八、认真贯彻《城市房屋拆迁管理条例》,严格执行房屋拆迁许可和房屋拆迁评估制度,完善房屋拆迁补偿资金监管办法,规范拆迁行为,预防和减少因拆迁行为不规范而导致的群体性事件的发生。

九、加强出租汽车行业的管理。完善城市出租汽车行业管理制度,控制出租汽车总量。加强对出租汽车公司的管理和监督,制止不正当竞争。督促出租汽车公司加强对员工的管理,努力将城市出租汽车行业建设成城市文明窗口。调整出租汽车价格应实行听证会制度,广泛听取社会各界的意见,防止引发各种不安定因素。

十、加强对城市供水、燃气、供暖设施的管理和安全防范工作,维护人民群众正常的生产和生活秩序。加强风景区、公园等的治安防范工作,预防和减少群死群伤的治安灾害事故。

中央社会治安综合治理委员会
中华人民共和国建设部
二〇〇三年五月十四日

民用爆炸物品安全管理条例

中华人民共和国国务院令
第 653 号

《国务院关于修改部分行政法规的决定》已经 2014 年 7 月 9 日国务院第 54 次常务会议通过，现予公布，自公布之日起施行。

总理　李克强
2014 年 7 月 29 日

（2006 年 4 月 26 日国务院第 134 次常务会议通过；中华人民共和国国务院令第 466 号公布；根据 2014 年 7 月 9 日国务院第 54 次常务会议《国务院关于修改部分行政法规的决定》修订）

第一章　总　则

第一条　为了加强对民用爆炸物品的安全管理，预防爆炸事故发生，保障公民生命、财产安全和公共安全，制定本条例。

第二条　民用爆炸物品的生产、销售、购买、进出口、运输、爆破作业和储存以及硝酸铵的销售、购买，适用本条例。

本条例所称民用爆炸物品，是指用于非军事目的、列入民用爆炸物品品名表的各类火药、炸药及其制品和雷管、导火索等点火、起爆器材。

民用爆炸物品品名表,由国务院民用爆炸物品行业主管部门会同国务院公安部门制订、公布。

第三条 国家对民用爆炸物品的生产、销售、购买、运输和爆破作业实行许可证制度。

未经许可,任何单位或者个人不得生产、销售、购买、运输民用爆炸物品,不得从事爆破作业。

严禁转让、出借、转借、抵押、赠送、私藏或者非法持有民用爆炸物品。

第四条 民用爆炸物品行业主管部门负责民用爆炸物品生产、销售的安全监督管理。

公安机关负责民用爆炸物品公共安全管理和民用爆炸物品购买、运输、爆破作业的安全监督管理,监控民用爆炸物品流向。

安全生产监督、铁路、交通、民用航空主管部门依照法律、行政法规的规定,负责做好民用爆炸物品的有关安全监督管理工作。

民用爆炸物品行业主管部门、公安机关、工商行政管理部门按照职责分工,负责组织查处非法生产、销售、购买、储存、运输、邮寄、使用民用爆炸物品的行为。

第五条 民用爆炸物品生产、销售、购买、运输和爆破作业单位(以下称民用爆炸物品从业单位)的主要负责人是本单位民用爆炸物品安全管理责任人,对本单位的民用爆炸物品安全管理工作全面负责。

民用爆炸物品从业单位是治安保卫工作的重点单位,应当依法设置治安保卫机构或者配备治安保卫人员,设置技术防范设施,防止民用爆炸物品丢失、被盗、被抢。

民用爆炸物品从业单位应当建立安全管理制度、岗位安全责任制度,制订安全防范措施和事故应急预案,设置安全管理机构或者配备专职安全管理人员。

第六条 无民事行为能力人、限制民事行为能力人或者曾因犯罪受过刑事处罚的人,不得从事民用爆炸物品的生产、销售、购买、运输和爆破作业。

民用爆炸物品从业单位应当加强对本单位从业人员的安全教育、法制教育和岗位技术培训,从业人员经考核合格的,方可上岗作业;

对有资格要求的岗位,应当配备具有相应资格的人员。

第七条 国家建立民用爆炸物品信息管理系统,对民用爆炸物品实行标识管理,监控民用爆炸物品流向。

民用爆炸物品生产企业、销售企业和爆破作业单位应当建立民用爆炸物品登记制度,如实将本单位生产、销售、购买、运输、储存、使用民用爆炸物品的品种、数量和流向信息输入计算机系统。

第八条 任何单位或者个人都有权举报违反民用爆炸物品安全管理规定的行为;接到举报的主管部门、公安机关应当立即查处,并为举报人员保密,对举报有功人员给予奖励。

第九条 国家鼓励民用爆炸物品从业单位采用提高民用爆炸物品安全性能的新技术,鼓励发展民用爆炸物品生产、配送、爆破作业一体化的经营模式。

第二章 生 产

第十条 设立民用爆炸物品生产企业,应当遵循统筹规划、合理布局的原则。

第十一条 申请从事民用爆炸物品生产的企业,应当具备下列条件:

(一)符合国家产业结构规划和产业技术标准;

(二)厂房和专用仓库的设计、结构、建筑材料、安全距离以及防火、防爆、防雷、防静电等安全设备、设施符合国家有关标准和规范;

(三)生产设备、工艺符合有关安全生产的技术标准和规程;

(四)有具备相应资格的专业技术人员、安全生产管理人员和生产岗位人员;

(五)有健全的安全管理制度、岗位安全责任制度;

(六)法律、行政法规规定的其他条件。

第十二条 申请从事民用爆炸物品生产的企业,应当向民用爆炸物品行业主管部门提交申请书、可行性研究报告以及能够证明其符合本条例第十一条规定条件的有关材料。民用爆炸物品行业主管部门应当自受理申请之日起 45 日内进行审查,对符合条件的,核发《民用爆炸物品生产许可证》;对不符合条件的,不予核发《民用爆炸物品生产许可证》，书面向申请人说明理由。

民用爆炸物品生产企业为调整生产能力及品种进行改建、扩建的，应当依照前款规定申请办理《民用爆炸物品生产许可证》。

民用爆炸物品生产企业持《民用爆炸物品生产许可证》到工商行政管理部门办理工商登记，并在办理工商登记后3日内，向所在地县级人民政府公安机关备案。

第十三条 取得《民用爆炸物品生产许可证》的企业应当在基本建设完成后，向省、自治区、直辖市人民政府民用爆炸物品行业主管部门申请安全生产许可。省、自治区、直辖市人民政府民用爆炸物品行业主管部门应当依照《安全生产许可证条例》的规定对其进行查验，对符合条件的，核发《民用爆炸物品安全生产许可证》。民用爆炸物品生产企业取得《民用爆炸物品安全生产许可证》后，方可生产民用爆炸物品。

第十四条 民用爆炸物品生产企业应当严格按照《民用爆炸物品生产许可证》核定的品种和产量进行生产，生产作业应当严格执行安全技术规程的规定。

第十五条 民用爆炸物品生产企业应当对民用爆炸物品做出警示标识、登记标识，对雷管编码打号。民用爆炸物品警示标识、登记标识和雷管编码规则，由国务院公安部门会同国务院民用爆炸物品行业主管部门规定。

第十六条 民用爆炸物品生产企业应当建立健全产品检验制度，保证民用爆炸物品的质量符合相关标准。民用爆炸物品的包装，应当符合法律、行政法规的规定以及相关标准。

第十七条 试验或者试制民用爆炸物品，必须在专门场地或者专门的试验室进行。严禁在生产车间或者仓库内试验或者试制民用爆炸物品。

第三章 销售和购买

第十八条 申请从事民用爆炸物品销售的企业，应当具备下列条件：

（一）符合对民用爆炸物品销售企业规划的要求；

（二）销售场所和专用仓库符合国家有关标准和规范；

（三）有具备相应资格的安全管理人员、仓库管理人员；
（四）有健全的安全管理制度、岗位安全责任制度；
（五）法律、行政法规规定的其他条件。

第十九条　申请从事民用爆炸物品销售的企业，应当向所在地省、自治区、直辖市人民政府民用爆炸物品行业主管部门提交申请书、可行性研究报告以及能够证明其符合本条例第十八条规定条件的有关材料。省、自治区、直辖市人民政府民用爆炸物品行业主管部门应当自受理申请之日起30日内进行审查，并对申请单位的销售场所和专用仓库等经营设施进行查验，对符合条件的，核发《民用爆炸物品销售许可证》；对不符合条件的，不予核发《民用爆炸物品销售许可证》，书面向申请人说明理由。

民用爆炸物品销售企业持《民用爆炸物品销售许可证》到工商行政管理部门办理工商登记后，方可销售民用爆炸物品。

民用爆炸物品销售企业应当在办理工商登记后3日内，向所在地县级人民政府公安机关备案。

第二十条　民用爆炸物品生产企业凭《民用爆炸物品生产许可证》，可以销售本企业生产的民用爆炸物品。

民用爆炸物品生产企业销售本企业生产的民用爆炸物品，不得超出核定的品种、产量。

第二十一条　民用爆炸物品使用单位申请购买民用爆炸物品的，应当向所在地县级人民政府公安机关提出购买申请，并提交下列有关材料：

（一）工商营业执照或者事业单位法人证书；
（二）《爆破作业单位许可证》或者其他合法使用的证明；
（三）购买单位的名称、地址、银行账户；
（四）购买的品种、数量和用途说明。

受理申请的公安机关应当自受理申请之日起5日内对提交的有关材料进行审查，对符合条件的，核发《民用爆炸物品购买许可证》；对不符合条件的，不予核发《民用爆炸物品购买许可证》，书面向申请人说明理由。

《民用爆炸物品购买许可证》应当载明许可购买的品种、数量、购买单位以及许可的有效期限。

第二十二条　民用爆炸物品生产企业凭《民用爆炸物品生产许可证》购买属于民用爆炸物品的原料，民用爆炸物品销售企业凭《民用爆炸物品销售许可证》向民用爆炸物品生产企业购买民用爆炸物品，民用爆炸物品使用单位凭《民用爆炸物品购买许可证》购买民用爆炸物品，还应当提供经办人的身份证明。

销售民用爆炸物品的企业，应当查验前款规定的许可证和经办人的身份证明；对持《民用爆炸物品购买许可证》购买的，应当按照许可的品种、数量销售。

第二十三条　销售、购买民用爆炸物品，应当通过银行账户进行交易，不得使用现金或者实物进行交易。

销售民用爆炸物品的企业，应当将购买单位的许可证、银行账户转账凭证、经办人的身份证明复印件保存2年备查。

第二十四条　销售民用爆炸物品的企业，应当自民用爆炸物品买卖成交之日起3日内，将销售的品种、数量和购买单位向所在地省、自治区、直辖市人民政府民用爆炸物品行业主管部门和所在地县级人民政府公安机关备案。

购买民用爆炸物品的单位，应当自民用爆炸物品买卖成交之日起3日内，将购买的品种、数量向所在地县级人民政府公安机关备案。

第二十五条　进出口民用爆炸物品，应当经国务院民用爆炸物品行业主管部门审批。进出口民用爆炸物品审批办法，由国务院民用爆炸物品行业主管部门会同国务院公安部门、海关总署规定。

进出口单位应当将进出口的民用爆炸物品的品种、数量向收货地或者出境口岸所在地县级人民政府公安机关备案。

第四章　运　输

第二十六条　运输民用爆炸物品，收货单位应当向运达地县级人民政府公安机关提出申请，并提交包括下列内容的材料：

（一）民用爆炸物品生产企业、销售企业、使用单位以及进出口单位分别提供的《民用爆炸物品生产许可证》、《民用爆炸物品销售许可证》、《民用爆炸物品购买许可证》或者进出口批准证明；

（二）运输民用爆炸物品的品种、数量、包装材料和包装方式；

（三）运输民用爆炸物品的特性、出现险情的应急处置方法；

（四）运输时间、起始地点、运输路线、经停地点。

受理申请的公安机关应当自受理申请之日起3日内对提交的有关材料进行审查，对符合条件的，核发《民用爆炸物品运输许可证》；对不符合条件的，不予核发《民用爆炸物品运输许可证》，书面向申请人说明理由。

《民用爆炸物品运输许可证》应当载明收货单位、销售企业、承运人，一次性运输有效期限、起始地点、运输路线、经停地点，民用爆炸物品的品种、数量。

第二十七条　运输民用爆炸物品的，应当凭《民用爆炸物品运输许可证》，按照许可的品种、数量运输。

第二十八条　经由道路运输民用爆炸物品的，应当遵守下列规定：

（一）携带《民用爆炸物品运输许可证》；

（二）民用爆炸物品的装载符合国家有关标准和规范，车厢内不得载人；

（三）运输车辆安全技术状况应当符合国家有关安全技术标准的要求，并按照规定悬挂或者安装符合国家标准的易燃易爆危险物品警示标志；

（四）运输民用爆炸物品的车辆应当保持安全车速；

（五）按照规定的路线行驶，途中经停应当有专人看守，并远离建筑设施和人口稠密的地方，不得在许可以外的地点经停；

（六）按照安全操作规程装卸民用爆炸物品，并在装卸现场设置警戒，禁止无关人员进入；

（七）出现危险情况立即采取必要的应急处置措施，并报告当地公安机关。

第二十九条　民用爆炸物品运达目的地，收货单位应当进行验收后在《民用爆炸物品运输许可证》上签注，并在3日内将《民用爆炸物品运输许可证》交回发证机关核销。

第三十条　禁止携带民用爆炸物品搭乘公共交通工具或者进入公共场所。

禁止邮寄民用爆炸物品，禁止在托运的货物、行李、包裹、邮件中夹带民用爆炸物品。

第五章　爆破作业

第三十一条　申请从事爆破作业的单位，应当具备下列条件：

（一）爆破作业属于合法的生产活动；

（二）有符合国家有关标准和规范的民用爆炸物品专用仓库；

（三）有具备相应资格的安全管理人员、仓库管理人员和具备国家规定执业资格的爆破作业人员；

（四）有健全的安全管理制度、岗位安全责任制度；

（五）有符合国家标准、行业标准的爆破作业专用设备；

（六）法律、行政法规规定的其他条件。

第三十二条　申请从事爆破作业的单位，应当按照国务院公安部门的规定，向有关人民政府公安机关提出申请，并提供能够证明其符合本条例第三十一条规定条件的有关材料。受理申请的公安机关应当自受理申请之日起20日内进行审查，对符合条件的，核发《爆破作业单位许可证》；对不符合条件的，不予核发《爆破作业单位许可证》，书面向申请人说明理由。

营业性爆破作业单位持《爆破作业单位许可证》到工商行政管理部门办理工商登记后，方可从事营业性爆破作业活动。

爆破作业单位应当在办理工商登记后3日内，向所在地县级人民政府公安机关备案。

第三十三条　爆破作业单位应当对本单位的爆破作业人员、安全管理人员、仓库管理人员进行专业技术培训。爆破作业人员应当经设区的市级人民政府公安机关考核合格，取得《爆破作业人员许可证》后，方可从事爆破作业。

第三十四条　爆破作业单位应当按照其资质等级承接爆破作业项目，爆破作业人员应当按照其资格等级从事爆破作业。爆破作业的分级管理办法由国务院公安部门规定。

第三十五条　在城市、风景名胜区和重要工程设施附近实施爆破作业的，应当向爆破作业所在地设区的市级人民政府公安机关提出申请，提交《爆破作业单位许可证》和具有相应资质的安全评估企业出具的爆破设计、施工方案评估报告。受理申请的公安机关应当自受理申请之日起20日内对提交的有关材料进行审查，对符合条件的，作出批准的决定；对不符合条件的，作出不予批准的决定，并书面向申请人说明理由。

实施前款规定的爆破作业，应当由具有相应资质的安全监理企业进行监理，由爆破作业所在地县级人民政府公安机关负责组织实施安全警戒。

第三十六条 爆破作业单位跨省、自治区、直辖市行政区域从事爆破作业的，应当事先将爆破作业项目的有关情况向爆破作业所在地县级人民政府公安机关报告。

第三十七条 爆破作业单位应当如实记载领取、发放民用爆炸物品的品种、数量、编号以及领取、发放人员姓名。领取民用爆炸物品的数量不得超过当班用量，作业后剩余的民用爆炸物品必须当班清退回库。

爆破作业单位应当将领取、发放民用爆炸物品的原始记录保存2年备查。

第三十八条 实施爆破作业，应当遵守国家有关标准和规范，在安全距离以外设置警示标志并安排警戒人员，防止无关人员进入；爆破作业结束后应当及时检查、排除未引爆的民用爆炸物品。

第三十九条 爆破作业单位不再使用民用爆炸物品时，应当将剩余的民用爆炸物品登记造册，报所在地县级人民政府公安机关组织监督销毁。

发现、拣拾无主民用爆炸物品的，应当立即报告当地公安机关。

第六章 储 存

第四十条 民用爆炸物品应当储存在专用仓库内，并按照国家规定设置技术防范设施。

第四十一条 储存民用爆炸物品应当遵守下列规定：

（一）建立出入库检查、登记制度，收存和发放民用爆炸物品必须进行登记，做到账目清楚，账物相符；

（二）储存的民用爆炸物品数量不得超过储存设计容量，对性质相抵触的民用爆炸物品必须分库储存，严禁在库房内存放其他物品；

（三）专用仓库应当指定专人管理、看护，严禁无关人员进入仓库区内，严禁在仓库区内吸烟和用火，严禁把其他容易引起燃烧、爆炸的物品带入仓库区内，严禁在库房内住宿和进行其他活动；

（四）民用爆炸物品丢失、被盗、被抢，应当立即报告当地公安机关。

第四十二条 在爆破作业现场临时存放民用爆炸物品的，应当具备临时存放民用爆炸物品的条件，并设专人管理、看护，不得在不具备安全存放条件的场所存放民用爆炸物品。

第四十三条 民用爆炸物品变质和过期失效的，应当及时清理出库，并予以销毁。销毁前应当登记造册，提出销毁实施方案，报省、自治区、直辖市人民政府民用爆炸物品行业主管部门、所在地县级人民政府公安机关组织监督销毁。

第七章　法律责任

第四十四条 非法制造、买卖、运输、储存民用爆炸物品，构成犯罪的，依法追究刑事责任；尚不构成犯罪，有违反治安管理行为的，依法给予治安管理处罚。

违反本条例规定，在生产、储存、运输、使用民用爆炸物品中发生重大事故，造成严重后果或者后果特别严重，构成犯罪的，依法追究刑事责任。

违反本条例规定，未经许可生产、销售民用爆炸物品的，由民用爆炸物品行业主管部门责令停止非法生产、销售活动，处10万元以上50万元以下的罚款，并没收非法生产、销售的民用爆炸物品及其违法所得。

违反本条例规定，未经许可购买、运输民用爆炸物品或者从事爆破作业的，由公安机关责令停止非法购买、运输、爆破作业活动，处5万元以上20万元以下的罚款，并没收非法购买、运输以及从事爆破作业使用的民用爆炸物品及其违法所得。

民用爆炸物品行业主管部门、公安机关对没收的非法民用爆炸物品，应当组织销毁。

第四十五条 违反本条例规定，生产、销售民用爆炸物品的企业有下列行为之一的，由民用爆炸物品行业主管部门责令限期改正，处

— 51 —

10万元以上50万元以下的罚款；逾期不改正的，责令停产停业整顿；情节严重的，吊销《民用爆炸物品生产许可证》或者《民用爆炸物品销售许可证》：

（一）超出生产许可的品种、产量进行生产、销售的；

（二）违反安全技术规程生产作业的；

（三）民用爆炸物品的质量不符合相关标准的；

（四）民用爆炸物品的包装不符合法律、行政法规的规定以及相关标准的；

（五）超出购买许可的品种、数量销售民用爆炸物品的；

（六）向没有《民用爆炸物品生产许可证》、《民用爆炸物品销售许可证》、《民用爆炸物品购买许可证》的单位销售民用爆炸物品的；

（七）民用爆炸物品生产企业销售本企业生产的民用爆炸物品未按照规定向民用爆炸物品行业主管部门备案的；

（八）未经审批进出口民用爆炸物品的。

第四十六条　违反本条例规定，有下列情形之一的，由公安机关责令限期改正，处5万元以上20万元以下的罚款；逾期不改正的，责令停产停业整顿：

（一）未按照规定对民用爆炸物品做出警示标识、登记标识或者未对雷管编码打号的；

（二）超出购买许可的品种、数量购买民用爆炸物品的；

（三）使用现金或者实物进行民用爆炸物品交易的；

（四）未按照规定保存购买单位的许可证、银行账户转账凭证、经办人的身份证明复印件的；

（五）销售、购买、进出口民用爆炸物品，未按照规定向公安机关备案的；

（六）未按照规定建立民用爆炸物品登记制度，如实将本单位生产、销售、购买、运输、储存、使用民用爆炸物品的品种、数量和流向信息输入计算机系统的；

（七）未按照规定将《民用爆炸物品运输许可证》交回发证机关核销的。

第四十七条　违反本条例规定，经由道路运输民用爆炸物品，有下列情形之一的，由公安机关责令改正，处5万元以上20万元以下的罚款：

（一）违反运输许可事项的；

（二）未携带《民用爆炸物品运输许可证》的；

（三）违反有关标准和规范混装民用爆炸物品的；

（四）运输车辆未按照规定悬挂或者安装符合国家标准的易燃易爆危险物品警示标志的；

（五）未按照规定的路线行驶，途中经停没有专人看守或者在许可以外的地点经停的；

（六）装载民用爆炸物品的车厢载人的；

（七）出现危险情况未立即采取必要的应急处置措施、报告当地公安机关的。

第四十八条　违反本条例规定，从事爆破作业的单位有下列情形之一的，由公安机关责令停止违法行为或者限期改正，处10万元以上50万元以下的罚款；逾期不改正的，责令停产停业整顿；情节严重的，吊销《爆破作业单位许可证》：

（一）爆破作业单位未按照其资质等级从事爆破作业的；

（二）营业性爆破作业单位跨省、自治区、直辖市行政区域实施爆破作业，未按照规定事先向爆破作业所在地的县级人民政府公安机关报告的；

（三）爆破作业单位未按照规定建立民用爆炸物品领取登记制度、保存领取登记记录的；

（四）违反国家有关标准和规范实施爆破作业的。

爆破作业人员违反国家有关标准和规范的规定实施爆破作业的，由公安机关责令限期改正，情节严重的，吊销《爆破作业人员许可证》。

第四十九条　违反本条例规定，有下列情形之一的，由国民用爆炸物品行业主管部门、公安机关按照职责责令限期改正，可以并处5万元以上20万元以下的罚款；逾期不改正的，责令停产停业整顿；情节严重的，吊销许可证：

（一）未按照规定在专用仓库设置技术防范设施的；

（二）未按照规定建立出入库检查、登记制度或者收存和发放民用爆炸物品，致使账物不符的；

（三）超量储存、在非专用仓库储存或者违反储存标准和规范储存民用爆炸物品的；

（四）有本条例规定的其他违反民用爆炸物品储存管理规定行为的。

第五十条 违反本条例规定，民用爆炸物品从业单位有下列情形之一的，由公安机关处2万元以上10万元以下的罚款；情节严重的，吊销其许可证；有违反治安管理行为的，依法给予治安管理处罚：

（一）违反安全管理制度，致使民用爆炸物品丢失、被盗、被抢的；

（二）民用爆炸物品丢失、被盗、被抢，未按照规定向当地公安机关报告或者故意隐瞒不报的；

（三）转让、出借、转借、抵押、赠送民用爆炸物品的。

第五十一条 违反本条例规定，携带民用爆炸物品搭乘公共交通工具或者进入公共场所，邮寄或者在托运的货物、行李、包裹、邮件中夹带民用爆炸物品，构成犯罪的，依法追究刑事责任；尚不构成犯罪的，由公安机关依法给予治安管理处罚，没收非法的民用爆炸物品，处1000元以上1万元以下的罚款。

第五十二条 民用爆炸物品从业单位的主要负责人未履行本条例规定的安全管理责任，导致发生重大伤亡事故或者造成其他严重后果，构成犯罪的，依法追究刑事责任；尚不构成犯罪的，对主要负责人给予撤职处分，对个人经营的投资人处2万元以上20万元以下的罚款。

第五十三条 民用爆炸物品行业主管部门、公安机关、工商行政管理部门的工作人员，在民用爆炸物品安全监督管理工作中滥用职权、玩忽职守或者徇私舞弊，构成犯罪的，依法追究刑事责任；尚不构成犯罪的，依法给予行政处分。

第八章 附 则

第五十四条 《民用爆炸物品生产许可证》、《民用爆炸物品销售许可证》，由国务院国民用爆炸物品行业主管部门规定式样；《民用爆炸物品购买许可证》、《民用爆炸物品运输许可证》、《爆破作业单位许可证》、《爆破作业人员许可证》，由国务院公安部门规定式样。

第五十五条 本条例自2006年9月1日起施行。1984年1月6日国务院发布的《中华人民共和国民用爆炸物品管理条例》同时废止。

附 录

民用爆炸物品安全生产许可实施办法

中华人民共和国工业和信息化部令
第30号

《民用爆炸物品安全生产许可实施办法》已经2015年5月6日工业和信息化部第14次部务会议审议通过，现予公布，自2015年6月30日起施行。原国防科学技术工业委员会2006年8月31日公布的《民用爆炸物品安全生产许可实施办法》（原国防科学技术工业委员会令第17号）同时废止。

部长　苗圩
2015年5月19日

第一章　总　则

第一条　为了加强民用爆炸物品安全生产监督管理，预防生产安全事故，根据《中华人民共和国安全生产法》、《安全生产许可证条例》和《民用爆炸物品安全管理条例》，制定本办法。

第二条　取得《民用爆炸物品生产许可证》的企业，在基本建设完成后，应当依照本办法申请民用爆炸物品安全生产许可。

企业未获得《民用爆炸物品安全生产许可证》的，不得从事民用爆炸物品生产活动。

第三条　工业和信息化部负责指导、监督全国民用爆炸物品生产企业安全生产许可的审批和管理工作。

省、自治区、直辖市人民政府民用爆炸物品行业主管部门（以下简称省级民爆行业主管部门）负责民用爆炸物品生产企业安全生产许可的审批和监督管理。

设区的市和县级人民政府民用爆炸物品行业主管部门在各自职责范围内依法对民用爆炸物品安全生产工作实施监督管理。

为方便申请人，省级民爆行业主管部门可委托设区的市或者县级人民政府民用爆炸物品行业主管部门（以下简称初审机关）承担本行政区内民用爆炸物品生产企业安全生产许可申请的受理、初审工作。

第四条 民用爆炸物品生产作业场所的安全生产，实行属地管理的原则。民用爆炸物品生产作业场所（含现场混装作业场所）安全生产应当接受生产作业场所所在地民用爆炸物品行业主管部门的监督管理。

第二章 申请与审批

第五条 申请民用爆炸物品安全生产许可，应当具备下列条件：

（一）取得相应的民用爆炸物品生产许可；

（二）具有健全的企业、车间、班组三级安全生产责任制以及完备的安全生产规章制度和操作规程；

（三）安全投入符合民用爆炸物品安全生产要求；

（四）设置安全生产管理机构，配备专职安全生产管理人员，并具有从事安全生产管理的注册安全工程师；

（五）主要负责人和安全生产管理人员经过民用爆炸物品安全生产培训并考核合格；

（六）特种作业人员经有关业务主管部门考核合格，取得特种作业操作资格证书；

（七）生产作业人员通过有关民用爆炸物品基本知识的安全生产教育和培训，并经考试合格取得上岗资格证书；

（八）依法参加工伤保险，为从业人员交纳保险费；

（九）厂房、库房、作业场所和安全设施、设备、工艺、产品符合有关安全生产法律、法规和《民用爆破器材工程设计安全规范》（GB50089）、《民用爆炸物品生产、销售企业安全管理规程》（GB28263）等标准和规程的要求；现场混装作业系统还应当符合《现场混装炸药生产安全管理规程》（WJ9072）的要求；

（十）具有职业危害防治措施，并为从业人员配备符合国家标准或者行业标准的劳动保护用品；

（十一）具有民用爆炸物品安全评价机构出具的结论为"合格"、"安全风险可接受"或者"已具备安全验收条件"的安全评价报告；

（十二）具有重大危险源检测、评估、监控措施和应急预案；

（十三）具有生产安全事故应急救援预案、应急救援组织或者应急救援人员，配备必要的应急救援器材、设备；

（十四）法律、法规规定的其他条件。

第六条　申请民用爆炸物品安全生产许可的企业自主选择具有民用爆炸物品制造业安全评价资质的安全评价机构，对本企业的生产条件进行安全评价。

省级民爆行业主管部门不得以任何形式指定安全评价机构。

第七条　安全评价机构应当按照《民用爆炸物品安全评价导则》（WJ9048）及有关安全技术标准、规范的要求，对申请民用爆炸物品安全生产许可的企业是否符合本办法第五条规定的条件逐项进行安全评价，出具安全评价报告。

安全评价机构对其安全评价结论负责。

第八条　企业对安全评价报告中提出的问题应当及时加以整改，安全评价机构应当对企业的整改情况进行确认，并将有关确认资料作为安全评价报告的附件。

第九条　取得《民用爆炸物品生产许可证》的生产企业在从事民用爆炸物品生产活动前，应当向生产作业场所所在地省级民爆行业主管部门或者初审机关提出民用爆炸物品安全生产许可申请，填写《民用爆炸物品安全生产许可证申请审批表》（一式3份，由工业和信息化部提供范本），并完整、真实地提供本办法第五条规定的相关文件、材料。

第十条　省级民爆行业主管部门或者初审机关自收到申请之日起5日内，根据下列情况分别作出处理：

（一）申请事项不属于本行政机关职权范围的，应当即时作出不予受理的决定，并告知申请人向有关行政机关申请；

（二）申请材料存在错误，可以当场更正的，应当允许申请人当场更正；

（三）申请材料不齐全或者不符合法定形式的，应当当场或者在5

日内一次告知申请人需要补正的全部内容，逾期不告知的，自收到申请材料之日起即为受理；

（四）申请事项属于本行政机关职权范围，申请材料齐全、符合法定形式，或者申请人按照本行政机关的要求提交全部补正申请材料的，应当予以受理。

第十一条　省级民爆行业主管部门自收到申请之日起45日内审查完毕。由初审机关初审的，初审机关应当自受理申请之日起20日内完成对申请材料的审查及必要的安全生产条件核查，并将下列材料报送省级民爆行业主管部门：

（一）《民用爆炸物品安全生产许可证申请审批表》；

（二）企业提交的全部申请材料；

（三）对申请企业安全生产条件的初审意见。

对符合本办法第五条规定条件的，核发《民用爆炸物品安全生产许可证》；对不符合条件的，不予核发《民用爆炸物品安全生产许可证》，书面通知申请人并说明理由。

安全生产许可需要组织专家现场核查的，应当书面告知申请人并组织现场核查。现场核查所需时间不计算在许可期限内。

省级民爆行业主管部门应当自《民用爆炸物品安全生产许可证》颁发之日起15日内，将发证情况报告工业和信息化部并通过有关政府网站等渠道予以公布。

《民用爆炸物品安全生产许可证》应当载明企业名称、注册地址、法定代表人、登记类型、有效期、生产地址、安全生产的品种和能力等事项。

第十二条　《民用爆炸物品安全生产许可证》有效期为3年。有效期届满需要继续从事民用爆炸物品生产活动的，应当在有效期届满前3个月向省级民爆行业主管部门或者初审机关申请延续。

经省级民爆行业主管部门审查，符合民用爆炸物品安全生产许可条件的，应当在有效期届满前准予延续，并向社会公布；不符合民用爆炸物品安全生产许可条件的，不予延续，书面通知申请人并说明理由。

第十三条　《民用爆炸物品安全生产许可证》有效期内，企业名称、注册地址、法定代表人、登记类型发生变更的，企业应当自《民用爆炸物品生产许可证》变更之日起 20 日内向省级民爆行业主管部门提出《民用爆炸物品安全生产许可证》变更申请，省级民爆行业主管部门应当在 10 日内完成变更手续，并将结果告知初审机关。

安全生产的品种和能力、生产地址发生变更的，企业应当依照本办法重新申请办理《民用爆炸物品安全生产许可证》。重新核发的《民用爆炸物品安全生产许可证》有效期不变。

第三章　监督管理

第十四条　《民用爆炸物品安全生产许可证》实行年检制度。民用爆炸物品生产企业应当于每年 3 月向省级民爆行业主管部门或者初审机关报送下列材料：

（一）《民用爆炸物品安全生产许可证年检表》（由工业和信息化部提供范本）；

（二）落实安全生产管理责任和安全隐患整改情况；

（三）安全生产费用提留和使用、主要负责人和安全管理人员培训、实际生产量与销售情况；

（四）省级民爆行业主管部门要求报送的其他材料。

初审机关应当在 5 日内完成初审工作并将相关材料报送省级民爆行业主管部门。

第十五条　省级民爆行业主管部门自收到相关材料之日起 20 日内，根据下列情况分别作出处理：

（一）企业严格遵守有关安全生产的法律法规和民用爆炸物品行业安全生产有关规定，安全生产条件没有发生变化，没有发生一般及以上等级的生产安全事故的，在《民用爆炸物品安全生产许可证》标注"年检合格"；

（二）企业严重违反有关安全生产的法律法规和民用爆炸物品行业安全生产有关规定或者发生一般及以上等级的生产安全事故，限期未完成整改的，在《民用爆炸物品安全生产许可证》标注"年检不合格"；

（三）企业不具备本办法规定安全生产条件的，在《民用爆炸物品安全生产许可证》标注"年检不合格"。

第十六条　对《民用爆炸物品安全生产许可证》年检不合格的企

业，由省级民爆行业主管部门责令其限期整改。整改完成后，企业重新申请年检。

第十七条　企业发生一般及以上等级的生产安全事故的，应当依据《生产安全事故报告和调查处理条例》进行报告。企业安全生产条件发生重大变化或者发生生产安全事故造成人员死亡的，还必须向所在地省级民爆行业主管部门和工业和信息化部报告。

第十八条　民用爆炸物品生产企业应当建立健全生产安全事故隐患排查治理制度，采取技术、管理措施，及时发现并消除事故隐患，事故隐患排查治理情况应当如实记录，并向从业人员通报。

第十九条　各级民用爆炸物品行业主管部门应当建立健全监督制度，加强对民用爆炸物品生产企业的日常监督检查，督促其依法进行生产。

实施监督检查，不得妨碍民用爆炸物品生产企业正常的生产经营活动，不得索取或者收受企业的财物或者谋取其他利益。

第四章　法律责任

第二十条　企业未获得《民用爆炸物品安全生产许可证》擅自组织民用爆炸物品生产的，由省级民爆行业主管部门责令停止生产，处10万元以上50万元以下的罚款，没收非法生产的民用爆炸物品及其违法所得；构成犯罪的，依法追究刑事责任。

第二十一条　企业不具备本办法规定安全生产条件的，省级民爆行业主管部门应当责令停产停业整顿；经停产停业整顿仍不具备安全生产条件的，吊销其《民用爆炸物品安全生产许可证》，并报请工业和信息化部吊销其《民用爆炸物品生产许可证》。

第二十二条　安全评价机构出具虚假安全评价结论或者出具的安全评价结论严重失实的，由省级民爆行业主管部门报工业和信息化部提请有关部门取消安全评价机构资质和安全评价人员执业资格。

第二十三条　以欺骗、贿赂等不正当手段取得《民用爆炸物品安全生产许可证》的，省级民爆行业主管部门撤销其《民用爆炸物品安全生产许可证》，3年内不再受理其该项许可申请。

第二十四条　负责民用爆炸物品安全生产许可的工作人员，在安全生产许可的受理、审查、审批和监督管理工作中，索取或者接受企业财物，或者谋取其他利益的，给予降级或者撤职处分；有其他滥用职权、玩忽职守、徇私舞弊行为的，依法给予处分；构成犯罪的，依法追究刑事责任。

第五章 附 则

第二十五条 本办法施行前已经取得民用爆炸物品安全生产许可的企业，应当自本办法施行之日起1年内，依照本办法的规定办理《民用爆炸物品安全生产许可证》。

第二十六条 省级民爆行业主管部门应当依据本办法和本地实际，制定实施细则。

第二十七条 本办法自2015年6月30日起施行。原国防科学技术工业委员会2006年8月31日公布的《民用爆炸物品安全生产许可实施办法》（原国防科学技术工业委员会令第17号）同时废止。

民用爆炸物品销售许可实施办法

(2006年8月31日中华人民共和国国防科学技术工业委员会令第18号公布；根据2015年4月29日中华人民共和国工业和信息化部令第29号公布的《工业和信息化部关于修改部分规章的决定》修订)

第一章 总 则

第一条 为了加强民用爆炸物品销售管理，规范民用爆炸物品销售许可行为，保障公民生命、财产安全和公共安全，根据《民用爆炸物品安全管理条例》，制定本办法。

第二条 本办法所称民用爆炸物品销售是指销售企业销售民用爆炸物品和生产企业销售本企业生产的民用爆炸物品的活动。

第三条 从事《民用爆炸物品品名表》所列产品销售活动的企业，必须依照本办法申请取得《民用爆炸物品销售许可证》。

民用爆炸物品生产企业凭《民用爆炸物品生产许可证》，可以销售本企业生产的民用爆炸物品。

第四条 国防科学技术工业委员会（以下简称国防科工委）负责制定民用爆炸物品销售许可的政策、规章、审查标准和技术规范，对民用爆炸物品销售许可实施监督管理。

省、自治区、直辖市人民政府国防科技工业主管部门（以下简称省级国防科技工业主管部门）负责本辖区内民用爆炸物品销售许可申请的受理、审查和《民用爆炸物品销售许可证》的颁发及日常监督管理。

地（市）、县级人民政府民用爆炸物品主管部门，协助省级国防科技工业主管部门做好本行政区内民用爆炸物品销售许可的监督管理工作，其职责由省级国防科技工业主管部门规定。

第五条 省级国防科技工业主管部门实施销售许可管理，应当遵循统筹规划、合理布局、规模经营、确保安全的原则。

第六条 鼓励发展民用爆炸物品生产、配送、爆破服务一体化的经营模式。

第二章 申请与审批

第七条 申请从事民用爆炸物品销售的企业,应当具备下列条件:
(一) 具有企业法人资格;
(二) 符合本地区民用爆炸物品销售企业规划的要求;
(三) 符合规模经营和确保安全的要求;
(四) 安全评价达到安全级标准;
(五) 销售场所和专用仓库的设计、结构和材料、安全距离以及防火、防爆、防雷、防静电等安全设备、设施符合国家有关标准和规范;
(六) 有相应资格的安全管理人员、仓库管理人员、押运员、驾驶员,以及符合规定的爆炸品专用运输车辆;
(七) 有健全的安全管理制度、岗位责任制度;
(八) 法律、法规规定的其他条件。

第八条 申请从事民用爆炸物品销售的企业,应当向所在地省级国防科技工业主管部门提交以下材料:
(一) 民用爆炸物品销售许可申请文件;
(二) 《民用爆炸物品销售许可证申请审批表》(一式2份);
(三) 地(市)、县级人民政府民用爆炸物品主管部门意见;
(四) 可行性研究报告;
(五) 民用爆炸物品安全评价机构出具的安全评价报告;
(六) 单位主要负责人、安全管理人员和业务人员(仓库管理人员、销售人员、押运员、驾驶员)任职安全资格证书或专业培训合格证书原件及复印件;
(七) 安全管理制度、岗位责任制度档案文件;
(八) 法律、法规规定的其他证明材料。

第九条 申请《民用爆炸物品销售许可证》的企业自主选择具有民用爆炸物品安全评价资质的安全评价机构,对本企业的销售条件进行安全评价。

第十条 安全评价机构应当按照《民用爆破器材安全评价导则》及有关安全技术标准、规范的要求,对申请销售许可的企业进行安全评价,出具安全评价报告。

安全评价机构对其安全评价结论承担法律责任。

第十一条 对安全评价报告中提出的问题，申请企业应当及时加以整改。安全评价机构应当对申请企业的整改情况进行确认，并将有关资料作为安全评价报告书的附件。

第十二条 省级国防科技工业主管部门自收到申请之日起5日内，根据下列情况分别作出处理：

（一）申请事项不属于本行政机关职权范围的，应当即时作出不予受理的决定，并告知申请人向有关行政机关申请；

（二）申请材料存在错误，可以当场更正的，应当允许申请人当场更正；

（三）申请材料不齐全或者不符合法定形式的，当场或在5日内一次告知申请人需要补正的全部内容，逾期不告知的，自收到申请材料之日起即为受理；

（四）申请事项属于本行政机关职权范围，申请材料齐全、符合法定形式，或者申请人按照本行政机关的要求提交全部补正申请材料的，应当予以受理。

第十三条 省级国防科技工业主管部门自受理申请之日起30日内对申请材料进行审查，对符合本办法第七条规定条件的，核发《民用爆炸物品销售许可证》；对不符合条件的，不予核发《民用爆炸物品销售许可证》，书面告知申请人，并说明理由。

第十四条 省级国防科技工业主管部门认为需要组织专家对申请单位进行现场核查的，应当书面告知申请人。现场核查所需时间不计算在许可期限内。

第十五条 省级国防科技工业主管部门，应当在《民用爆炸物品销售许可证》颁发之日起15日内，将发证情况向国防科工委报告。

第十六条 民用爆炸物品销售企业，持《民用爆炸物品销售许可证》到工商行政管理部门办理工商登记后，方可销售民用爆炸物品。

民用爆炸物品销售企业应当在办理工商登记后3日内，向所在地县级人民政府公安机关备案。

第十七条 《民用爆炸物品销售许可证》的内容包括：企业名称、地址、法定代表人、登记类型、有效期、许可销售的品种和储存能力。《民用爆炸物品销售许可证》式样由国防科工委统一规定。

第十八条 《民用爆炸物品销售许可证》有效期为3年。有效期届满，企业继续从事民用爆炸物品销售活动的，应当在届满前3个月内向原发证机关提出换证申请。原发证机关应当在销售许可证有效期届满前按照本办法第七条规定的条件进行审查，符合条件的，换发新证；不符合条件的，不予换发新证，书面告知申请人，并说明理由。

第十九条 《民用爆炸物品销售许可证》有效期内，企业名称、法定代表人、登记类型等内容发生变更的，企业应当依法办理变更登记，由原发证机关审核后换发新证。

销售品种、储存能力发生变更的，应当在变更前30日内向省级国防科技工业主管部门提出变更申请。经审查，符合第七条规定条件的，办理变更手续；不符合条件的，不予换发新证，书面通知申请人，并说明理由。

第三章 监督管理

第二十条 民用爆炸物品销售企业应当严格按照《民用爆炸物品销售许可证》核定的销售品种、核定储存能力从事销售活动，不得超范围销售或者超能力储存民用爆炸物品。

第二十一条 民用爆炸物品生产企业销售本企业生产的民用爆炸物品，不得超出《民用爆炸物品生产许可证》核定的品种、产量。

第二十二条 销售民用爆炸物品的企业，应当自民用爆炸物品买卖成交之日起3日内，将销售的品种、数量和购买单位向企业所在地省级国防科技工业主管部门和所在地县级人民政府公安机关备案。

第二十三条 销售民用爆炸物品的企业应当制定安全生产事故应急救援预案，建立应急救援组织，配备应急救援人员和必要的应急救援器材、设备。

第二十四条 省级国防科技工业主管部门应当加强对《民用爆炸物品销售许可证》的监督管理，建立健全许可申请受理、审查、颁证等各项管理制度，并于每季度第一个月20日之前将上季度销售许可证变更情况向国防科工委报告。

第二十五条　销售民用爆炸物品的企业应当建立销售台账制度及出入库检查、登记制度，收存和发放民用爆炸物品必须及时登记，做到账目清楚，账物相符。

第二十六条　省级国防科技工业主管部门负责对已取得《民用爆炸物品销售许可证》的企业进行年检。民用爆炸物品销售企业应当于每年3月底前向发证机关提交《民用爆炸物品销售许可证年检表》（一式3份）。

第二十七条　省级国防科技工业主管部门应当自收到年检表之日起20日内完成年检工作。符合条件的，在年检表上盖章；不符合条件的，书面告知企业并限期整改。

第二十八条　取得《民用爆炸物品销售许可证》的企业不得降低安全经营条件。省级国防科技工业主管部门发现企业不再具备本办法第七条规定条件的，应当暂扣其销售许可证，责令其停业整顿。企业经过整改并由省级国防科技工业主管部门重新组织验收合格后，方可恢复其销售活动。

第二十九条　《民用爆炸物品销售许可证》及其编号仅限本企业使用，不得转让、买卖、出租、出借。

第三十条　有下列情形之一的，省级国防科技工业主管部门可以撤销已经作出的民用爆炸物品销售许可决定：

（一）民用爆炸物品销售许可申请受理、审查的工作人员滥用职权、玩忽职守作出准予许可决定的；

（二）超越法定职权或者违反法定程序作出准予许可决定的；

（三）对不具备申请资格或不符合法定安全生产条件的申请人作出准予许可决定的；

（四）依法可以撤销民用爆炸物品销售许可决定的其他情形。

第三十一条　以欺骗、贿赂等不正当手段取得《民用爆炸物品销售许可证》的，省级国防科技工业主管部门撤销其销售许可证，3年内不再受理其该项许可申请。

第四章　法律责任

第三十二条　企业未经许可从事民用爆炸物品销售活动的，由省级国防科技工业主管部门责令停止非法销售活动，处10万元以上 50 万元以下的罚款，没收非法销售的民用爆炸物品及其违法所得。

　　第三十三条　民用爆炸物品销售企业有下列行为之一的，由省级国防科技工业主管部门责令限期改正，处 10 万元以上 50 万元以下的罚款；逾期不改正的，责令停业整顿；情节严重的，吊销《民用爆炸物品销售许可证》：

　　（一）超出销售许可的品种进行销售的；

　　（二）向没有《民用爆炸物品生产许可证》、《民用爆炸物品销售许可证》、《民用爆炸物品购买许可证》的单位销售民用爆炸物品的；

　　（三）因管理不善致使民用爆炸物品丢失或被盗的；

　　（四）未按规定程序和手续销售民用爆炸物品的；

　　（五）超量储存民用爆炸物品或者将性质相抵触的爆炸物品同处储存的；

　　（六）销售民用爆炸物品未按规定向省级国防科技工业主管部门备案的；

　　（七）因存在严重安全隐患，整改期限内，仍不能达到要求的；

　　（八）发生重特大事故不宜恢复销售活动的；

　　（九）销售企业转让、买卖、出租、出借销售许可证的。

　　第三十四条　民用爆炸物品生产企业有下列行为之一的，由国防科工委责令限期改正，处 10 万元以上 50 万元以下的罚款；逾期不改正的，责令停业整顿；情节严重的，吊销《民用爆炸物品生产许可证》：

　　（一）销售非本企业生产产品的；

　　（二）销售产品的品种、数量超出生产许可范围的。

　　第三十五条　省级国防科技工业部门工作人员在销售许可的受理、审查、颁证和监督管理工作中，有弄虚作假、徇私舞弊以及受贿、渎职等行为的，依法给予行政处分；构成犯罪的，依法追究刑事责任。

第五章　附　则

　　第三十六条　在本办法施行前已经从事民用爆炸物品销售活动的

企业，应当自本办法施行之日起 1 年内，依照本办法的规定申请办理《民用爆炸物品销售许可证》。

  第三十七条 本办法规定的许可期限以工作日计算，不含法定节假日。

  第三十八条 本办法自 2006 年 9 月 1 日起施行。原《民用爆破器材经营企业凭照管理暂行办法》（科工法字〔2000〕562 号）同时废止。

爆炸危险场所安全规定

劳部发〔1995〕56号

（1995年1月22日劳动部发布）

第一章 总 则

第一条 为加强对爆炸危险场所的安全管理，防止伤亡事故的发生，依照《中华人民共和国劳动法》的有关规定，制定本规定。

第二条 本规定所称爆炸危险场所是指存在由于爆炸性混合物出现造成爆炸事故危险而必须对其生产、使用、储存和装卸采取预防措施的场所。

第三条 本规定适用于中华人民共和国境内的有爆炸危险场所的企业。个体经济组织依照本规定执行。

第四条 县级以上各级人民政府劳动行政部门对爆炸危险场所进行监督检查。

第二章 危险等级划分

第五条 爆炸危险场所划分为特别危险场所、高度危险场所和一般危险场所三个等级。

第六条 特别危险场所是指物质的性质特别危险，储存的数量特别大，工艺条件特殊，一旦发生爆炸事故将会造成巨大的经济损失、严重的人员伤亡，危害极大的危险场所。

第七条 高度危险场所是指物质的危险性较大，储存的数量较大，工艺条件较为特殊，一旦发生爆炸事故将会造成较大的经济损失、较为严重的人员伤亡，具有一定危害的危险场所。

第八条 一般危险场所是指物质的危险性较小，储存的数量较少，工艺条件一般，即使发生爆炸事故，所造成的危害较小的场所。

第九条 在划分危险场所等级时，对周围环境条件较差或发生过重大事故的危险场所应提高一个危险等级。

第十条 爆炸危险场所等级的划分，由企业划定等级后，经上级主管部门审查，报劳动行政部门备案。

第三章 危险场所的技术安全

第十一条 有爆炸危险的生产过程，应选择物质危险性较小、工艺较缓和、较为成熟的工艺路线。

第十二条 生产装置应有完善的生产工艺控制手段，设置具有可靠的温度、压力、流量、液面等工艺参数的控制仪表，对工艺参数控制要求严格的应设双系列控制仪表，并尽可能提高其自动化程度；在工艺布置时应尽量避免或缩短操作人员处于危险场所内的操作时间；对特殊生产工艺应有特殊的工艺控制手段。

第十三条 生产厂房、设备、储罐、仓库、装卸设施应远离各种引爆源和生活、办公区；应布置在全年最小频率风的上风向；厂房的朝向应有利于爆炸危险气体的散发；厂房应有足够的泄压面积和必要的安全通道；对散发比空气重的有爆炸危险气体的场所地面应有不引爆措施；设备、设施的安全间距应符合国家有关规定；生产厂房内的爆炸危险物料必须限量，储罐、仓库的储存量严格按国家有关规定执行。

第十四条 生产过程必须有可靠的供电、供气（汽）、供水等公用工程系统。对特别危险场所应设置双电源供电或备用电源，对重要的控制仪表应设置不间断电源（UPS）。特别危险场所和高度危险场所应设置排除险情的装置。

第十五条 生产设备、储罐和管道的材质、压力等级、制造工艺、焊接质量、检验要求必须执行国家有关规程；其安装必须有良好的密闭性能。对压力管线要有防止高低压窜气、窜液措施。

第十六条 爆炸危险场所必须有良好的通风设施，以防止有爆炸危险气体的积聚。生产装置尽可能采用露天、半露天布置，布置在室内应有足够的通风量；通排风设施应根据气体比重确定位置；对局部易露部位应设置局部符合防爆要求的机械排风设施。

第十七条 危险场所必须按《中华人民共和国爆炸危险场所电气安全规程（试行）》划定危险场所区域等级图，并按危险区域等级和爆炸性混合物的级别、组别配置相应符合国家标准规定的防爆等级的电气设备。防爆电气设备的配置应符合整体防爆要求；防爆电气设备的施工、安装、维护和检修也必须符合规程要求。

第十八条 爆炸危险场所必须设置相应的可靠的避雷设施；有静电积聚危险的生产装置应采用控制流速、导除静电接地、静电消除器、添加防静电等有效的消除静电措施。

第十九条 爆炸危险场所的生产、储存、装卸过程必须根据生产工艺的要求设置相应的安全装置。

第二十条 桶装的有爆炸危险的物质应储存在库房内。库房应有足够的泄压面积和安全通道；库房内不得设置办公和生活用房；库房应有良好的通风设施；对储存温度要求较低的有爆炸危险物质的库房应有降温设施；对储存退温易爆物品的库房地面应比周围高出一定的高度；库房的门、窗应有遮雨设施。

第二十一条 装卸有爆炸危险的气体、液体时，连接管道的材质和压力等级等应符合工艺要求，其装卸过程必须采用控制流速等有效的消除静电措施。

第四章 危险场所的安全管理

第二十二条 企业应实行安全生产责任制，企业法定代表人应对本单位爆炸危险场所的安全管理工作负全面责任，以实现整体防爆安全。

第二十三条 新建、改建、扩建有爆炸危险的工程建设项目时，必须实行安全设施与主体工程同时设计、同时施工、同时竣工投产的"三同时"原则。

第二十四条 爆炸危险场所的设备应保持完好，并应定期进行校验、维护保养和检修，其完好率和泄露率都必须达到规定要求。

第二十五条 爆炸危险场所的管理人员和操作工人，必须经培训考核合格后才能上岗。危险性较大的操作岗位，企业应规定操作人员的文化程度和技术等级。防爆电气的安装、维修工人必须经过培训、考核合格，持证上岗。

第二十六条 企业必须有安全操作规程。操作工人应按操作规程操作。

第二十七条 爆炸危险场所必须设置标有危险等级和注意事项的标志牌。生产工艺、检修时的各种引爆源，必须采取完善的安全措施予以消除和隔离。

第二十八条 爆炸危险场所使用的机动车辆应采取有效的防爆措施。作业人员使用的工具、防护用品应符合防爆要求。

第二十九条 企业必须加强对防爆电气设备、避雷、静电导除设施的管理，选用经国家指定的防爆检验单位检验合格的防爆电气产品，做好防爆电气设备的备品、备件工作，不准任意降低防爆等级，对在用的防爆电气设备必须定期进行检验。检验和检修防爆电气产品的单位必须经过资格认可。

第三十条 爆炸危险场所内的各种安全设施，必须经常检查，定期校验，保持完好的状态，做好记录。各种安全设施不得擅自解除或拆除。

第三十一条 爆炸危险场所内的各种机械通风设施必须处于良好运行状态，并应定期检测。

第三十二条 仓库内的爆炸危险物品应分类存放，并应有明显的货物标志。堆垛之间应留有足够的垛距、墙距、顶距和安全通道。

第三十三条 仓库和储罐区应建立健全管理制度。库房内及露天堆垛附近不得从事试验、分装、焊接等作业。

第三十四条 爆炸危险物品在装卸前应对储运设备和容器进行安全检查。装卸应严格按操作规程操作，对不符合安全要求的不得装卸。

第三十五条 企业的主管部门应按本规定的要求加强对爆炸危险场所的安全管理，并组织、检查和指导企业爆炸危险场所的安全管理工作。

第五章 罚 则

第三十六条 对爆炸危险场所存在重大事故隐患的，由劳动行政部门责令整改，并可处以罚款；情节严重的，提请县级以上人民政府决定责令停产整顿。

第三十七条 对劳动行政部门的处罚决定不服的，可申请复议。对复议决定不服，可以向人民法院起诉。逾期不起诉，也不执行处罚决定的，作出处罚决定的机关可以申请人民法院强制执行。

第六章 附 则

第三十八条 各省、自治区、直辖市劳动行政部门可根据本规定制定实施细则,并报国务院劳动行政部门备案。

第三十九条 国家机关、事业组织和社会团体的爆炸危险场所参照本规定执行。

第四十条 本规定自颁布之日起施行。

烟花爆竹安全管理条例

中华人民共和国国务院令
第 455 号

《烟花爆竹安全管理条例》已经 2006 年 1 月 11 日国务院第 121 次常务会议通过，现予公布，自公布之日起施行。

总理　温家宝
二〇〇六年一月二十一日

（2006 年 1 月 11 日国务院第 121 次常务会议通过；根据 2016 年 1 月 13 日国务院第 119 次常务会议通过的《国务院关于修改部分行政法规的决定》修订）

第一章　总　则

第一条　为了加强烟花爆竹安全管理，预防爆炸事故发生，保障公共安全和人身、财产的安全，制定本条例。

第二条　烟花爆竹的生产、经营、运输和燃放，适用本条例。

本条例所称烟花爆竹，是指烟花爆竹制品和用于生产烟花爆竹的民用黑火药、烟火药、引火线等物品。

第三条　国家对烟花爆竹的生产、经营、运输和举办焰火晚会以及其他大型焰火燃放活动，实行许可证制度。

未经许可，任何单位或者个人不得生产、经营、运输烟花爆竹，不得举办焰火晚会以及其他大型焰火燃放活动。

第四条　安全生产监督管理部门负责烟花爆竹的安全生产监督管理；公安部门负责烟花爆竹的公共安全管理；质量监督检验部门负责烟花爆竹的质量监督和进出口检验。

第五条　公安部门、安全生产监督管理部门、质量监督检验部门、工商行政管理部门应当按照职责分工，组织查处非法生产、经营、储存、运输、邮寄烟花爆竹以及非法燃放烟花爆竹的行为。

第六条　烟花爆竹生产、经营、运输企业和焰火晚会以及其他大型焰火燃放活动主办单位的主要负责人,对本单位的烟花爆竹安全工作负责。

烟花爆竹生产、经营、运输企业和焰火晚会以及其他大型焰火燃放活动主办单位应当建立健全安全责任制,制定各项安全管理制度和操作规程,并对从业人员定期进行安全教育、法制教育和岗位技术培训。

中华全国供销合作总社应当加强对本系统企业烟花爆竹经营活动的管理。

第七条　国家鼓励烟花爆竹生产企业采用提高安全程度和提升行业整体水平的新工艺、新配方和新技术。

第二章　生产安全

第八条　生产烟花爆竹的企业,应当具备下列条件:
(一)符合当地产业结构规划;
(二)基本建设项目经过批准;
(三)选址符合城乡规划,并与周边建筑、设施保持必要的安全距离;
(四)厂房和仓库的设计、结构和材料以及防火、防爆、防雷、防静电等安全设备、设施符合国家有关标准和规范;
(五)生产设备、工艺符合安全标准;
(六)产品品种、规格、质量符合国家标准;
(七)有健全的安全生产责任制;
(八)有安全生产管理机构和专职安全生产管理人员;
(九)依法进行了安全评价;
(十)有事故应急救援预案、应急救援组织和人员,并配备必要的应急救援器材、设备;
(十一)法律、法规规定的其他条件。

第九条　生产烟花爆竹的企业,应当在投入生产前向所在地设区的市人民政府安全生产监督管理部门提出安全审查申请,并提交能够证明符合本条例第八条规定条件的有关材料。设区的市人民政府安全生产监督管理部门应当自收到材料之日起20日内提出安全审查初步意见，报省、自治区、直辖市人民政府安全生产监督管理部门审查。省、自治区、直辖市人民政府安全生产监督管理部门应当自受理申请之日起45日内进行安全审查，对符合条件的，核发《烟花爆竹安全生产许可证》；对不符合条件的，应当说明理由。

第十条 生产烟花爆竹的企业为扩大生产能力进行基本建设或者技术改造的，应当依照本条例的规定申请办理安全生产许可证。

生产烟花爆竹的企业，持《烟花爆竹安全生产许可证》到工商行政管理部门办理登记手续后，方可从事烟花爆竹生产活动。

第十一条 生产烟花爆竹的企业，应当按照安全生产许可证核定的产品种类进行生产，生产工序和生产作业应当执行有关国家标准和行业标准。

第十二条 生产烟花爆竹的企业，应当对生产作业人员进行安全生产知识教育，对从事药物混合、造粒、筛选、装药、筑药、压药、切引、搬运等危险工序的作业人员进行专业技术培训。从事危险工序的作业人员经设区的市人民政府安全生产监督管理部门考核合格，方可上岗作业。

第十三条 生产烟花爆竹使用的原料，应当符合国家标准的规定。生产烟花爆竹使用的原料，国家标准有用量限制的，不得超过规定的用量。不得使用国家标准规定禁止使用或者禁忌配伍的物质生产烟花爆竹。

第十四条 生产烟花爆竹的企业，应当按照国家标准的规定，在烟花爆竹产品上标注燃放说明，并在烟花爆竹包装物上印制易燃易爆危险物品警示标志。

第十五条 生产烟花爆竹的企业，应当对黑火药、烟火药、引火线的保管采取必要的安全技术措施，建立购买、领用、销售登记制度，防止黑火药、烟火药、引火线丢失。黑火药、烟火药、引火线丢失的，企业应当立即向当地安全生产监督管理部门和公安部门报告。

第三章 经营安全

第十六条 烟花爆竹的经营分为批发和零售。

从事烟花爆竹批发的企业和零售经营者的经营布点，应当经安全生产监督管理部门审批。

禁止在城市市区布设烟花爆竹批发场所；城市市区的烟花爆竹零售网点，应当按照严格控制的原则合理布设。

第十七条 从事烟花爆竹批发的企业，应当具备下列条件：

（一）具有企业法人条件；

（二）经营场所与周边建筑、设施保持必要的安全距离；

（三）有符合国家标准的经营场所和储存仓库；

（四）有保管员、仓库守护员；

（五）依法进行了安全评价；

（六）有事故应急救援预案、应急救援组织和人员，并配备必要的应急救援器材、设备；

（七）法律、法规规定的其他条件。

第十八条 烟花爆竹零售经营者，应当具备下列条件：

（一）主要负责人经过安全知识教育；

（二）实行专店或者专柜销售，设专人负责安全管理；

（三）经营场所配备必要的消防器材，张贴明显的安全警示标志；

（四）法律、法规规定的其他条件。

第十九条 申请从事烟花爆竹批发的企业，应当向所在地设区的市人民政府安全生产监督管理部门提出申请，并提供能够证明符合本条例第十七条规定条件的有关材料。受理申请的安全生产监督管理部门应当自受理申请之日起30日内对提交的有关材料和经营场所进行审查，对符合条件的，核发《烟花爆竹经营（批发）许可证》；对不符合条件的，应当说明理由。

申请从事烟花爆竹零售的经营者，应当向所在地县级人民政府安全生产监督管理部门提出申请，并提供能够证明符合本条例第十八条规定条件的有关材料。受理申请的安全生产监督管理部门应当自受理申请之日起20日内对提交的有关材料和经营场所进行审查，对符合条件的，核发《烟花爆竹经营（零售）许可证》；对不符合条件的，应当说明理由。

《烟花爆竹经营（零售）许可证》，应当载明经营负责人、经营场所地址、经营期限、烟花爆竹种类和限制存放量。

第二十条 从事烟花爆竹批发的企业，应当向生产烟花爆竹的企业采购烟花爆竹，向从事烟花爆竹零售的经营者供应烟花爆竹。从事烟花爆竹零售的经营者,应当向从事烟花爆竹批发的企业采购烟花爆竹。

从事烟花爆竹批发的企业、零售经营者不得采购和销售非法生产、经营的烟花爆竹。

从事烟花爆竹批发的企业,不得向从事烟花爆竹零售的经营者供应按照国家标准规定应由专业燃放人员燃放的烟花爆竹。从事烟花爆竹零售的经营者,不得销售按照国家标准规定应由专业燃放人员燃放的烟花爆竹。

第二十一条 生产、经营黑火药、烟火药、引火线的企业,不得向未取得烟花爆竹安全生产许可的任何单位或者个人销售黑火药、烟火药和引火线。

第四章 运输安全

第二十二条 经由道路运输烟花爆竹的,应当经公安部门许可。

经由铁路、水路、航空运输烟花爆竹的,依照铁路、水路、航空运输安全管理的有关法律、法规、规章的规定执行。

第二十三条 经由道路运输烟花爆竹的,托运人应当向运达地县级人民政府公安部门提出申请,并提交下列有关材料:

(一)承运人从事危险货物运输的资质证明;

(二)驾驶员、押运员从事危险货物运输的资格证明;

(三)危险货物运输车辆的道路运输证明;

(四)托运人从事烟花爆竹生产、经营的资质证明;

(五)烟花爆竹的购销合同及运输烟花爆竹的种类、规格、数量;

(六)烟花爆竹的产品质量和包装合格证明;

(七)运输车辆牌号、运输时间、起始地点、行驶路线、经停地点。

第二十四条 受理申请的公安部门应当自受理申请之日起3日内对提交的有关材料进行审查,对符合条件的,核发《烟花爆竹道路运输许可证》;对不符合条件的,应当说明理由。

《烟花爆竹道路运输许可证》应当载明托运人、承运人、一次性运输有效期限、起始地点、行驶路线、经停地点、烟花爆竹的种类、规格和数量。

第二十五条 经由道路运输烟花爆竹的，除应当遵守《中华人民共和国道路交通安全法》外，还应当遵守下列规定：
（一）随车携带《烟花爆竹道路运输许可证》；
（二）不得违反运输许可事项；
（三）运输车辆悬挂或者安装符合国家标准的易燃易爆危险物品警示标志；
（四）烟花爆竹的装载符合国家有关标准和规范；
（五）装载烟花爆竹的车厢不得载人；
（六）运输车辆限速行驶，途中经停必须有专人看守；
（七）出现危险情况立即采取必要的措施，并报告当地公安部门。
第二十六条 烟花爆竹运达目的地后，收货人应当在3日内将《烟花爆竹道路运输许可证》交回发证机关核销。
第二十七条 禁止携带烟花爆竹搭乘公共交通工具。
禁止邮寄烟花爆竹，禁止在托运的行李、包裹、邮件中夹带烟花爆竹。

第五章 燃放安全

第二十八条 燃放烟花爆竹，应当遵守有关法律、法规和规章的规定。县级以上地方人民政府可以根据本行政区域的实际情况，确定限制或者禁止燃放烟花爆竹的时间、地点和种类。
第二十九条 各级人民政府和政府有关部门应当开展社会宣传活动，教育公民遵守有关法律、法规和规章，安全燃放烟花爆竹。
广播、电视、报刊等新闻媒体，应当做好安全燃放烟花爆竹的宣传、教育工作。
未成年人的监护人应当对未成年人进行安全燃放烟花爆竹的教育。
第三十条 禁止在下列地点燃放烟花爆竹：
（一）文物保护单位；
（二）车站、码头、飞机场等交通枢纽以及铁路线路安全保护区内；
（三）易燃易爆物品生产、储存单位；
（四）输变电设施安全保护区内；
（五）医疗机构、幼儿园、中小学校、敬老院；

（六）山林、草原等重点防火区；

（七）县级以上地方人民政府规定的禁止燃放烟花爆竹的其他地点。

第三十一条 燃放烟花爆竹，应当按照燃放说明燃放，不得以危害公共安全和人身、财产安全的方式燃放烟花爆竹。

第三十二条 举办焰火晚会以及其他大型焰火燃放活动，应当按照举办的时间、地点、环境、活动性质、规模以及燃放烟花爆竹的种类、规格和数量，确定危险等级，实行分级管理。分级管理的具体办法，由国务院公安部门规定。

第三十三条 申请举办焰火晚会以及其他大型焰火燃放活动，主办单位应当按照分级管理的规定，向有关人民政府公安部门提出申请，并提交下列有关材料：

（一）举办焰火晚会以及其他大型焰火燃放活动的时间、地点、环境、活动性质、规模；

（二）燃放烟花爆竹的种类、规格、数量；

（三）燃放作业方案；

（四）燃放作业单位、作业人员符合行业标准规定条件的证明。

受理申请的公安部门应当自受理申请之日起20日内对提交的有关材料进行审查，对符合条件的，核发《焰火燃放许可证》；对不符合条件的，应当说明理由。

第三十四条 焰火晚会以及其他大型焰火燃放活动燃放作业单位和作业人员，应当按照焰火燃放安全规程和经许可的燃放作业方案进行燃放作业。

第三十五条 公安部门应当加强对危险等级较高的焰火晚会以及其他大型焰火燃放活动的监督检查。

第六章　法律责任

第三十六条 对未经许可生产、经营烟花爆竹制品，或者向未取得烟花爆竹安全生产许可的单位或者个人销售黑火药、烟火药、引火线的，由安全生产监督管理部门责令停止非法生产、经营活动，处2万元以上10万元以下的罚款，并没收非法生产、经营的物品及违法所得。

对未经许可经由道路运输烟花爆竹的，由公安部门责令停止非法运输活动，处1万元以上5万元以下的罚款，并没收非法运输的物品及违法所得。

非法生产、经营、运输烟花爆竹，构成违反治安管理行为的，依法给予治安管理处罚；构成犯罪的，依法追究刑事责任。

第三十七条　生产烟花爆竹的企业有下列行为之一的，由安全生产监督管理部门责令限期改正，处1万元以上5万元以下的罚款；逾期不改正的，责令停产停业整顿，情节严重的，吊销安全生产许可证：

（一）未按照安全生产许可证核定的产品种类进行生产的；

（二）生产工序或者生产作业不符合有关国家标准、行业标准的；

（三）雇佣未经设区的市人民政府安全生产监督管理部门考核合格的人员从事危险工序作业的；

（四）生产烟花爆竹使用的原料不符合国家标准规定的，或者使用的原料超过国家标准规定的用量限制的；

（五）使用按照国家标准规定禁止使用或者禁忌配伍的物质生产烟花爆竹的；

（六）未按照国家标准的规定在烟花爆竹产品上标注燃放说明，或者未在烟花爆竹的包装物上印制易燃易爆危险物品警示标志的。

第三十八条　从事烟花爆竹批发的企业向从事烟花爆竹零售的经营者供应非法生产、经营的烟花爆竹，或者供应按照国家标准规定应由专业燃放人员燃放的烟花爆竹的，由安全生产监督管理部门责令停止违法行为，处2万元以上10万元以下的罚款，并没收非法经营的物品及违法所得；情节严重的，吊销烟花爆竹经营许可证。

从事烟花爆竹零售的经营者销售非法生产、经营的烟花爆竹，或者销售按照国家标准规定应由专业燃放人员燃放的烟花爆竹的，由安全生产监督管理部门责令停止违法行为，处1000元以上5000元以下的罚款，并没收非法经营的物品及违法所得；情节严重的，吊销烟花爆竹经营许可证。

第三十九条　生产、经营、使用黑火药、烟火药、引火线的企业，丢失黑火药、烟火药、引火线未及时向当地安全生产监督管理部门和公安部门报告的，由公安部门对企业主要负责人处5000元以上2万元以下的罚款，对丢失的物品予以追缴。

第四十条 经由道路运输烟花爆竹，有下列行为之一的，由公安部门责令改正，处 200 元以上 2000 元以下的罚款：

（一）违反运输许可事项的；

（二）未随车携带《烟花爆竹道路运输许可证》的；

（三）运输车辆没有悬挂或者安装符合国家标准的易燃易爆危险物品警示标志的；

（四）烟花爆竹的装载不符合国家有关标准和规范的；

（五）装载烟花爆竹的车厢载人的；

（六）超过危险物品运输车辆规定时速行驶的；

（七）运输车辆途中经停没有专人看守的；

（八）运达目的地后，未按规定时间将《烟花爆竹道路运输许可证》交回发证机关核销的。

第四十一条 对携带烟花爆竹搭乘公共交通工具，或者邮寄烟花爆竹以及在托运的行李、包裹、邮件中夹带烟花爆竹的，由公安部门没收非法携带、邮寄、夹带的烟花爆竹，可以并处 200 元以上 1000 元以下的罚款。

第四十二条 对未经许可举办焰火晚会以及其他大型焰火燃放活动，或者焰火晚会以及其他大型焰火燃放活动燃放作业单位和作业人员违反焰火燃放安全规程、燃放作业方案进行燃放作业的，由公安部门责令停止燃放，对责任单位处 1 万元以上 5 万元以下的罚款。

在禁止燃放烟花爆竹的时间、地点燃放烟花爆竹，或者以危害公共安全和人身、财产安全的方式燃放烟花爆竹的，由公安部门责令停止燃放，处 100 元以上 500 元以下的罚款；构成违反治安管理行为的，依法给予治安管理处罚。

第四十三条 对没收的非法烟花爆竹以及生产、经营企业弃置的废旧烟花爆竹，应当就地封存，并由公安部门组织销毁、处置。

第四十四条 安全生产监督管理部门、公安部门、质量监督检验部门、工商行政管理部门的工作人员，在烟花爆竹安全监管工作中滥用职权、玩忽职守、徇私舞弊，构成犯罪的，依法追究刑事责任；尚不构成犯罪的，依法给予行政处分。

第七章　附　则

第四十五条　《烟花爆竹安全生产许可证》、《烟花爆竹经营（批发）许可证》、《烟花爆竹经营（零售）许可证》，由国务院安全生产监督管理部门规定式样；《烟花爆竹道路运输许可证》、《焰火燃放许可证》，由国务院公安部门规定式样。

第四十六条　本条例自公布之日起施行。

烟花爆竹经营许可实施办法

中华人民共和国国家安全生产监督管理总局令
第 65 号

《烟花爆竹经营许可实施办法》已经 2013 年 9 月 16 日国家安全生产监督管理总局局长办公会议审议通过，现予公布，自 2013 年 12 月 1 日起施行。国家安全生产监督管理总局 2006 年 8 月 26 日公布的《烟花爆竹经营许可实施办法》同时废止。

国家安全生产监督管理总局局长
2013 年 10 月 16 日

第一章 总 则

第一条 为了规范烟花爆竹经营单位安全条件和经营行为，做好烟花爆竹经营许可证颁发和管理工作，加强烟花爆竹经营安全监督管理，根据《烟花爆竹安全管理条例》等法律、行政法规，制定本办法。

第二条 烟花爆竹经营许可证的申请、审查、颁发及其监督管理，适用本办法。

第三条 从事烟花爆竹批发的企业（以下简称批发企业）和从事烟花爆竹零售的经营者（以下简称零售经营者）应当按照本办法的规定，分别取得《烟花爆竹经营（批发）许可证》（以下简称批发许可证）和《烟花爆竹经营（零售）许可证》（以下简称零售许可证）。

从事烟花爆竹进出口的企业，应当按照本办法的规定申请办理批发许可证。

未取得烟花爆竹经营许可证的，任何单位或者个人不得从事烟花爆竹经营活动。

第四条 烟花爆竹经营单位的布点，应当按照保障安全、统一规划、合理布局、总量控制、适度竞争的原则审批；对从事黑火药、引火线批发和烟花爆竹进出口的企业，应当按照严格许可条件、严格控制数量的原则审批。

批发企业不得在城市建成区内设立烟花爆竹储存仓库，不得在批发（展示）场所摆放有药样品；严格控制城市建成区内烟花爆竹零售点数量，且烟花爆竹零售点不得与居民居住场所设置在同一建筑物内。

第五条　烟花爆竹经营许可证的颁发和管理，实行企业申请、分级发证、属地监管的原则。

国家安全生产监督管理总局（以下简称安全监管总局）负责指导、监督全国烟花爆竹经营许可证的颁发和管理工作。

省、自治区、直辖市人民政府安全生产监督管理部门（以下简称省级安全监管局）负责制定本行政区域的批发企业布点规划，统一批发许可编号，指导、监督本行政区域内烟花爆竹经营许可证的颁发和管理工作。

设区的市级人民政府安全生产监督管理部门（以下简称市级安全监管局）根据省级安全监管局的批发企业布点规划和统一编号，负责本行政区域内烟花爆竹批发许可证的颁发和管理工作。

县级人民政府安全生产监督管理部门（以下简称县级安全监管局，与市级安全监管局统称发证机关）负责本行政区域内零售经营布点规划与零售许可证的颁发和管理工作。

第二章　批发许可证的申请和颁发

第六条　批发企业应当符合下列条件：

（一）具备企业法人条件；

（二）符合所在地省级安全监管局制定的批发企业布点规划；

（三）具有与其经营规模和产品相适应的仓储设施。仓库的内外部安全距离、库房布局、建筑结构、疏散通道、消防、防爆、防雷、防静电等安全设施以及电气设施等，符合《烟花爆竹工程设计安全规范》（GB50161）等国家标准和行业标准的规定。仓储区域及仓库安装有符合《烟花爆竹企业安全监控系统通用技术条件》（AQ4101）规定的监控设施，并设立符合《烟花爆竹安全生产标志》（AQ4114）规定的安全警示标志和标识牌；

(四)具备与其经营规模、产品和销售区域范围相适应的配送服务能力;

(五)建立安全生产责任制和各项安全管理制度、操作规程。安全管理制度和操作规程至少包括:仓库安全管理制度、仓库保管守卫制度、防火防爆安全管理制度、安全检查和隐患排查治理制度、事故应急救援与事故报告制度、买卖合同管理制度、产品流向登记制度、产品检验验收制度、从业人员安全教育培训制度、违规违章行为处罚制度、企业负责人值(带)班制度、安全生产费用提取和使用制度、装卸(搬运)作业安全规程;

(六)有安全管理机构或者专职安全生产管理人员;

(七)主要负责人、分管安全生产负责人、安全生产管理人员具备烟花爆竹经营方面的安全知识和管理能力,并经培训考核合格,取得相应资格证书。仓库保管员、守护员接受烟花爆竹专业知识培训,并经考核合格,取得相应资格证书。其他从业人员经本单位安全知识培训合格;

(八)按照《烟花爆竹流向登记通用规范》(AQ4102)和烟花爆竹流向信息化管理的有关规定,建立并应用烟花爆竹流向信息化管理系统;

(九)有事故应急救援预案、应急救援组织和人员,并配备必要的应急救援器材、设备;

(十)依法进行安全评价;

(十一)法律、法规规定的其他条件。

从事烟花爆竹进出口的企业申请领取批发许可证,应当具备前款第一项至第三项和第五项至第十一项规定的条件。

第七条 从事黑火药、引火线批发的企业,除具备本办法第六条规定的条件外,还应当具备必要的黑火药、引火线安全保管措施,自有的专用运输车辆能够满足其配送服务需要,且符合国家相关标准。

第八条 批发企业申请领取批发许可证时,应当向发证机关提交下列申请文件、资料,并对其真实性负责:

(一)批发许可证申请书(一式三份);

(二)企业法人营业执照副本或者企业名称工商预核准文件复制件;

（三）安全生产责任制文件、事故应急救援预案备案登记文件、安全管理制度和操作规程的目录清单；

（四）主要负责人、分管安全生产负责人、安全生产管理人员和仓库保管员、守护员的相关资格证书复制件；

（五）具备相应资质的设计单位出具的库区外部安全距离实测图和库区仓储设施平面布置图；

（六）具备相应资质的安全评价机构出具的安全评价报告，安全评价报告至少包括本办法第六条第三项、第四项、第八项、第九项和第七条规定条件的符合性评价内容；

（七）建设项目安全设施设计审查和竣工验收的证明材料；

（八）从事黑火药、引火线批发的企业自有专用运输车辆以及驾驶员、押运员的相关资质（资格）证书复制件；

（九）法律、法规规定的其他文件、资料。

第九条 发证机关对申请人提交的申请书及文件、资料，应当按照下列规定分别处理：

（一）申请事项不属于本发证机关职责范围的，应当即时作出不予受理的决定，并告知申请人向相应发证机关申请；

（二）申请材料存在可以当场更改的错误的，应当允许或者要求申请人当场更正，并在更正后即时出具受理的书面凭证；

（三）申请材料不齐全或者不符合要求的，应当当场或者在5个工作日内书面一次告知申请人需要补正的全部内容。逾期不告知的，自收到申请材料之日起即为受理；

（四）申请材料齐全、符合要求或者按照要求全部补正的，自收到申请材料或者全部补正材料之日起即为受理。

第十条 发证机关受理申请后，应当对申请材料进行审查。需要对经营储存场所的安全条件进行现场核查的，应当指派2名以上工作人员组织技术人员进行现场核查。对烟花爆竹进出口企业和设有1.1级仓库的企业，应当指派2名以上工作人员组织技术人员进行现场核查。负责现场核查的人员应当提出书面核查意见。

第十一条 发证机关应当自受理申请之日起30个工作日内作出颁发或者不予颁发批发许可证的决定。

对决定不予颁发的，应当自作出决定之日起10个工作日内书面通知申请人并说明理由；对决定颁发的，应当自作出决定之日起 10 个工作日内送达或者通知申请人领取批发许可证。

发证机关在审查过程中，现场核查和企业整改所需时间，不计算在本办法规定的期限内。

第十二条 批发许可证的有效期限为 3 年。

批发许可证有效期满后，批发企业拟继续从事烟花爆竹批发经营活动的，应当在有效期届满前 3 个月向原发证机关提出延期申请，并提交下列文件、资料：

（一）批发许可证延期申请书（一式三份）；

（二）本办法第八条第三项、第四项、第五项、第八项规定的文件、资料；

（三）安全生产标准化达标的证明材料。

第十三条 发证机关受理延期申请后，应当按照本办法第十条、第十一条规定，办理批发许可证延期手续。

第十四条 批发企业符合下列条件的，经发证机关同意，可以不再现场核查，直接办理批发许可证延期手续：

（一）严格遵守有关法律、法规和本办法规定，无违法违规经营行为的；

（二）取得批发许可证后，持续加强安全生产管理，不断提升安全生产条件，达到安全生产标准化二级以上的；

（三）接受发证机关及所在地人民政府安全生产监督管理部门的监督检查的；

（四）未发生生产安全伤亡事故的。

第十五条 批发企业在批发许可证有效期内变更企业名称、主要负责人和注册地址的，应当自变更之日起 10 个工作日内向原发证机关提出变更，并提交下列文件、资料：

（一）批发许可证变更申请书（一式三份）；

（二）变更后的企业名称工商预核准文件或者工商营业执照副本复制件；

（三）变更后的主要负责人安全资格证书复制件。

批发企业变更经营许可范围、储存仓库地址和仓储设施新建、改建、扩建的，应当重新申请办理许可手续。

第三章 零售许可证的申请和颁发

第十六条 零售经营者应当符合下列条件：

（一）符合所在地县级安全监管局制定的零售经营布点规划；

（二）主要负责人经过安全培训合格，销售人员经过安全知识教育；

（三）春节期间零售点、城市长期零售点实行专店销售。乡村长期零售点在淡季实行专柜销售时，安排专人销售，专柜相对独立，并与其他柜台保持一定的距离，保证安全通道畅通；

（四）零售场所的面积不小于10平方米，其周边50米范围内没有其他烟花爆竹零售点，并与学校、幼儿园、医院、集贸市场等人员密集场所和加油站等易燃易爆物品生产、储存设施等重点建筑物保持100米以上的安全距离；

（五）零售场所配备必要的消防器材，张贴明显的安全警示标志；

（六）法律、法规规定的其他条件。

第十七条 零售经营者申请领取零售许可证时，应当向所在地发证机关提交申请书、零售点及其周围安全条件说明和发证机关要求提供的其他材料。

第十八条 发证机关受理申请后，应当对申请材料和零售场所的安全条件进行现场核查。负责现场核查的人员应当提出书面核查意见。

第十九条 发证机关应当自受理申请之日起20个工作日内作出颁发或者不予颁发零售许可证的决定，并书面告知申请人。对决定不予颁发的，应当书面说明理由。

第二十条 零售许可证上载明的储存限量由发证机关根据国家标准或者行业标准的规定，结合零售点及其周围安全条件确定。

第二十一条 零售许可证的有效期限由发证机关确定，最长不超过2年。零售许可证有效期满后拟继续从事烟花爆竹零售经营活动，或者在有效期内变更零售点名称、主要负责人、零售场所和许可范围的，应当重新申请取得零售许可证。

第四章 监督管理

第二十二条 批发企业、零售经营者不得采购和销售非法生产、经营的烟花爆竹和产品质量不符合国家标准或者行业标准规定的烟花爆竹。

批发企业不得向未取得零售许可证的单位或者个人销售烟花爆竹，不得向零售经营者销售礼花弹等应当由专业燃放人员燃放的烟花爆竹；从事黑火药、引火线批发的企业不得向无《烟花爆竹安全生产许可证》的单位或者个人销售烟火药、黑火药、引火线。

零售经营者应当向批发企业采购烟花爆竹，不得采购、储存和销售礼花弹等应当由专业燃放人员燃放的烟花爆竹，不得采购、储存和销售烟火药、黑火药、引火线。

第二十三条　禁止在烟花爆竹经营许可证载明的储存（零售）场所以外储存烟花爆竹。

烟花爆竹仓库储存的烟花爆竹品种、规格和数量，不得超过国家标准或者行业标准规定的危险等级和核定限量。

零售点存放的烟花爆竹品种和数量，不得超过烟花爆竹经营许可证载明的范围和限量。

第二十四条　批发企业对非法生产、假冒伪劣、过期、含有违禁药物以及其他存在严重质量问题的烟花爆竹，应当及时、妥善销毁。

对执法检查收缴的前款规定的烟花爆竹，不得与正常的烟花爆竹产品同库存放。

第二十五条　批发企业应当建立并严格执行合同管理、流向登记制度，健全合同管理和流向登记档案，并留存3年备查。

黑火药、引火线批发企业的采购、销售记录，应当自购买或者销售之日起3日内报所在地县级安全监管局备案。

第二十六条　烟花爆竹经营单位不得出租、出借、转让、买卖、冒用或者使用伪造的烟花爆竹经营许可证。

第二十七条　烟花爆竹经营单位应当在经营（办公）场所显著位置悬挂烟花爆竹经营许可证正本。批发企业应当在储存仓库留存批发许可证副本。

第二十八条　对违反本办法规定的程序、超越职权或者不具备本办法规定的安全条件颁发的烟花爆竹经营许可证，发证机关应当依法撤销其经营许可证。

取得烟花爆竹经营许可证的单位依法终止烟花爆竹经营活动的，

发证机关应当依法注销其经营许可证。

第二十九条 发证机关应当坚持公开、公平、公正的原则,严格依照本办法的规定审查、核发烟花爆竹经营许可证,建立健全烟花爆竹经营许可证的档案管理制度和信息化管理系统,并定期向社会公告取证企业的名单。

省级安全监管局应当加强烟花爆竹经营许可工作的监督检查,并于每年3月15日前,将本行政区域内上年度烟花爆竹经营许可证的颁发和管理情况报告安全监管总局。

第三十条 任何单位或者个人对违反《烟花爆竹安全管理条例》和本办法规定的行为,有权向安全生产监督管理部门或者监察机关等有关部门举报。

第五章 法律责任

第三十一条 对未经许可经营、超许可范围经营、许可证过期继续经营烟花爆竹的,责令其停止非法经营活动,处2万元以上10万元以下的罚款,并没收非法经营的物品及违法所得。

第三十二条 批发企业有下列行为之一的,责令其限期改正,处5000元以上3万元以下的罚款:

(一)在城市建成区内设立烟花爆竹储存仓库,或者在批发(展示)场所摆放有药样品的;

(二)采购和销售质量不符合国家标准或者行业标准规定的烟花爆竹的;

(三)在仓库内违反国家标准或者行业标准规定储存烟花爆竹的;

(四)在烟花爆竹经营许可证载明的仓库以外储存烟花爆竹的;

(五)对假冒伪劣、过期、含有超量、违禁药物以及其他存在严重质量问题的烟花爆竹未及时销毁的;

(六)未执行合同管理、流向登记制度或者未按照规定应用烟花爆竹流向管理信息系统的;

(七)未将黑火药、引火线的采购、销售记录报所在地县级安全监管局备案的;

(八)仓储设施新建、改建、扩建后,未重新申请办理许可手续的;

（九）变更企业名称、主要负责人、注册地址，未申请办理许可证变更手续的；

（十）向未取得零售许可证的单位或者个人销售烟花爆竹的。

第三十三条 批发企业有下列行为之一的，责令其停业整顿，依法暂扣批发许可证，处 2 万元以上 10 万元以下的罚款，并没收非法经营的物品及违法所得；情节严重的，依法吊销批发许可证：

（一）向未取得烟花爆竹安全生产许可证的单位或者个人销售烟火药、黑火药、引火线的；

（二）向零售经营者供应非法生产、经营的烟花爆竹的；

（三）向零售经营者供应礼花弹等按照国家标准规定应当由专业人员燃放的烟花爆竹的。

第三十四条 零售经营者有下列行为之一的，责令其停止违法行为，处 1000 元以上 5000 元以下的罚款，并没收非法经营的物品及违法所得；情节严重的，依法吊销零售许可证：

（一）销售非法生产、经营的烟花爆竹的；

（二）销售礼花弹等按照国家标准规定应当由专业人员燃放的烟花爆竹的。

第三十五条 零售经营者有下列行为之一的，责令其限期改正，处 1000 元以上 5000 元以下的罚款；情节严重的，处 5000 元以上 30000 元以下的罚款：

（一）变更零售点名称、主要负责人或者经营场所，未重新办理零售许可证的；

（二）存放的烟花爆竹数量超过零售许可证载明范围的。

第三十六条 烟花爆竹经营单位出租、出借、转让、买卖烟花爆竹经营许可证的，责令其停止违法行为，处 1 万元以上 3 万元以下的罚款，并依法撤销烟花爆竹经营许可证。

冒用或者使用伪造的烟花爆竹经营许可证的，依照本办法第三十一条的规定处罚。

第三十七条 申请人隐瞒有关情况或者提供虚假材料申请烟花爆竹经营许可证的，发证机关不予受理，该申请人 1 年内不得再次提出烟花爆竹经营许可申请。

以欺骗、贿赂等不正当手段取得烟花爆竹经营许可证的，应当予以撤销,该经营单位3年内不得再次提出烟花爆竹经营许可申请。

第三十八条 安全生产监督管理部门工作人员在实施烟花爆竹经营许可和监督管理工作中,滥用职权、玩忽职守、徇私舞弊,未依法履行烟花爆竹经营许可证审查、颁发和监督管理职责的,依照有关规定给予处分;构成犯罪的,依法追究刑事责任。

第三十九条 本办法规定的行政处罚,由安全生产监督管理部门决定,暂扣、吊销经营许可证的行政处罚由发证机关决定。

第六章 附 则

第四十条 烟花爆竹经营许可证分为正本、副本,正本为悬挂式,副本为折页式,具有同等法律效力。

烟花爆竹经营许可证由安全监管总局统一规定式样。

第四十一条 省级安全监管局可以依据国家有关法律、行政法规和本办法的规定制定实施细则。

第四十二条 本办法自2013年12月1日起施行,安全监管总局2006年8月26日公布的《烟花爆竹经营许可实施办法》同时废止。

《烟花爆竹经营许可实施办法》解读

(国家安全生产监督管理总局)

新修订的《烟花爆竹经营许可实施办法》(以下简称《办法》)已经2013年9月16日国家安全监管总局局长办公会议审议通过,并于10月16日以国家安全监管总局令第65号公布,自2013年12月1日起施行。

一、修订背景

2006年8月,国家安全监管总局颁布了《烟花爆竹经营许可实施办法》(原国家安全监管总局令第7号,以下简称原《办法》),对贯彻落实《烟花爆竹安全管理条例》(国务院令第455号,以下简称《条例》),加强烟花爆竹经营安全管理发挥了重要作用。该办法实施7年来,相继出现了一些新的情况。

(一)烟花爆竹安全监管相关政策和要求更加严格。《国务院办公厅转发安全监管总局等部门关于进一步加强烟花爆竹安全监督管理工作意见的通知》(国办发〔2010〕53号,以下简称国办53号文)、《国务院安委会办公室关于烟花爆竹生产经营企业贯彻落实〈国务院关于进一步加强企业安全生产工作的通知〉的实施意见》(安委办〔2010〕30号,以下简称安委办30号文)等规范性文件,对烟花爆竹经营安全管理和经营许可审批工作提出了新要求。

(二)国务院对烟花爆竹经营许可权限进行了调整。根据国家行政审批体制改革的总体要求,《国务院关于第六批取消和调整行政审批项目的决定》(国发〔2012〕52号)明确规定,将烟花爆竹批发许可的实施机关由省级安全监管局下放调整为设区的市级安全监管局。

(三)相关上位法和标准进一步修订和完善。修订后的《消防法》等法律法规,对烟花爆竹零售场所安全条件作出了新的要求;《烟花爆竹工程设计安全规范》(GB50161—2009)、《烟花爆竹作业安全技术规程》(GB11652—2012)、《烟花爆竹安全与质量》(GB10631—2013)三个重要国家标准已经做了重大修订,《烟花爆竹企业安全监控系统通用技术条件》(AQ4101—2008)、《烟花爆竹流向登记通用规范》

（AQ4102—2008）等安全生产行业标准陆续发布实施，进一步细化了对烟花爆竹经营活动的安全要求。

（四）烟花爆竹经营许可实践中积累了大量经验。原《办法》施行7年来，在烟花爆竹经营许可实践工作中积累了许多好的工作经验，应进行认真总结和吸取。

综上，修订原《办法》时机成熟，且势在必行。

二、修订原则

深入贯彻落实《条例》及国办53号文、安委办30号文等规范性文件精神，通过严格烟花爆竹经营安全条件，提高准入门槛，规范许可程序，强化监督管理，加大处罚力度，以进一步规范烟花爆竹企业经营行为，保障烟花爆竹经营安全，促进烟花爆竹产业安全、健康发展。

三、修订过程

国家安全监管总局监管三司在总结烟花爆竹经营许可工作经验，听取重点地区意见的基础上，组织有关单位经过认真研究，于2011年开始进行原《办法》修订工作，并于当年年底形成修订初稿；2012年3月征求了全国各省级安全监管局的意见，5月组织召开12个重点省级安全监管局参加的修订研讨会。2012年6月，国家安全监管总局政法司在政府网站发布修订征求意见稿，广泛征求并采纳社会各界的意见；2013年5月国家安全监管总局政法司组织召开《办法》修订法审会。经反复研究、协商和修改，《办法（草案）》逐步成熟完善，9月16日经国家安全监管总局局长办公会议审议通过。

四、主要内容

《办法》分6章、共42条，与原《办法》相比，章节数目相同，增加12条。具体修订内容主要有：

（一）进一步明确了《办法》适用范围和烟花爆竹经营许可对象及许可原则。一是明确本办法适用于烟花爆竹经营许可证的申请、审查、颁发、管理和经营单位的安全监管（第二条）。二是明确规定从事烟花爆竹进出口的企业，应当申请办理批发许可证（第三条第二款）。此规定不仅适用于从事烟花爆竹进出口活动的批发企业，烟花爆竹生产企业从事产品进出口活动，也应当依据此规定申请办理批发许可证。三是进一步表述了经营布点原则（第四条）。对烟花爆竹经营单位布点总原则,增加了"适度竞争"内容,避免出现独家垄断经营等有悖市场经济原则且不利于监管的现象;对黑火药、引火线批发及烟花爆竹进出口企业,规定"严格许可条件、严格控制数量"的审批原则;为减少烟花爆竹经营活动对城市特别是居民居住场所的影响,规定"批发企业不得在城市建成区内设立烟花爆竹储存仓库,严格控制城市建成区内烟花爆竹零售点数量,烟花爆竹零售点不得与居民居住场所设置在同一建筑物内"。

(二)调整烟花爆竹经营许可实施机关,明确各级安全监管部门职责。一是根据《国务院关于第六批取消和调整行政审批项目的决定》,调整了烟花爆竹经营许可实施机关,将批发许可证的颁发和管理实施机关由省级安全监管局调整为设区的市级安全监管局(第五条第四款),同时赋予省级安全监管局制定批发企业布点规划和统一批发许可编号职责(第五条第三款)。二是进一步明确县级安全监管局的零售经营布点规划职责(第五条第五款),将零售许可证有效期限的确定由省级安全监管局调整为县级安全监管局(第二十一条)。三是明确了烟花爆竹经营许可证颁发和管理的属地监管原则(第五条第一款),将除暂扣、吊销经营许可证外的行政处罚权赋予各级安全监管部门(第三十九条)。

(三)严格了烟花爆竹经营许可条件并调整了许可证有效期限。一是在批发企业和零售点的许可条件中,均增加了符合布点规划的要求(第六条第二项、第十六条第一项)。二是根据近年来有关技术标准的新要求,完善了批发企业基础设施安全条件和安全管理制度要求,增加了监控设施、安全警示标志和标识牌、流向信息化管理等方面规定(第六条第三项),明确了安全生产责任制和安全管理制度、操作规程应包括的基本内容(第六条第五项),对黑火药、引火线批发企业安全保管措施和配送能力作出了专门规定(第七条)。三是强调了进出口企业应具备的条件,除配送服务能力外,进出口企业与内销批发企业应具备相同条件(第六条第二款),不具有仓储设施等基本条件的"皮包公司"将不能取得烟花爆竹批发许可证。四是对《条例》中零售点"实行专店或者专柜销售"的规定进行了细化,明确规定春节期间所有零售点、城市长期零售点实行专店销售,乡村长期零售点在淡季才可实行专柜销售(第十六条第三项)。五是对零售场所与学校、幼儿园、医院、集贸市场等人员密集场所和加油站等易燃易爆物品生产、储存设施等重点建筑物的安全距离作出了具体规定（第十六条第四项，规定为100米以上）。六是明确规定发证机关应根据有关技术标准规定及安全条件确定零售点储存限量，在许可证上载明（第二十条）。七是将批发许可证有效期由2年修改为3年（第十二条）。

（四）进一步规范了烟花爆竹经营许可工作程序。一是调整了申请许可应提交的材料规定，确保材料与条件规定的对应性（第八条、第十七条），明确规定了批发企业安全评价报告应具备的基本内容（第八条第六项），并体现建设项目安全设施"三同时"有关规定，将安全设施设计审查和竣工验收证明材料列为批发企业申请材料（第八条第七项）。二是明确了对许可审查过程中现场核查的情形、人员、程序等要求，规定对烟花爆竹进出口企业和设有1.1级仓库的企业必须指派2名以上工作人员组织技术人员进行现场检查（第十条），零售场所必须进行现场核查（第十八条），现场核查应当提出书面核查意见。三是结合企业安全生产标准化工作，对批发许可证到期后对延期应具备的条件、应提交的材料及办理程序作出了明确规定（第十三、十四条）；明确规定零售许可证到期后，继续从事零售经营活动一律须重新申请取得许可（第二十一条）。

（五）增加并强化了监督管理内容。一是为严防高危险性烟花爆竹产品流入社会、危害公共安全，进一步明确规定禁止礼花弹等专业燃放类产品进入零售环节（第二十二条）。二是对禁止在许可证载明的储存（零售）场所以外储存烟花爆竹作出了明确规定（第二十二条）。三是针对近年来安全检查中经常发现批发企业仓库内执法机关收缴的非法生产、假冒伪劣等产品与企业经营的合格产品混存等隐患问题，规定批发企业对非法生产、假冒伪劣、过期、含违禁药物以及其他存在严重质量问题的烟花爆竹，应当及时、妥善销毁，不得将执法收缴的烟花爆竹与正常烟花爆竹产品同库存放（第二十四条）。四是为加强烟花爆竹产品流向信息化管理和买卖合同管理，规定批发企业应当建立并严格执行合同管理、流向登记制度（第二十五条）。

（六）加大了对非法违法行为的处罚力度。一是对未经许可经营、超许可范围经营、许可证过期继续经营烟花爆竹的，责令其停止非法经营活动，处2万元以上10万元以下的罚款，并没收非法经营的物品及违法所得（第三十一条）。二是对批发企业的10种违规行为，责令其限期改正，处5000元以上3万元以下的罚款（第三十二条）；对批发企业的3种违规行为，责令其停业整顿，依法暂扣批发许可证，处2万元以上10万元以下的罚款，并没收非法经营的物品及违法所得，情节严重的，依法吊销批发许可证（第三十三条）。三是对零售单位的2种违规行为，责令其停止违法行为，处1000元以上5000元以下的罚款，并没收非法经营的物品及违法所得，情节严重的，依法吊销零售许可证（第三十四条）；对零售单位的2种违规行为加大了处罚力度，责令其限期改正，处1000元以上5000元以下的罚款；情节严重的，处5000元以上30000元以下的罚款（第三十五条）。四是对出租、出借、转让、买卖以及冒用或者使用伪造烟花爆竹经营许可证的行为，作出了责令停止违法行为，并处罚款，依法撤销经营许可证的规定，对冒用或者使用伪造的烟花爆竹经营许可证的，依照《办法》第三十一条的规定按照未经许可从事烟花爆竹经营处罚（第三十六条）。

五、认真做好《办法》宣传贯彻落实工作

（一）各省级安全监管局要依据《办法》规定，结合当地实际情况，制定《办法》实施细则，明确本地区批发企业布点规划、批发许可统一编号方式以及零售点储存限量规定等，指导、监督本地区做好烟花爆竹经营许可证颁发和管理工作。

（二）各级安全监管局要组织开展好《办法》宣贯培训工作，将《办法》各项规定及立法精神，宣贯到各级相关安全监管人员以及各烟花爆竹批发企业、零售单位和从事进出口的生产企业。

（三）相关各级安全监管局要依据《办法》及《烟花爆竹安全与质量》，尽快规范经营许可证上载明的许可范围，对无固定专业燃放销售渠道或出口渠道的批发企业，不得许可经营专业燃放类产品，严禁零售专业燃放类产品。

（四）要加强对《办法》各项规定的检查督查，从严查处非法违法经营行为。

危险化学品经营许可证管理办法

中华人民共和国国家安全生产监督管理总局令
第 55 号

《危险化学品经营许可证管理办法》已经 2012 年 5 月 21 日国家安全生产监督管理总局局长办公会议审议通过,现予公布,自 2012 年 9 月 1 日起施行。原国家经济贸易委员会 2002 年 10 月 8 日公布的《危险化学品经营许可证管理办法》同时废止。

国家安全生产监督管理总局局长
2012 年 7 月 17 日

(2012 年 7 月 17 日国家安全监管总局令第 55 号公布;根据 2015 年 5 月 27 日国家安全监管总局令第 79 号修正)

第一章 总 则

第一条 为了严格危险化学品经营安全条件,规范危险化学品经营活动,保障人民群众生命、财产安全,根据《中华人民共和国安全生产法》和《危险化学品安全管理条例》,制定本办法。

第二条 在中华人民共和国境内从事列入《危险化学品目录》的危险化学品的经营(包括仓储经营)活动,适用本办法。

民用爆炸物品、放射性物品、核能物质和城镇燃气的经营活动,不适用本办法。

第三条 国家对危险化学品经营实行许可制度。经营危险化学品的企业，应当依照本办法取得危险化学品经营许可证（以下简称经营许可证）。未取得经营许可证，任何单位和个人不得经营危险化学品。

从事下列危险化学品经营活动，不需要取得经营许可证：

（一）依法取得危险化学品安全生产许可证的危险化学品生产企业在其厂区范围内销售本企业生产的危险化学品的；

（二）依法取得港口经营许可证的港口经营人在港区内从事危险化学品仓储经营的。

第四条 经营许可证的颁发管理工作实行企业申请、两级发证、属地监管的原则。

第五条 国家安全生产监督管理总局指导、监督全国经营许可证的颁发和管理工作。

省、自治区、直辖市人民政府安全生产监督管理部门指导、监督本行政区域内经营许可证的颁发和管理工作。

设区的市级人民政府安全生产监督管理部门（以下简称市级发证机关）负责下列企业的经营许可证审批、颁发：

（一）经营剧毒化学品的企业；

（二）经营易制爆危险化学品的企业；

（三）经营汽油加油站的企业；

（四）专门从事危险化学品仓储经营的企业；

（五）从事危险化学品经营活动的中央企业所属省级、设区的市级公司（分公司）；

（六）带有储存设施经营除剧毒化学品、易制爆危险化学品以外的其他危险化学品的企业；

县级人民政府安全生产监督管理部门（以下简称县级发证机关）负责本行政区域内本条第三款规定以外企业的经营许可证审批、颁发；没有设立县级发证机关的，其经营许可证由市级发证机关审批、颁发。

第二章　申请经营许可证的条件

第六条 从事危险化学品经营的单位（以下统称申请人）应当依

法登记注册为企业，并具备下列基本条件：

（一）经营和储存场所、设施、建筑物符合《建筑设计防火规范》（GB50016）、《石油化工企业设计防火规范》（GB50160）、《汽车加油加气站设计与施工规范》（GB50156）、《石油库设计规范》（GB50074）等相关国家标准、行业标准的规定；

（二）企业主要负责人和安全生产管理人员具备与本企业危险化学品经营活动相适应的安全生产知识和管理能力，经专门的安全生产培训和安全生产监督管理部门考核合格，取得相应安全资格证书；特种作业人员经专门的安全作业培训，取得特种作业操作证书；其他从业人员依照有关规定经安全生产教育和专业技术培训合格；

（三）有健全的安全生产规章制度和岗位操作规程；

（四）有符合国家规定的危险化学品事故应急预案，并配备必要的应急救援器材、设备；

（五）法律、法规和国家标准或者行业标准规定的其他安全生产条件。

前款规定的安全生产规章制度，是指全员安全生产责任制度、危险化学品购销管理制度、危险化学品安全管理制度（包括防火、防爆、防中毒、防泄漏管理等内容）、安全投入保障制度、安全生产奖惩制度、安全生产教育培训制度、隐患排查治理制度、安全风险管理制度、应急管理制度、事故管理制度、职业卫生管理制度等。

第七条　申请人经营剧毒化学品的，除符合本办法第六条规定的条件外，还应当建立剧毒化学品双人验收、双人保管、双人发货、双把锁、双本账等管理制度。

第八条　申请人带有储存设施经营危险化学品的，除符合本办法第六条规定的条件外，还应当具备下列条件：

（一）新设立的专门从事危险化学品仓储经营的，其储存设施建立在地方人民政府规划的用于危险化学品储存的专门区域内；

（二）储存设施与相关场所、设施、区域的距离符合有关法律、法规、规章和标准的规定；

（三）依照有关规定进行安全评价，安全评价报告符合《危险化学品经营企业安全评价细则》的要求；

（四）专职安全生产管理人员具备国民教育化工化学类或者安全

工程类中等职业教育以上学历，或者化工化学类中级以上专业技术职称，或者危险物品安全类注册安全工程师资格；

（五）符合《危险化学品安全管理条例》、《危险化学品重大危险源监督管理暂行规定》、《常用危险化学品贮存通则》（GB15603）的相关规定。

申请人储存易燃、易爆、有毒、易扩散危险化学品的，除符合本条第一款规定的条件外，还应当符合《石油化工可燃气体和有毒气体检测报警设计规范》（GB50493）的规定。

第三章 经营许可证的申请与颁发

第九条 申请人申请经营许可证，应当依照本办法第五条规定向所在地市级或者县级发证机关（以下统称发证机关）提出申请，提交下列文件、资料，并对其真实性负责：

（一）申请经营许可证的文件及申请书；

（二）安全生产规章制度和岗位操作规程的目录清单；

（三）企业主要负责人、安全生产管理人员、特种作业人员的相关资格证书（复制件）和其他从业人员培训合格的证明材料；

（四）经营场所产权证明文件或者租赁证明文件（复制件）；

（五）工商行政管理部门颁发的企业性质营业执照或者企业名称预先核准文件（复制件）；

（六）危险化学品事故应急预案备案登记表（复制件）。

带有储存设施经营危险化学品的，申请人还应当提交下列文件、资料：

（一）储存设施相关证明文件（复制件）；租赁储存设施的，需要提交租赁证明文件（复制件）；储存设施新建、改建、扩建的，需要提交危险化学品建设项目安全设施竣工验收报告；

（二）重大危险源备案证明材料、专职安全生产管理人员的学历证书、技术职称证书或者危险物品安全类注册安全工程师资格证书（复制件）；

（三）安全评价报告。

第十条 发证机关收到申请人提交的文件、资料后，应当按照下列情况分别作出处理：

（一）申请事项不需要取得经营许可证的，当场告知申请人不予受理；

（二）申请事项不属于本发证机关职责范围的，当场作出不予受理的决定，告知申请人向相应的发证机关申请，并退回申请文件、资料；

（三）申请文件、资料存在可以当场更正的错误的，允许申请人当场更正，并受理其申请；

（四）申请文件、资料不齐全或者不符合要求的，当场告知或者在5个工作日内出具补正告知书，一次告知申请人需要补正的全部内容；逾期不告知的，自收到申请文件、资料之日起即为受理；

（五）申请文件、资料齐全，符合要求，或者申请人按照发证机关要求提交全部补正材料的，立即受理其申请。

发证机关受理或者不予受理经营许可证申请，应当出具加盖本机关印章和注明日期的书面凭证。

第十一条　发证机关受理经营许可证申请后，应当组织对申请人提交的文件、资料进行审查，指派2名以上工作人员对申请人的经营场所、储存设施进行现场核查，并自受理之日起30日内作出是否准予许可的决定。

发证机关现场核查以及申请人整改现场核查发现的有关问题和修改有关申请文件、资料所需时间，不计算在前款规定的期限内。

第十二条　发证机关作出准予许可决定的，应当自决定之日起10个工作日内颁发经营许可证；发证机关作出不予许可决定的，应当在10个工作日内书面告知申请人并说明理由，告知书应当加盖本机关印章。

第十三条　经营许可证分为正本、副本，正本为悬挂式，副本为折页式。正本、副本具有同等法律效力。

经营许可证正本、副本应当分别载明下列事项：

（一）企业名称；

（二）企业住所（注册地址、经营场所、储存场所）；

（三）企业法定代表人姓名；

（四）经营方式；

（五）许可范围；

（六）发证日期和有效期限；

（七）证书编号；
（八）发证机关；
（九）有效期延续情况。

第十四条 已经取得经营许可证的企业变更企业名称、主要负责人、注册地址或者危险化学品储存设施及其监控措施的，应当自变更之日起20个工作日内，向本办法第五条规定的发证机关提出书面变更申请，并提交下列文件、资料：

（一）经营许可证变更申请书；
（二）变更后的工商营业执照副本（复制件）；
（三）变更后的主要负责人安全资格证书（复制件）；
（四）变更注册地址的相关证明材料；
（五）变更后的危险化学品储存设施及其监控措施的专项安全评价报告。

第十五条 发证机关受理变更申请后，应当组织对企业提交的文件、资料进行审查，并自收到申请文件、资料之日起10个工作日内作出是否准予变更的决定。

发证机关作出准予变更决定的，应当重新颁发经营许可证，并收回原经营许可证；不予变更的，应当说明理由并书面通知企业。

经营许可证变更的，经营许可证有效期的起始日和截止日不变，但应当载明变更日期。

第十六条 已经取得经营许可证的企业有新建、改建、扩建危险化学品储存设施建设项目的，应当自建设项目安全设施竣工验收合格之日起20个工作日内，向本办法第五条规定的发证机关提出变更申请，并提交危险化学品建设项目安全设施竣工验收报告等相关文件、资料。发证机关应当按照本办法第十条、第十五条的规定进行审查，办理变更手续。

第十七条 已经取得经营许可证的企业，有下列情形之一的，应当按照本办法的规定重新申请办理经营许可证，并提交相关文件、资料：

（一）不带有储存设施的经营企业变更其经营场所的；
（二）带有储存设施的经营企业变更其储存场所的；
（三）仓储经营的企业异地重建的；
（四）经营方式发生变化的；

（五）许可范围发生变化的。

第十八条 经营许可证的有效期为 3 年。有效期满后，企业需要继续从事危险化学品经营活动的，应当在经营许可证有效期满 3 个月前，向本办法第五条规定的发证机关提出经营许可证的延期申请，并提交延期申请书及本办法第九条规定的申请文件、资料。

企业提出经营许可证延期申请时，可以同时提出变更申请，并向发证机关提交相关文件、资料。

第十九条 符合下列条件的企业，申请经营许可证延期时，经发证机关同意，可以不提交本办法第九条规定的文件、资料：

（一）严格遵守有关法律、法规和本办法；

（二）取得经营许可证后，加强日常安全生产管理，未降低安全生产条件；

（三）未发生死亡事故或者对社会造成较大影响的生产安全事故。

带有储存设施经营危险化学品的企业，除符合前款规定条件的外，还需要取得并提交危险化学品企业安全生产标准化二级达标证书（复制件）。

第二十条 发证机关受理延期申请后，应当依照本办法第十条、第十一条、第十二条的规定，对延期申请进行审查，并在经营许可证有效期满前作出是否准予延期的决定；发证机关逾期未作出决定的，视为准予延期。

发证机关作出准予延期决定的，经营许可证有效期顺延 3 年。

第二十一条 任何单位和个人不得伪造、变造经营许可证，或者出租、出借、转让其取得的经营许可证，或者使用伪造、变造的经营许可证。

第四章　经营许可证的监督管理

第二十二条 发证机关应当坚持公开、公平、公正的原则，严格依照法律、法规、规章、国家标准、行业标准和本办法规定的条件及程序，审批、颁发经营许可证。

发证机关及其工作人员在经营许可证的审批、颁发和监督管理工作中，不得索取或者接受当事人的财物，不得谋取其他利益。

第二十三条 发证机关应当加强对经营许可证的监督管理，建立、健全经营许可证审批、颁发档案管理制度，并定期向社会公布企业取得经营许可证的情况，接受社会监督。

第二十四条 发证机关应当及时向同级公安机关、环境保护部门通报经营许可证的发放情况。

第二十五条 安全生产监督管理部门在监督检查中，发现已经取得经营许可证的企业不再具备法律、法规、规章、国家标准、行业标准和本办法规定的安全生产条件，或者存在违反法律、法规、规章和本办法规定的行为的，应当依法作出处理，并及时告知原发证机关。

第二十六条 发证机关发现企业以欺骗、贿赂等不正当手段取得经营许可证的，应当撤销已经颁发的经营许可证。

第二十七条 已经取得经营许可证的企业有下列情形之一的，发证机关应当注销其经营许可证：

（一）经营许可证有效期届满未被批准延期的；

（二）终止危险化学品经营活动的；

（三）经营许可证被依法撤销的；

（四）经营许可证被依法吊销的。

发证机关注销经营许可证后，应当在当地主要新闻媒体或者本机关网站上发布公告，并通报企业所在地人民政府和县级以上安全生产监督管理部门。

第二十八条 县级发证机关应当将本行政区域内上一年度经营许可证的审批、颁发和监督管理情况报告市级发证机关。

市级发证机关应当将本行政区域内上一年度经营许可证的审批、颁发和监督管理情况报告省、自治区、直辖市人民政府安全生产监督管理部门。

省、自治区、直辖市人民政府安全生产监督管理部门应当按照有关统计规定，将本行政区域内上一年度经营许可证的审批、颁发和监督管理情况报告国家安全生产监督管理总局。

第五章　法律责任

第二十九条 未取得经营许可证从事危险化学品经营的，依照

《中华人民共和国安全生产法》有关未经依法批准擅自生产、经营、储存危险物品的法律责任条款并处罚款；构成犯罪的，依法追究刑事责任。

企业在经营许可证有效期届满后，仍然从事危险化学品经营的，依照前款规定给予处罚。

第三十条 带有储存设施的企业违反《危险化学品安全管理条例》规定，有下列情形之一的，责令改正，处 5 万元以上 10 万元以下的罚款；拒不改正的，责令停产停业整顿；经停产停业整顿仍不具备法律、法规、规章、国家标准和行业标准规定的安全生产条件的，吊销其经营许可证：

（一）对重复使用的危险化学品包装物、容器，在重复使用前不进行检查的；

（二）未根据其储存的危险化学品的种类和危险特性，在作业场所设置相关安全设施、设备，或者未按照国家标准、行业标准或者国家有关规定对安全设施、设备进行经常性维护、保养的；

（三）未将危险化学品储存在专用仓库内，或者未将剧毒化学品以及储存数量构成重大危险源的其他危险化学品在专用仓库内单独存放的；

（四）未对其安全生产条件定期进行安全评价的；

（五）危险化学品的储存方式、方法或者储存数量不符合国家标准或者国家有关规定的；

（六）危险化学品专用仓库不符合国家标准、行业标准的要求的；

（七）未对危险化学品专用仓库的安全设施、设备定期进行检测、检验的。

第三十一条 伪造、变造或者出租、出借、转让经营许可证，或者使用伪造、变造的经营许可证的，处 10 万元以上 20 万元以下的罚款，有违法所得的，没收违法所得；构成违反治安管理行为的，依法给予治安管理处罚；构成犯罪的，依法追究刑事责任。

第三十二条 已经取得经营许可证的企业不再具备法律、法规和本办法规定的安全生产条件的，责令改正；逾期不改正的，责令停产停业整顿；经停产停业整顿仍不具备法律、法规、规章、国家标准和行业标准规定的安全生产条件的，吊销其经营许可证。

第三十三条 已经取得经营许可证的企业出现本办法第十四条、第十六条规定的情形之一,未依照本办法的规定申请变更的,责令限期改正,处1万元以下的罚款;逾期仍不申请变更的,处1万元以上3万元以下的罚款。

第三十四条 安全生产监督管理部门的工作人员徇私舞弊、滥用职权、弄虚作假、玩忽职守,未依法履行危险化学品经营许可证审批、颁发和监督管理职责的,依照有关规定给予处分。

第三十五条 承担安全评价的机构和安全评价人员出具虚假评价报告的,依照有关法律、法规、规章的规定给予行政处罚;构成犯罪的,依法追究刑事责任。

第三十六条 本办法规定的行政处罚,由安全生产监督管理部门决定。其中,本办法第三十一条规定的行政处罚和第三十条、第三十二条规定的吊销经营许可证的行政处罚,由发证机关决定。

第六章 附 则

第三十七条 购买危险化学品进行分装、充装或者加入非危险化学品的溶剂进行稀释,然后销售的,依照本办法执行。

本办法所称储存设施,是指按照《危险化学品重大危险源辨识》(GB18218)确定,储存的危险化学品数量构成重大危险源的设施。

第三十八条 本办法施行前已取得经营许可证的企业,在其经营许可证有效期内可以继续从事危险化学品经营;经营许可证有效期届满后需要继续从事危险化学品经营的,应当依照本办法的规定重新申请经营许可证。

本办法施行前取得经营许可证的非企业的单位或者个人,在其经营许可证有效期内可以继续从事危险化学品经营;经营许可证有效期届满后需要继续从事危险化学品经营的,应当先依法登记为企业,再依照本办法的规定申请经营许可证。

第三十九条 经营许可证的式样由国家安全生产监督管理总局制定。

第四十条 本办法自2012年9月1日起施行。原国家经济贸易委员会2002年10月8日公布的《危险化学品经营许可证管理办法》同时废止。

附 录

危险化学品重大危险源监督管理
暂行规定

中华人民共和国国家安全生产监督管理总局令
第40号

《危险化学品重大危险源监督管理暂行规定》已经2011年7月22日国家安全生产监督管理总局局长办公会议审议通过,现予公布,自2011年12月1日起施行。

局长　骆琳
二〇一一年八月五日

第一章　总　则

第一条　为了加强危险化学品重大危险源的安全监督管理,防止和减少危险化学品事故的发生,保障人民群众生命财产安全,根据《中华人民共和国安全生产法》和《危险化学品安全管理条例》等有关法律、行政法规,制定本规定。

第二条　从事危险化学品生产、储存、使用和经营的单位(以下统称危险化学品单位)的危险化学品重大危险源的辨识、评估、登记建档、备案、核销及其监督管理,适用本规定。

城镇燃气、用于国防科研生产的危险化学品重大危险源以及港区内危险化学品重大危险源的安全监督管理,不适用本规定。

第三条　本规定所称危险化学品重大危险源(以下简称重大危险源),是指按照《危险化学品重大危险源辨识》(GB18218)标准辨识确定,生产、储存、使用或者搬运危险化学品的数量等于或者超过临界量的单元（包括场所和设施）。

第四条 危险化学品单位是本单位重大危险源安全管理的责任主体，其主要负责人对本单位的重大危险源安全管理工作负责，并保证重大危险源安全生产所必需的安全投入。

第五条 重大危险源的安全监督管理实行属地监管与分级管理相结合的原则。

县级以上地方人民政府安全生产监督管理部门按照有关法律、法规、标准和本规定，对本辖区内的重大危险源实施安全监督管理。

第六条 国家鼓励危险化学品单位采用有利于提高重大危险源安全保障水平的先进适用的工艺、技术、设备以及自动控制系统，推进安全生产监督管理部门重大危险源安全监管的信息化建设。

第二章　辨识与评估

第七条 危险化学品单位应当按照《危险化学品重大危险源辨识》标准，对本单位的危险化学品生产、经营、储存和使用装置、设施或者场所进行重大危险源辨识，并记录辨识过程与结果。

第八条 危险化学品单位应当对重大危险源进行安全评估并确定重大危险源等级。危险化学品单位可以组织本单位的注册安全工程师、技术人员或者聘请有关专家进行安全评估，也可以委托具有相应资质的安全评价机构进行安全评估。

依照法律、行政法规的规定，危险化学品单位需要进行安全评价的，重大危险源安全评估可以与本单位的安全评价一起进行，以安全评价报告代替安全评估报告，也可以单独进行重大危险源安全评估。

重大危险源根据其危险程度，分为一级、二级、三级和四级，一级为最高级别。重大危险源分级方法由本规定附件1列示。

第九条 重大危险源有下列情形之一的，应当委托具有相应资质的安全评价机构，按照有关标准的规定采用定量风险评价方法进行安全评估，确定个人和社会风险值：

（一）构成一级或者二级重大危险源，且毒性气体实际存在（在线）量与其在《危险化学品重大危险源辨识》中规定的临界量比值之和大于或等于1的；

（二）构成一级重大危险源，且爆炸品或液化易燃气体实际存在

（在线）量与其在《危险化学品重大危险源辨识》中规定的临界量比值之和大于或等于1的。

第十条 重大危险源安全评估报告应当客观公正、数据准确、内容完整、结论明确、措施可行，并包括下列内容：

（一）评估的主要依据；
（二）重大危险源的基本情况；
（三）事故发生的可能性及危害程度；
（四）个人风险和社会风险值（仅适用定量风险评价方法）；
（五）可能受事故影响的周边场所、人员情况；
（六）重大危险源辨识、分级的符合性分析；
（七）安全管理措施、安全技术和监控措施；
（八）事故应急措施；
（九）评估结论与建议。

危险化学品单位以安全评价报告代替安全评估报告的，其安全评价报告中有关重大危险源的内容应当符合本条第一款规定的要求。

第十一条 有下列情形之一的，危险化学品单位应当对重大危险源重新进行辨识、安全评估及分级：

（一）重大危险源安全评估已满三年的；
（二）构成重大危险源的装置、设施或者场所进行新建、改建、扩建的；
（三）危险化学品种类、数量、生产、使用工艺或者储存方式及重要设备、设施等发生变化，影响重大危险源级别或者风险程度的；
（四）外界生产安全环境因素发生变化，影响重大危险源级别和风险程度的；
（五）发生危险化学品事故造成人员死亡，或者10人以上受伤，或者影响到公共安全的；
（六）有关重大危险源辨识和安全评估的国家标准、行业标准发生变化的。

第三章 安全管理

第十二条 危险化学品单位应当建立完善重大危险源安全管理规章制度和安全操作规程，并采取有效措施保证其得到执行。

第十三条 危险化学品单位应当根据构成重大危险源的危险化学品种类、数量、生产、使用工艺（方式）或者相关设备、设施等实际情况，按照下列要求建立健全安全监测监控体系，完善控制措施：

（一）重大危险源配备温度、压力、液位、流量、组份等信息的不间断采集和监测系统以及可燃气体和有毒有害气体泄漏检测报警装置，并具备信息远传、连续记录、事故预警、信息存储等功能；一级或者二级重大危险源，具备紧急停车功能。记录的电子数据的保存时间不少于30天；

（二）重大危险源的化工生产装置装备满足安全生产要求的自动化控制系统；一级或者二级重大危险源，装备紧急停车系统；

（三）对重大危险源中的毒性气体、剧毒液体和易燃气体等重点设施，设置紧急切断装置；毒性气体的设施，设置泄漏物紧急处置装置。涉及毒性气体、液化气体、剧毒液体的一级或者二级重大危险源，配备独立的安全仪表系统（SIS）；

（四）重大危险源中储存剧毒物质的场所或者设施，设置视频监控系统；

（五）安全监测监控系统符合国家标准或者行业标准的规定。

第十四条 通过定量风险评价确定的重大危险源的个人和社会风险值，不得超过本规定附件2列示的个人和社会可容许风险限值标准。

超过个人和社会可容许风险限值标准的，危险化学品单位应当采取相应的降低风险措施。

第十五条 危险化学品单位应当按照国家有关规定，定期对重大危险源的安全设施和安全监测监控系统进行检测、检验，并进行经常性维护、保养，保证重大危险源的安全设施和安全监测监控系统有效、可靠运行。维护、保养、检测应当作好记录，并由有关人员签字。

第十六条 危险化学品单位应当明确重大危险源中关键装置、重点部位的责任人或者责任机构，并对重大危险源的安全生产状况进行定期检查，及时采取措施消除事故隐患。事故隐患难以立即排除的，应当及时制定治理方案，落实整改措施、责任、资金、时限和预案。

第十七条 危险化学品单位应当对重大危险源的管理和操作岗位人员进行安全操作技能培训，使其了解重大危险源的危险特性，熟悉重大危险源安全管理规章制度和安全操作规程，掌握本岗位的安全操作技能和应急措施。

第十八条 危险化学品单位应当在重大危险源所在场所设置明显的安全警示标志,写明紧急情况下的应急处置办法。

第十九条 危险化学品单位应当将重大危险源可能发生的事故后果和应急措施等信息,以适当方式告知可能受影响的单位、区域及人员。

第二十条 危险化学品单位应当依法制定重大危险源事故应急预案,建立应急救援组织或者配备应急救援人员,配备必要的防护装备及应急救援器材、设备、物资,并保障其完好和方便使用;配合地方人民政府安全生产监督管理部门制定所在地区涉及本单位的危险化学品事故应急预案。

对存在吸入性有毒、有害气体的重大危险源,危险化学品单位应当配备便携式浓度检测设备、空气呼吸器、化学防护服、堵漏器材等应急器材和设备;涉及剧毒气体的重大危险源,还应当配备两套以上(含本数)气密型化学防护服;涉及易燃易爆气体或者易燃液体蒸气的重大危险源,还应当配备一定数量的便携式可燃气体检测设备。

第二十一条 危险化学品单位应当制定重大危险源事故应急预案演练计划,并按照下列要求进行事故应急预案演练:

(一)对重大危险源专项应急预案,每年至少进行一次;

(二)对重大危险源现场处置方案,每半年至少进行一次。

应急预案演练结束后,危险化学品单位应当对应急预案演练效果进行评估,撰写应急预案演练评估报告,分析存在的问题,对应急预案提出修订意见,并及时修订完善。

第二十二条 危险化学品单位应当对辨识确认的重大危险源及时、逐项进行登记建档。

重大危险源档案应当包括下列文件、资料:

(一)辨识、分级记录;

(二)重大危险源基本特征表;

(三)涉及的所有化学品安全技术说明书;

(四)区域位置图、平面布置图、工艺流程图和主要设备一览表;

(五)重大危险源安全管理规章制度及安全操作规程;

(六)安全监测监控系统、措施说明、检测、检验结果;

（七）重大危险源事故应急预案、评审意见、演练计划和评估报告；

（八）安全评估报告或者安全评价报告；

（九）重大危险源关键装置、重点部位的责任人、责任机构名称；

（十）重大危险源场所安全警示标志的设置情况；

（十一）其他文件、资料。

第二十三条　危险化学品单位在完成重大危险源安全评估报告或者安全评价报告后15日内，应当填写重大危险源备案申请表，连同本规定第二十二条规定的重大危险源档案材料（其中第二款第五项规定的文件资料只需提供清单），报送所在地县级人民政府安全生产监督管理部门备案。

县级人民政府安全生产监督管理部门应当每季度将辖区内的一级、二级重大危险源备案材料报送至设区的市级人民政府安全生产监督管理部门。设区的市级人民政府安全生产监督管理部门应当每半年将辖区内的一级重大危险源备案材料报送至省级人民政府安全生产监督管理部门。

重大危险源出现本规定第十一条所列情形之一的，危险化学品单位应当及时更新档案，并向所在地县级人民政府安全生产监督管理部门重新备案。

第二十四条　危险化学品单位新建、改建和扩建危险化学品建设项目，应当在建设项目竣工验收前完成重大危险源的辨识、安全评估和分级、登记建档工作，并向所在地县级人民政府安全生产监督管理部门备案。

第四章　监督检查

第二十五条　县级人民政府安全生产监督管理部门应当建立健全危险化学品重大危险源管理制度，明确责任人员，加强资料归档。

第二十六条　县级人民政府安全生产监督管理部门应当在每年1月15日前，将辖区内上一年度重大危险源的汇总信息报送至设区的市级人民政府安全生产监督管理部门。设区的市级人民政府安全生产监督管理部门应当在每年1月31日前，将辖区内上一年度重大危险源的汇总信息报送至省级人民政府安全生产监督管理部门。省级人民政府安全生产监督管理部门应当在每年2月15日前,将辖区内上一年度重大危险源的汇总信息报送至国家安全生产监督管理总局。

第二十七条 重大危险源经过安全评价或者安全评估不再构成重大危险源的,危险化学品单位应当向所在地县级人民政府安全生产监督管理部门申请核销。

申请核销重大危险源应当提交下列文件、资料:

(一)载明核销理由的申请书;

(二)单位名称、法定代表人、住所、联系人、联系方式;

(三)安全评价报告或者安全评估报告。

第二十八条 县级人民政府安全生产监督管理部门应当自收到申请核销的文件、资料之日起30日内进行审查,符合条件的,予以核销并出具证明文书;不符合条件的,说明理由并书面告知申请单位。必要时,县级人民政府安全生产监督管理部门应当聘请有关专家进行现场核查。

第二十九条 县级人民政府安全生产监督管理部门应当每季度将辖区内一级、二级重大危险源的核销材料报送至设区的市级人民政府安全生产监督管理部门。设区的市级人民政府安全生产监督管理部门应当每半年将辖区内一级重大危险源的核销材料报送至省级人民政府安全生产监督管理部门。

第三十条 县级以上地方各级人民政府安全生产监督管理部门应当加强对存在重大危险源的危险化学品单位的监督检查,督促危险化学品单位做好重大危险源的辨识、安全评估及分级、登记建档、备案、监测监控、事故应急预案编制、核销和安全管理工作。

首次对重大危险源的监督检查应当包括下列主要内容:

(一)重大危险源的运行情况、安全管理规章制度及安全操作规程制定和落实情况;

(二)重大危险源的辨识、分级、安全评估、登记建档、备案情况;

(三)重大危险源的监测监控情况;

(四)重大危险源安全设施和安全监测监控系统的检测、检验以及维护保养情况;

(五)重大危险源事故应急预案的编制、评审、备案、修订和演练情况；

（六）有关从业人员的安全培训教育情况；

（七）安全标志设置情况；

（八）应急救援器材、设备、物资配备情况；

（九）预防和控制事故措施的落实情况。

安全生产监督管理部门在监督检查中发现重大危险源存在事故隐患的，应当责令立即排除；重大事故隐患排除前或者排除过程中无法保证安全的，应当责令从危险区域内撤出作业人员，责令暂时停产停业或者停止使用；重大事故隐患排除后，经安全生产监督管理部门审查同意，方可恢复生产经营和使用。

第三十一条　县级以上地方各级人民政府安全生产监督管理部门应当会同本级人民政府有关部门，加强对工业（化工）园区等重大危险源集中区域的监督检查，确保重大危险源与周边单位、居民区、人员密集场所等重要目标和敏感场所之间保持适当的安全距离。

第五章　法律责任

第三十二条　危险化学品单位有下列行为之一的，由县级以上人民政府安全生产监督管理部门责令限期改正，可以处10万元以下的罚款；逾期未改正的，责令停产停业整顿，并处10万元以上20万元以下的罚款，对其直接负责的主管人员和其他直接责任人员处2万元以上5万元以下的罚款；构成犯罪的，依照刑法有关规定追究刑事责任：

（一）未按照本规定要求对重大危险源进行安全评估或者安全评价的；

（二）未按照本规定要求对重大危险源进行登记建档的；

（三）未按照本规定及相关标准要求对重大危险源进行安全监测监控的；

（四）未制定重大危险源事故应急预案的。

第三十三条　危险化学品单位有下列行为之一的，由县级以上人民政府安全生产监督管理部门责令限期改正，可以处5万元以下的罚款；逾期未改正的，处5万元以上20万元以下的罚款，对其直接负责的主管人员和其他直接责任人员处1万元以上2万元以下的罚款；情节严重的，责令停产停业整顿；构成犯罪的，依照刑法有关规定追究刑事责任：

（一）未在构成重大危险源的场所设置明显的安全警示标志的；

（二）未对重大危险源中的设备、设施等进行定期检测、检验的。

第三十四条　危险化学品单位有下列情形之一的，由县级以上人民政府安全生产监督管理部门给予警告，可以并处5000元以上3万元以下的罚款：

（一）未按照标准对重大危险源进行辨识的；

（二）未按照本规定明确重大危险源中关键装置、重点部位的责任人或者责任机构的；

（三）未按照本规定建立应急救援组织或者配备应急救援人员，以及配备必要的防护装备及器材、设备、物资，并保障其完好的；

（四）未按照本规定进行重大危险源备案或者核销的；

（五）未将重大危险源可能引发的事故后果、应急措施等信息告知可能受影响的单位、区域及人员的；

（六）未按照本规定要求开展重大危险源事故应急预案演练的；

第三十五条　危险化学品单位未按照本规定对重大危险源的安全生产状况进行定期检查，采取措施消除事故隐患的，责令立即消除或者限期消除；危险化学品单位拒不执行的，责令停产停业整顿，并处10万元以上20万元以下的罚款，对其直接负责的主管人员和其他直接责任人员处2万元以上5万元以下的罚款。

第三十六条　承担检测、检验、安全评价工作的机构，出具虚假证明的，没收违法所得；违法所得在10万元以上的，并处违法所得2倍以上5倍以下的罚款；没有违法所得或者违法所得不足10万元的，单处或者并处10万元以上20万元以下的罚款；对其直接负责的主管人员和其他直接责任人员处2万元以上5万元以下的罚款；给他人造成损害的，与危险化学品单位承担连带赔偿责任；构成犯罪的，依照刑法有关规定追究刑事责任。

对有前款违法行为的机构，依法吊销其相应资质。

第六章　附　则

第三十七条　本规定自2011年12月1日起施行。

新化学物质环境管理办法

中华人民共和国环境保护部令
第 7 号

《新化学物质环境管理办法》已由环境保护部 2009 年第三次部务会议于 2009 年 12 月 30 日修订通过。现将修订后的《新化学物质环境管理办法》公布,自 2010 年 10 月 15 日起施行。

2003 年 9 月 12 日原国家环境保护总局发布的《新化学物质环境管理办法》同时废止。

环境保护部部长　周生贤
二〇一〇年一月十九日

第一章　总　则

第一条　【立法目的】为了控制新化学物质的环境风险,保障人体健康,保护生态环境,根据《国务院对确需保留的行政审批项目设定行政许可的决定》以及其他有关法律、行政法规,制定本办法。

第二条　【适用范围】本办法适用于在中华人民共和国关境内从事研究、生产、进口和加工使用新化学物质活动的环境管理。保税区和出口加工区内的新化学物质相关活动的环境管理,也适用本办法。

医药、农药、兽药、化妆品、食品、食品添加剂、饲料添加剂等的管理,适用有关法律、法规;但作为上述产品的原料和中间体的新化学物质相关活动的环境管理,适用本办法。

设计为常规使用时有意释放出所含新化学物质的物品,按照本办法管理。

第三条　【分类】根据化学品危害特性鉴别、分类标准,新化学物质分为一般类新化学物质、危险类新化学物质。

危险类新化学物质中具有持久性、生物蓄积性、生态环境和人体健康危害特性的化学物质,列为重点环境管理危险类新化学物质。

本办法所称新化学物质，是指未列入《中国现有化学物质名录》的化学物质。

《中国现有化学物质名录》由环境保护部制定、调整并公布。

第四条　【基本制度】国家对新化学物质实行风险分类管理，实施申报登记和跟踪控制制度。

第五条　【登记证】新化学物质的生产者或者进口者，必须在生产前或者进口前进行申报，领取新化学物质环境管理登记证（以下简称"登记证"）。

未取得登记证的新化学物质，禁止生产、进口和加工使用。

未取得登记证或者未备案申报的新化学物质，不得用于科学研究。

第六条　【鼓励先进技术】国家支持新化学物质环境风险、健康风险评估和控制技术的科学研究，推广先进适用的新化学物质环境风险控制技术，鼓励环境友好型替代化学物质的研究、生产、进口和加工使用，鼓励申报人共享新化学物质申报登记数据。

第七条　【保守秘密】从事新化学物质环境管理的工作人员，应当为申报人保守商业秘密和技术秘密。

第八条　【公众监督】一切单位和个人都有权对违反本办法规定的行为进行揭发、检举和控告。

第二章　申报程序

第九条　【申报类型】新化学物质申报，分为常规申报、简易申报和科学研究备案申报。

第十条　【常规申报要求】新化学物质年生产量或者进口量1吨以上的，应当在生产或者进口前向环境保护部化学品登记中心（以下简称"登记中心"）提交新化学物质申报报告，办理常规申报；但是，符合简易申报条件的，可以办理简易申报。

新化学物质申报报告，应当包括下列内容：

（一）新化学物质常规申报表，并附具按照化学品分类、警示标签和警示性说明安全规范等国家有关标准进行的分类、标签和化学品安全技术说明书；

（二）风险评估报告，包括申报物质危害评估、暴露预测评估和风险控制措施，以及环境风险和健康风险评估结论等内容；

（三）物理化学性质、毒理学和生态毒理学特性的测试报告或者资料，以及有关测试机构的资质证明。生态毒理学特性测试报告，必须包括在中国境内用中国的供试生物按照相关标准的规定完成的测试数据。

第十一条 【常规申报数量级别】常规申报遵循"申报数量级别越高、测试数据要求越高"的原则。申报人应当按照环境保护部制定的新化学物质申报登记指南，提供相应的测试数据或者资料。

依据新化学物质申报数量，常规申报从低到高分为下列四个级别：

（一）一级为年生产量或者进口量1吨以上不满10吨的；

（二）二级为年生产量或者进口量10吨以上不满100吨的；

（三）三级为年生产量或者进口量100吨以上不满1000吨的；

（四）四级为年生产量或者进口量1000吨以上的。

第十二条 【简易申报基本情形】新化学物质年生产量或者进口量不满1吨的，应当在生产或者进口前，向登记中心办理简易申报。

（一）新化学物质简易申报表；

（二）在中国境内用中国的供试生物完成的生态毒理学特性测试报告。

第十三条 【简易申报特殊情形】生产或者进口的新化学物质有下列特殊情形之一的，应当办理简易申报：

（一）用作中间体或者仅供出口，年生产量或者进口量不满1吨的；

（二）以科学研究为目的，年生产量或者进口量0.1吨以上不满1吨的；

（三）新化学物质单体含量低于2%的聚合物或者属于低关注聚合物的；

（四）以工艺和产品研究开发为目的，年生产量或者进口量不满10吨，且不超过二年的。

办理特殊情形简易申报，应当提交新化学物质简易申报表以及符合相应情形的证明材料。

第十四条 【备案申报要求】有下列情形之一的，应当在生产或者进口前，向登记中心提交新化学物质科学研究备案表，办理科学研究备案申报：

（一）以科学研究为目的，新化学物质年生产量或者进口量不满 0.1 吨的；

（二）为了在中国境内用中国的供试生物进行新化学物质生态毒理学特性测试而进口新化学物质测试样品的。

第十五条 【系列申报、联合申报、重复申报】办理常规申报，有下列情形之一的，可以按下列规定办理申报手续：

（一）同一申报人对分子结构相似、用途相同或者相近、测试数据相近的多个新化学物质，可以提出新化学物质系列申报；

（二）两个以上申报人同时申报相同新化学物质，共同提交申报材料的，可以提出新化学物质联合申报；

（三）两个以上申报人先后申报相同新化学物质，后申报人征得前申报人同意后使用前申报人的测试数据的，可以提出新化学物质重复申报。数据的测试费用分担方法，由申报人自行商定。

第十六条 【申报人资格】新化学物质申报人或者其代理人，应当是中国境内注册机构。

非首次进行新化学物质申报的，近三年内不得有因违反新化学物质环境管理规定而被行政处罚的不良记录。

第十七条 【如实报告】申报人在办理新化学物质申报手续时，应当如实提交新化学物质危害特性和环境风险的全部已知信息。

第十八条 【环境信息公开】申报人对所提交的申报材料中涉及商业秘密或者技术秘密要求保密的，应当在申报材料中注明。

对涉及危害人体健康和环境安全的信息，不得要求保密。

申报人对要求保密的内容予以公开时，应当书面告知登记中心。

第十九条 【测试机构】为新化学物质申报目的提供测试数据的境内测试机构，应当为环境保护部公告的化学物质测试机构，并接受环境保护部的监督和检查。

境内测试机构应当遵守环境保护部颁布的化学品测试合格实验室导则，并按照化学品测试导则或者化学品测试相关国家标准，开展新化学物质生态毒理学特性测试。

在境外完成新化学物质生态毒理学特性测试并提供测试数据的境外测试机构，必须通过其所在国家主管部门的检查或者符合合格实验室规范。

第三章　登记管理

第二十条　【常规申报登记程序】新化学物质常规申报登记,按下列程序执行:

(一) 登记中心受理常规申报后,应当将新化学物质申报报告提交环境保护部化学物质环境管理专家评审委员会(以下简称"评审委员会")。评审委员会由化学、化工、健康、安全、环保等方面专家组成。

(二) 评审委员会应当依照环境保护部颁布的新化学物质危害和风险评估导则和规范,以及化学品危害特性鉴别、分类等国家相关标准,对新化学物质的以下内容进行识别和技术评审:

1. 名称和标识;
2. 物理化学、人体健康、环境等方面的危害特性;
3. 暴露程度以及对人体健康和环境的风险;
4. 人体健康和环境风险控制措施的适当性。

评审委员会认为现有申报材料不足以对新化学物质的风险做出全面评价结论的,由登记中心书面通知申报人补充申报材料。

(三) 评审委员会应当提出新化学物质登记技术评审意见,报送环境保护部。新化学物质登记技术评审意见包括:

1. 将新化学物质认定为一般类、危险类以及是否属于重点环境管理危险类新化学物质的管理类别划分意见;
2. 人体健康和环境风险的评审意见;
3. 风险控制措施适当性的评审结论;
4. 是否准予登记的建议。

(四) 环境保护部应当对新化学物质登记技术评审意见进行审查,确定新化学物质管理类别,并视不同情况,做出决定:

1. 对有适当风险控制措施的,予以登记,颁发登记证;
2. 对无适当风险控制措施的,不予登记,书面通知申报人并说明理由。

环境保护部在做出登记决定前,应当对新化学物质登记内容进行公示。

第二十一条　【简易申报登记程序】新化学物质简易申报登记,

按下列程序执行：

（一）登记中心受理简易申报后，应当提出书面处理意见，报送环境保护部。

对按要求提交生态毒理学特性测试报告的，评审委员会应当对申报材料进行技术评审，并提出技术评审意见，报送环境保护部。

（二）环境保护部对符合要求的，予以登记，颁发登记证；对不符合要求的，不予登记，书面通知申报人并说明理由。

第二十二条　【备案申报登记程序】新化学物质科学研究备案，按下列程序执行：

（一）登记中心收到科学研究备案申报后，应当按月汇总报送环境保护部；

（二）环境保护部定期在政府网站上公告。

第二十三条　【登记公告】环境保护部应当在政府网站上公告予以登记的新化学物质名称、申报人、申报种类和登记新化学物质管理类别等信息。

第二十四条　【办理时限】登记中心应当自受理常规申报之日起5个工作日内，将新化学物质申报报告提交评审委员会；自受理简易申报之日起5个工作日内，将书面处理意见报送环境保护部。

常规申报登记的专家评审时间不得超过60日，简易申报登记的专家审查时间不得超过30日。登记中心通知补充申报材料的，申报人补充申报材料所需时间不计入专家评审时间。

环境保护部应当自收到登记中心或者评审委员会上报的新化学物质登记文件之日起15个工作日内，做出是否予以登记的决定。15个工作日内不能做出决定的，经环境保护部负责人批准，可以延长10个工作日。

第二十五条　【登记证内容】登记证应当载明下列主要事项：

（一）申报人或者代理人名称；

（二）新化学物质名称；

（三）登记用途；

（四）登记量级别和数量；

（五）新化学物质的管理类别。

常规申报的登记证还应当载明风险控制措施和行政管理要求。

第二十六条 【新特性报告及处理】登记证持有人发现获准登记新化学物质有新的危害特性时,应当立即向登记中心提交该化学物质危害特性的新信息。

登记中心应当将获准登记新化学物质危害特性的新信息,提交评审委员会进行技术评审。

环境保护部根据评审委员会的技术评审意见,采取下列措施:

(一)对于通过增加风险控制措施可以控制风险的,在登记证中增补相关风险控制措施,并要求登记证持有人落实相应的新增风险控制措施;

(二)对于无适当措施控制其风险的,撤回该新化学物质登记证,并予以公告。

第二十七条 【重新申报】尚未列入《中国现有化学物质名录》,且已获准登记的新化学物质,有下列情形之一的,登记证持有人应当按本办法规定程序重新进行申报:

(一)增加登记量级的;

(二)变更重点环境管理危险类新化学物质登记用途的。

已被列入《中国现有化学物质名录》,且获准登记的重点环境管理危险类新化学物质,变更登记用途的,也可以由登记新化学物质的加工使用者,重新进行申报。

第二十八条 【信息共享】环境保护部应当将已获准登记为危险类新化学物质(含重点环境管理危险类新化学物质)的有关信息,通报相关管理部门。

第四章 跟踪控制

第二十九条 【环评审批前置条件】环境保护部门应当将新化学物质登记,作为审批生产或者加工使用该新化学物质建设项目环境影响评价文件的条件。

第三十条 【信息传递】常规申报的登记证持有人应当在化学品安全技术说明书中明确新化学物质危害特性,并向加工使用者传递下列信息:

(一)登记证中规定的风险控制措施;

(二)化学品安全技术说明书;

（三）按照化学品分类、警示标签和警示性说明安全规范的分类结果；

（四）其他相关信息。

第三十一条 【一般风险控制措施】常规申报的登记证持有人和相应的加工使用者，应当按照登记证的规定，采取下列一项或者多项风险控制措施：

（一）进行新化学物质风险和防护知识教育；

（二）加强对接触新化学物质人员的个人防护；

（三）设置密闭、隔离等安全防护，布置警示标志；

（四）改进新化学物质生产、使用方式，以降低释放和环境暴露；

（五）改进污染防治工艺，以减少环境排放；

（六）制定应急预案和应急处置措施；

（七）采取其他风险控制措施。

危险类新化学物质（含重点环境管理危险类新化学物质）的登记证持有人以及加工使用者，应当遵守《危险化学品安全管理条例》等现行法律、行政法规的相关规定。

第三十二条 【重点风险控制措施】重点环境管理危险类新化学物质的登记证持有人和加工使用者，还应当采取下列风险控制措施：

（一）在生产或者加工使用期间，应当监测或者估测重点环境管理危险类新化学物质向环境介质排放的情况。不具备监测能力的，可以委托地市级以上环境保护部门认可的环境保护部门所属监测机构或者社会检测机构进行监测。

（二）在转移时，应当按照相关规定，配备相应设备，采取适当措施，防范发生突发事件时重点环境管理危险类新化学物质进入环境，并提示发生突发事件时的紧急处置方式。

（三）在重点环境管理危险类新化学物质废弃后，按照有关危险废物处置规定进行处置。

第三十三条 【禁止转让】常规申报的登记证持有人，不得将获准登记的新化学物质转让给没有能力采取风险控制措施的加工使用者。

第三十四条 【研发管理要求】新化学物质的科学研究活动以及工艺和产品的研究开发活动，应当在专门设施内，在专业人员指导下严格按照有关管理规定进行。

以科学研究或者以工艺和产品的研究开发为目的,生产或者进口的新化学物质,应当妥善保存,且不得用于其他目的。需要销毁的,应当按照有关危险废物的规定进行处置。

第三十五条 【活动报告】常规申报的登记证持有人,应当在首次生产活动30日内,或者在首次进口并已向加工使用者转移30日内,向登记中心报送新化学物质首次活动情况报告表。

重点环境管理危险类新化学物质的登记证持有人,还应当在每次向不同加工使用者转移重点环境管理危险类新化学物质之日起30日内,向登记中心报告新化学物质流向信息。

第三十六条 【年度报告】简易申报的登记证持有人,应当于每年2月1日前向登记中心报告上一年度获准登记新化学物质的实际生产或者进口情况。

危险类新化学物质(含重点环境管理危险类新化学物质)的登记证持有人,应当于每年2月1日前向登记中心报告上一年度获准登记新化学物质的下列情况:

(一)实际生产或者进口情况;
(二)风险控制措施落实情况;
(三)环境中暴露和释放情况;
(四)对环境和人体健康造成影响的实际情况;
(五)其他与环境风险相关的信息。

重点环境管理危险类新化学物质的登记证持有人,还应当同时向登记中心报告本年度登记新化学物质的生产或者进口计划,以及风险控制措施实施的准备情况。

第三十七条 【资料保存】登记证持有人应当将新化学物质的申报材料以及生产、进口活动实际情况等相关资料保存十年以上。

第三十八条 【监管通知】环境保护部收到登记中心报送的新化学物质首次活动情况报告表或者新化学物质流向信息30日内,应当向危险类新化学物质(含重点环境管理危险类新化学物质)的生产者、加工使用者所在地省级环境保护部门发送新化学物质监管通知。

省级环境保护部门负责将监管通知发送至该化学物质生产者、加工使用者所在地地市级或者县级环境保护部门。

监管通知内容包括:新化学物质名称、管理类别、登记证上载明的风险控制措施和行政管理要求以及监督检查要点等。

第三十九条 【监督检查】负有监督管理职责的地方环境保护部门，应当根据新化学物质监管通知的要求，按照环境保护部制定的新化学物质监督管理检查规范，对新化学物质生产、加工使用活动进行监督检查。

发现生产或者加工使用新化学物质活动，造成或者可能造成即时性或者累积性环境污染危害的，应当责令生产者、加工使用者立即采取措施，消除危害或者危险，并将有关情况逐级报告至环境保护部。

环境保护部可以根据报告情况，要求登记证持有人提供获准登记新化学物质可能存在的新危害特性信息，并按照本办法有关新化学物质新的危害特性报告和处理规定予以处理。

第四十条 【注销登记】登记证持有人未进行生产、进口活动或者停止生产、进口活动的，可以向登记中心递交注销申请，说明情况，并交回登记证。

环境保护部对前款情况确认没有生产、进口活动发生或者没有环境危害影响的，给予注销，并公告注销新化学物质登记的信息。

第四十一条 【列入现有化学物质名录程序】一般类新化学物质自登记证持有人首次生产或者进口活动之日起满五年，由环境保护部公告列入《中国现有化学物质名录》。

危险类新化学物质（含重点环境管理危险类新化学物质）登记证持有人应当自首次生产或者进口活动之日起满五年的六个月前，向登记中心提交实际活动情况报告。

环境保护部组织评审委员会专家对实际活动情况报告进行回顾性评估，依据评估结果将危险类新化学物质（含重点环境管理危险类新化学物质）公告列入《中国现有化学物质名录》。

简易申报登记和科学研究备案的新化学物质不列入《中国现有化学物质名录》。

第四十二条 【定期排查】环境保护部每五年组织一次新化学物质排查。

对 2003 年 10 月 15 日前已在中华人民共和国境内合法生产或者进口的化学物质，环境保护部列入《中国现有化学物质名录》。

对未取得登记证生产、进口或者加工使用新化学物质的,环境保护部门依法予以处罚。

第五章　法律责任

第四十三条　【虚假申报】违反本办法规定,在申报过程中隐瞒有关情况或者提供虚假材料的,由环境保护部责令改正,公告其违规行为,记载其不良记录,处一万元以上三万元以下罚款;已经登记的,并撤销其登记证。

第四十四条　【环境保护部处罚事项】违反本办法规定,有下列行为之一的,由环境保护部责令改正,处一万元以下罚款:

(一)未及时提交获准登记新化学物质环境风险更新信息的;

(二)未按规定报送新化学物质首次活动情况报告表或者新化学物质流向信息的;

(三)未按规定报送上一年度新化学物质的生产或者进口情况的;

(四)未按规定提交实际活动情况报告的。

第四十五条　【地方处罚事项一】违反本办法规定,有下列行为之一的,由负有监督管理职责的地方环境保护部门责令改正,处一万元以上三万元以下罚款,并报环境保护部公告其违规行为,记载其不良记录:

(一)拒绝或者阻碍环境保护部门监督检查,或者在接受监督检查时弄虚作假的;

(二)未取得登记证或者不按照登记证的规定生产或者进口新化学物质的;

(三)加工使用未取得登记证的新化学物质的;

(四)未按登记证规定采取风险控制措施的;

(五)将登记新化学物质转让给没有能力采取风险控制措施的加工使用者的。

第四十六条　【地方处罚事项二】违反本办法规定,有下列行为之一的,由负有监督管理职责的地方环境保护部门责令改正,处一万元以上三万元以下罚款:

(一)未按规定向加工使用者传递风险控制信息的;

(二)未按规定保存新化学物质的申报材料以及生产、进口活动实际情况等相关资料的；

（三）将以科学研究以及工艺和产品的研究开发为目的生产或者进口的新化学物质用于其他目的或者未按规定管理的。

第四十七条 【评审专家违规处罚】评审委员会专家在新化学物质评审中弄虚作假或者有失职行为，造成评审结果严重失实的，由环境保护部取消其入选评审专家库的资格，并予以公告。

第四十八条 【测试机构违规处罚】为新化学物质申报提供测试数据的境内测试机构在新化学物质测试过程中伪造、篡改数据或者有其他弄虚作假行为的，由环境保护部从测试机构名单中除名，并予以公告。

第四十九条 【滥用职权处罚】违反本办法规定，从事新化学物质环境管理的工作人员滥用职权或者玩忽职守的，依法给予处分；构成犯罪的，依法追究刑事责任。

第六章 附 则

第五十条 【术语】本办法中下列术语的含义：

（一）一般类新化学物质，是指尚未发现危害特性或者其危害性低于化学物质危害特性鉴别、分类相关标准规定值的新化学物质；

（二）危险类新化学物质，是指具有物理化学、人体健康或者环境危害特性，且达到或者超过化学物质危害特性鉴别、分类相关标准规定值的新化学物质。

第五十一条 【文书格式】本办法下列文书格式，由环境保护部统一制定：

（一）新化学物质常规申报表；

（二）新化学物质简易申报表；

（三）新化学物质科学研究备案表；

（四）新化学物质环境管理登记证；

（五）新化学物质首次活动情况报告表；

（六）新化学物质监管通知。

第五十二条 【生效日期】本办法自 2010 年 10 月 15 日起施行。2003 年 9 月 12 日原国家环境保护总局发布的《新化学物质环境管理办法》同时废止。

易制毒化学品购销和运输管理办法

中华人民共和国公安部令
第 87 号

《易制毒化学品购销和运输管理办法》已经 2006 年 4 月 21 日公安部部长办公会议通过,现予发布,自 2006 年 10 月 1 日起施行。

中华人民共和国公安部
二〇〇六年八月二十二日

第一章 总 则

第一条 为加强易制毒化学品管理,规范购销和运输易制毒化学品行为,防止易制毒化学品被用于制造毒品,维护经济和社会秩序,根据《易制毒化学品管理条例》,制定本办法。

第二条 公安部是全国易制毒化学品购销、运输管理和监督检查的主管部门。

县级以上地方人民政府公安机关负责本辖区内易制毒化学品购销、运输管理和监督检查工作。

各省、自治区、直辖市和设区的市级人民政府公安机关禁毒部门应当设立易制毒化学品管理专门机构,县级人民政府公安机关应当设专门人员,负责易制毒化学品的购买、运输许可或者备案和监督检查工作。

第二章 购销管理

第三条 购买第一类中的非药品类易制毒化学品的,应当向所在地省级人民政府公安机关申请购买许可证;购买第二类、第三类易制毒化学品的,应当向所在地县级人民政府公安机关备案。取得购买许可证或者购买备案证明后,方可购买易制毒化学品。

第四条 个人不得购买第一类易制毒化学品和第二类易制毒化学品。

禁止使用现金或者实物进行易制毒化学品交易，但是个人合法购买第一类中的药品类易制毒化学品药品制剂和第三类易制毒化学品的除外。

第五条 申请购买第一类中的非药品类易制毒化学品和第二类、第三类易制毒化学品的，应当提交下列申请材料：

（一）经营企业的营业执照（副本和复印件），其他组织的登记证书或者成立批准文件（原件和复印件），或者个人的身份证明（原件和复印件）；

（二）合法使用需要证明（原件）。

合法使用需要证明由购买单位或者个人出具，注明拟购买易制毒化学品的品种、数量和用途，并加盖购买单位印章或者个人签名。

第六条 申请购买第一类中的非药品类易制毒化学品的，由申请人所在地的省级人民政府公安机关审批。负责审批的公安机关应当自收到申请之日起十日内，对申请人提交的申请材料进行审查。对符合规定的，发给购买许可证；不予许可的，应当书面说明理由。

负责审批的公安机关对购买许可证的申请能够当场予以办理的，应当当场办理；对材料不齐备需要补充的，应当一次告知申请人需补充的内容；对提供材料不符合规定不予受理的，应当书面说明理由。

第七条 公安机关审查第一类易制毒化学品购买许可申请材料时，根据需要，可以进行实地核查。遇有下列情形之一的，应当进行实地核查：

（一）购买单位第一次申请的；

（二）购买单位提供的申请材料不符合要求的；

（三）对购买单位提供的申请材料有疑问的。

第八条 购买第二类、第三类易制毒化学品的，应当在购买前将所需购买的品种、数量，向所在地的县级人民政府公安机关备案。公安机关受理备案后，应当于当日出具购买备案证明。

自用一次性购买五公斤以下且年用量五十公斤以下高锰酸钾的，无须备案。

第九条 易制毒化学品购买许可证一次使用有效，有效期一个月。

易制毒化学品购买备案证明一次使用有效，有效期一个月。对备案后一年内无违规行为的单位,可以发给多次使用有效的备案证明,有效期六个月。

对个人购买的,只办理一次使用有效的备案证明。

第十条 经营单位销售第一类易制毒化学品时,应当查验购买许可证和经办人的身份证明。对委托代购的,还应当查验购买人持有的委托文书。

委托文书应当载明委托人与被委托人双方情况、委托购买的品种、数量等事项。

经营单位在查验无误、留存前两款规定的证明材料的复印件后,方可出售第一类易制毒化学品;发现可疑情况的,应当立即向当地公安机关报告。

经营单位在查验购买方提供的许可证和身份证明时,对不能确定其真实性的,可以请当地公安机关协助核查。公安机关应当当场予以核查,对于不能当场核实的,应当于三日内将核查结果告知经营单位。

第十一条 经营单位应当建立易制毒化学品销售台账,如实记录销售的品种、数量、日期、购买方等情况。经营单位销售易制毒化学品时,还应当留存购买许可证或者购买备案证明以及购买经办人的身份证明的复印件。

销售台账和证明材料复印件应当保存二年备查。

第十二条 经营单位应当将第一类易制毒化学品的销售情况于销售之日起五日内报当地县级人民政府公安机关备案,将第二类、第三类易制毒化学品的销售情况于三十日内报当地县级人民政府公安机关备案。

备案的销售情况应当包括销售单位、地址,销售易制毒化学品的种类、数量等,并同时提交留存的购买方的证明材料复印件。

第十三条 第一类易制毒化学品的使用单位,应当建立使用台账,如实记录购进易制毒化学品的种类、数量、使用情况和库存等,并保存二年备查。

第十四条 购买、销售和使用易制毒化学品的单位,应当在易制毒化学品的出入库登记、易制毒化学品管理岗位责任分工以及企业从业人员的易制毒化学品知识培训等方面建立单位内部管理制度。

第三章 运输管理

第十五条 运输易制毒化学品,有下列情形之一的,应当申请运输许可证或者进行备案:

(一)跨设区的市级行政区域(直辖市为跨市界)运输的;

(二)在禁毒形势严峻的重点地区跨县级行政区域运输的。禁毒形势严峻的重点地区由公安部确定和调整,名单另行公布。

运输第一类易制毒化学品的,应当向运出地的设区的市级人民政府公安机关申请运输许可证。

运输第二类易制毒化学品的,应当向运出地县级人民政府公安机关申请运输许可证。

运输第三类易制毒化学品的,应当向运出地县级人民政府公安机关备案。

第十六条 运输供教学、科研使用的一百克以下的麻黄素样品和供医疗机构制剂配方使用的小包装麻黄素以及医疗机构或者麻醉药品经营企业购买麻黄素片剂六万片以下、注射剂一万五千支以下,货主或者承运人持有依法取得的购买许可证明或者麻醉药品调拨单的,无须申请易制毒化学品运输许可。

第十七条 因治疗疾病需要,患者、患者近亲属或者患者委托的人凭医疗机构出具的医疗诊断书和本人的身份证明,可以随身携带第一类中的药品类易制毒化学品药品制剂,但是不得超过医用单张处方的最大剂量。

第十八条 运输易制毒化学品,应当由货主向公安机关申请运输许可证或者进行备案。

申请易制毒化学品运输许可证或者进行备案,应当提交下列材料:

(一)经营企业的营业执照(副本和复印件),其他组织的登记证书或者成立批准文件(原件和复印件),个人的身份证明(原件和复印件);

(二)易制毒化学品购销合同(复印件);

(三)经办人的身份证明(原件和复印件)。

第十九条 负责审批的公安机关应当自收到第一类易制毒化学品运输许可申请之日起十日内,收到第二类易制毒化学品运输许可申请之日起三日内，对申请人提交的申请材料进行审查。对符合规定的，发给运输许可证；不予许可的，应当书面说明理由。

负责审批的公安机关对运输许可申请能够当场予以办理的，应当当场办理；对材料不齐备需要补充的，应当一次告知申请人需补充的内容；对提供材料不符合规定不予受理的，应当书面说明理由。

运输第三类易制毒化学品的，应当在运输前向运出地的县级人民政府公安机关备案。公安机关应当在收到备案材料的当日发给备案证明。

第二十条 负责审批的公安机关对申请人提交的申请材料，应当核查其真实性和有效性，其中查验购销合同时，可以要求申请人出示购买许可证或者备案证明，核对是否相符；对营业执照和登记证书（或者成立批准文件），应当核查其生产范围、经营范围、使用范围、证照有效期等内容。

公安机关审查第一类易制毒化学品运输许可申请材料时，根据需要，可以进行实地核查。遇有下列情形之一的，应当进行实地核查：

（一）申请人第一次申请的；

（二）提供的申请材料不符合要求的；

（三）对提供的申请材料有疑问的。

第二十一条 对许可运输第一类易制毒化学品的，发给一次有效的运输许可证，有效期一个月。

对许可运输第二类易制毒化学品的，发给三个月多次使用有效的运输许可证；对第三类易制毒化学品运输备案的，发给三个月多次使用有效的备案证明；对于领取运输许可证或者运输备案证明后六个月内按照规定运输并保证运输安全的，可以发给有效期十二个月的运输许可证或者运输备案证明。

第二十二条 承运人接受货主委托运输，对应当凭证运输的，应当查验货主提供的运输许可证或者备案证明，并查验所运货物与运输许可证或者备案证明载明的易制毒化学品的品种、数量等情况是否相符；不相符的，不得承运。

承运人查验货主提供的运输许可证或者备案证明时，对不能确定其真实性的，可以请当地人民政府公安机关协助核查。公安机关应当当场予以核查，对于不能当场核实的，应当于三日内将核查结果告知承运人。

第二十三条 运输易制毒化学品时，运输车辆应当在明显部位张贴易制毒化学品标识；属于危险化学品的，应当由有危险化学品运输资质的单位运输；应当凭证运输的，运输人员应当自启运起全程携带运输许可证或者备案证明。承运单位应当派人押运或者采取其他有效措施，防止易制毒化学品丢失、被盗、被抢。

运输易制毒化学品时，还应当遵守国家有关货物运输的规定。

第二十四条 公安机关在易制毒化学品运输过程中应当对运输情况与运输许可证或者备案证明所载内容是否相符等情况进行检查。交警、治安、禁毒、边防等部门应当在交通重点路段和边境地区等加强易制毒化学品运输的检查。

第二十五条 易制毒化学品运出地与运入地公安机关应当建立情况通报制度。运出地负责审批或者备案的公安机关应当每季度末将办理的易制毒化学品运输许可或者备案情况通报运入地同级公安机关，运入地同级公安机关应当核查货物的实际运达情况后通报运出地公安机关。

第四章 监督检查

第二十六条 县级以上人民政府公安机关应当加强对易制毒化学品购销和运输等情况的监督检查，有关单位和个人应当积极配合。对发现非法购销和运输行为的，公安机关应当依法查处。

公安机关在进行易制毒化学品监督检查时，可以依法查看现场、查阅和复制有关资料、记录有关情况、扣押相关的证据材料和违法物品；必要时，可以临时查封有关场所。

被检查的单位或者个人应当如实提供有关情况和材料、物品，不得拒绝或者隐匿。

第二十七条 公安机关应当对依法收缴、查获的易制毒化学品安全保管。对于可以回收的，应当予以回收；对于不能回收的，应当依照环境保护法律、行政法规的有关规定，交由有资质的单位予以销毁，防止造成环境污染和人身伤亡。对收缴、查获的第一类中的药品类易制毒化学品的，一律销毁。

保管和销毁费用由易制毒化学品违法单位或者个人承担。违法单位或者个人无力承担的，该费用在回收所得中开支，或者在公安机关的禁毒经费中列支。

第二十八条　购买、销售和运输易制毒化学品的单位应当于每年三月三十一日前向所在地县级公安机关报告上年度的购买、销售和运输情况。公安机关发现可疑情况的，应当及时予以核对和检查，必要时可以进行实地核查。

有条件的购买、销售和运输单位，可以与当地公安机关建立计算机联网，及时通报有关情况。

第二十九条　易制毒化学品丢失、被盗、被抢的，发案单位应当立即向当地公安机关报告。接到报案的公安机关应当及时立案查处，并向上级公安机关报告。

第五章　法律责任

第三十条　违反规定购买易制毒化学品，有下列情形之一的，公安机关应当没收非法购买的易制毒化学品，对购买方处非法购买易制毒化学品货值十倍以上二十倍以下的罚款，货值的二十倍不足一万元的，按一万元罚款；构成犯罪的，依法追究刑事责任：

（一）未经许可或者备案擅自购买易制毒化学品的；

（二）使用他人的或者伪造、变造、失效的许可证或者备案证明购买易制毒化学品的。

第三十一条　违反规定销售易制毒化学品，有下列情形之一的，公安机关应当对销售单位处一万元以下罚款；有违法所得的，处三万元以下罚款，并对违法所得依法予以追缴；构成犯罪的，依法追究刑事责任：

（一）向无购买许可证或者备案证明的单位或者个人销售易制毒化学品的；

（二）超出购买许可证或者备案证明的品种、数量销售易制毒化学品的。

第三十二条　货主违反规定运输易制毒化学品，有下列情形之一的，公安机关应当没收非法运输的易制毒化学品或者非法运输易制毒化学品的设备、工具；处非法运输易制毒化学品货值十倍以上二十倍以下罚款，货值的二十倍不足一万元的，按一万元罚款；有违法所得

的,没收违法所得;构成犯罪的,依法追究刑事责任:

(一)未经许可或者备案擅自运输易制毒化学品的;

(二)使用他人的或者伪造、变造、失效的许可证运输易制毒化学品的。

第三十三条 承运人违反规定运输易制毒化学品,有下列情形之一的,公安机关应当责令停运整改,处五千元以上五万元以下罚款:

(一)与易制毒化学品运输许可证或者备案证明载明的品种、数量、运入地、货主及收货人、承运人等情况不符的;

(二)运输许可证种类不当的;

(三)运输人员未全程携带运输许可证或者备案证明的。

个人携带易制毒化学品不符合品种、数量规定的,公安机关应当没收易制毒化学品,处一千元以上五千元以下罚款。

第三十四条 伪造申请材料骗取易制毒化学品购买、运输许可证或者备案证明的,公安机关应当处一万元罚款,并撤销许可证或者备案证明。

使用以伪造的申请材料骗取的易制毒化学品购买、运输许可证或者备案证明购买、运输易制毒化学品的,分别按照第三十条第一项和第三十二条第一项的规定处罚。

第三十五条 对具有第三十条、第三十二条和第三十四条规定违法行为的单位或个人,自作出行政处罚决定之日起三年内,公安机关可以停止受理其易制毒化学品购买或者运输许可申请。

第三十六条 违反易制毒化学品管理规定,有下列行为之一的,公安机关应当给予警告,责令限期改正,处一万元以上五万元以下罚款;对违反规定购买的易制毒化学品予以没收;逾期不改正的,责令限期停产停业整顿;逾期整顿不合格的,吊销相应的许可证:

(一)将易制毒化学品购买或运输许可证或者备案证明转借他人使用的;

(二)超出许可的品种、数量购买易制毒化学品的;

(三)销售、购买易制毒化学品的单位不记录或者不如实记录交易情况、不按规定保存交易记录或者不如实、不及时向公安机关备案销售情况的;

(四)易制毒化学品丢失、被盗、被抢后未及时报告,造成严重

后果的;

（五）除个人合法购买第一类中的药品类易制毒化学品药品制剂以及第三类易制毒化学品外，使用现金或者实物进行易制毒化学品交易的；

（六）经营易制毒化学品的单位不如实或者不按时报告易制毒化学品年度经销和库存情况的。

第三十七条　经营、购买、运输易制毒化学品的单位或者个人拒不接受公安机关监督检查的，公安机关应当责令其改正，对直接负责的主管人员以及其他直接责任人员给予警告；情节严重的，对单位处一万元以上五万元以下罚款，对直接负责的主管人员以及其他直接责任人员处一千元以上五千元以下罚款；有违反治安管理行为的，依法给予治安管理处罚；构成犯罪的，依法追究刑事责任。

第三十八条　公安机关易制毒化学品管理工作人员在管理工作中有应当许可而不许可、不应当许可而滥许可，不依法受理备案，以及其他滥用职权、玩忽职守、徇私舞弊行为的，依法给予行政处分；构成犯罪的，依法追究刑事责任。

第三十九条　公安机关实施本章处罚，同时应当由其他行政主管机关实施处罚的，应当通报其他行政机关处理。

第六章　附　则

第四十条　本办法所称"经营单位"，是指经营易制毒化学品的经销单位和经销自产易制毒化学品的生产单位。

第四十一条　本办法所称"运输"，是指通过公路、铁路、水上和航空等各种运输途径，使用车、船、航空器等各种运输工具，以及人力、畜力携带、搬运等各种运输方式使易制毒化学品货物发生空间位置的移动。

第四十二条　易制毒化学品购买许可证和备案证明、运输许可证和备案证明、易制毒化学品管理专用印章由公安部统一规定式样并监制。

第四十三条　本办法自2006年10月1日起施行。《麻黄素运输许可证管理规定》（公安部令第52号）同时废止。